华为的企业发展史就是一部企业变革史,华夏基石的多位老师都曾参与其中,深知华为变革管理方法与工具在管理变革过程中的作用。袁江老师的这部作品系统性地介绍了华为变革管理的方法与工具,为企业的变革管理提供了可借鉴的实操指南。

——彭剑锋

华夏基石咨询集团董事长,中国人民大学教授、博导,中国著名管理咨询专家

企业创新主要包括技术创新和管理创新等内容,华为通过持续的管理变革在管理模式创新上为中国企业摸索出了一套可行的方案。本书详细地介绍了华为管理变革背后的底层逻辑,希望能为正在或即将进行企业管理提升的企业与个人带来帮助和启发。

——张学军

北京航空航天大学教授、博士生导师,北航成都创新研究院副院长,网络化协同空管技术北京市重点实验室主任

华为通过持续的管理变革打造出极具市场竞争力的管理体系,从而获得了如今的成就。此变革对大量新兴科技创业公司同样适用。本书深刻地讲解了华为管理变革成功背后的因素,也为关心企业变革的企业高管、专家、学者提供了一份详尽的变革管理指南。

——陆文斌

创意信息技术股份有限公司董事长

本书系统地阐释了华为高速成长的秘密武器:管理变革。它帮助人们从内部视角理解华为的发展,为企业人提供了关于组织变革重大课题的一手材料和系统性的研究成果,为有志建设卓越组织的人们提供了重要指导和参考。

——潘一宽

华为前大区销售总裁、战略销售部前总裁

我和袁江原来在华为一起做过MTL(Market to Lead)变革,我们当时都是从一线"作战部队"抽调出来做企业变革的,一开始并不理解变革的意义与内涵,后来逐渐依托变革方法厘清业务内核实质、明确发展目标、建立规则和秩序、构筑企业核心能力和发展路径。在变革的历练中我们打开了智慧,有了不一样的成长。很多年过去了,今天的华为在几大BG、几大军团的打法和工作逻辑中,都在应用着我们当年一起摸索、整理出的变革成果,

一步步跨越门槛、稳健发展。我们知道，这就是变革带来的力量和价值。

——顾新宇

传世智慧合伙人、首席战略官，华为营销委员会前委员，深圳信息协会副理事长

　　华为作为中国企业乃至世界企业的佼佼者，以变应变，通过不断地变革推进公司的发展，改善治理、自我进化的基因已经深入肌理。其管理思想和变革经验被人们以不同的方式传播、学习，同时也滋养和激励着很多奋进路上的企业家群体。变革是一项自我革新的大工程，对于发展中企业来讲，如同"边开飞机边修发动机"。本书介绍了企业变革的"道""法""术""器"及注意事项，为企业推行变革提供了很好的参考和指南。作者亲身经历过华为多体系变革，也完成了上市企业空降的转身，深知身在不同行业、处于不同发展阶段、拥有不同文化特点的企业推行变革之不易，其中很多场景化的案例和经验值得一读，感同身受，引以为鉴。本书适合企业高管、变革推操盘手，甚至咨询行业从业人员阅读。捧卷细品，回味无穷。

——陈玮

百思特管理咨询集团高级副总裁，兴森科技集团前副总裁，华为产品线MKT前部长

　　"让听得见炮声的人来指挥炮火。"袁江长期在市场一线奋斗，积累了丰富的成功经验，百战归来。他曾在华为总部营销变革项目组，推动华为公司营销变革，卓有成效，实现了理论与实践相结合，他的作品值得学习。

——李江

华友汇管理咨询创始人，成都华友会会长

　　企业能否长期在市场竞争中存活下去，很大程度上取决于企业对环境变化的适应能力。华为通过不断的变革管理来改造华为，提升华为对环境的适应能力，使得华为不断进步并保持领先地位。本书呈现的正是华为变革的理念、方法和工具。

——王民盛

数字化转型和战略专家，《华为崛起》《进化战略》作者，混沌学园前首席练习官

　　"君子不器，周而不比。"华为的变革历程和成果，这些年在市场上大家有目共睹。袁江老师将华为变革管理、流程优化、销售转型等变革之道凝练到书中，解开了华为变革成功背后的密码。

——武宝权

《新解决方案销售》译者，解决方案销售讲师

活下去
华为变革之道

袁江 ◎ 著

电子工业出版社
Publishing House of Electronics Industry
北京·BEIJING

内容简介

本书系统性地剖析了华为变革管理中的"道""法""术""器",为中国企业做大做强提供了一份实战指南。本书的主要内容包括支撑变革的企业文化、华为变革历程与几个变革项目、变革管理体系、变革项目管理、变革解决方案开发与试点流程、变革解决方案推行与实施,以及企业如何借鉴华为的变革经验。

本书可供企事业单位中高层管理人员、变革管理从业人员、管理咨询从业人员、高校师生,以及华为管理研究爱好者阅读、参考。

未经许可,不得以任何方式复制或抄袭本书之部分或全部内容。
版权所有,侵权必究。

图书在版编目(CIP)数据

活下去:华为变革之道 / 袁江著. —北京:电子工业出版社,2023.3

ISBN 978-7-121-45040-2

Ⅰ.①活… Ⅱ.①袁… Ⅲ.①通信企业—企业管理—经验—深圳 Ⅳ.①F632.765.3

中国国家版本馆 CIP 数据核字(2023)第 024631 号

责任编辑:林瑞和　　　　　特约编辑:田学清
印　　刷:三河市良远印务有限公司
装　　订:三河市良远印务有限公司
出版发行:电子工业出版社
　　　　　北京市海淀区万寿路 173 信箱　　邮编 100036
开　　本:720×1000　1/16　印张:17.25　字数:283 千字
版　　次:2023 年 3 月第 1 版
印　　次:2023 年 3 月第 1 次印刷
定　　价:79.00 元

凡所购买电子工业出版社图书有缺损问题,请向购买书店调换。若书店售缺,请与本社发行部联系,联系及邮购电话:(010)88254888,88258888。

质量投诉请发邮件至 zlts@phei.com.cn,盗版侵权举报请发邮件至 dbqq@phei.com.cn。
本书咨询联系方式:(010)51260888-819,faq@phei.com.cn。

前 言

——活下去才是硬道理

华为从 20 世纪 80 年代深圳众多的创业小公司中脱颖而出，如今已发展成全球通信行业的市场领导者。华为的发展历程为中国企业的发展提供了一个成功的样本，为中国企业借鉴、学习领先管理经验提供了宝贵的实践经验，为商学院研究商业案例提供了中国企业现代化管理的素材，为管理咨询公司推广管理咨询业务提供了成功的案例，为个人研究者研究企业管理提供了系列话题。

在当下市场不确定性明显增加的环境下，研究华为、学习华为的企业越来越多。学习华为管理成了企业管理学界的一个热门议题，市场上讲述华为管理的书籍也越来越多。但是其中讲述华为变革的书籍还比较少，特别是讲述华为变革管理成功背后方法的书籍更少。用当下一个时髦的词语，那就是基于"Know How"角度讲述华为如何变革成功的图书，目前非常稀缺。

研究华为说起来容易，学习华为做起来却很难。曾经有过"华为你学不会"的流行说法。笔者既见过一些学习华为管理失败的企业，也见过一些学习华为管理成功而让企业扭转颓势、走向快速发展道路的企业。

华为到底能不能学习呢？笔者的见解是能学习，但是要看你怎么学习。如果只是学习华为成功的表象，盲目地把华为现阶段的成功经验生搬硬套到自己的企业中，大概率是会失败的。如果只是断章取义地学习华为的某一部分内容，大概率也是不会成功的。如果先系统性地了解华为变革背后的变革动因、变革的特殊环境、变革的方法与工具，再去适配性地开展学习，那么学习华为成功的概率就会大很多。

我们在学习、借鉴华为管理变革经验之前一定要了解华为到底是一家什么样的公司。事实上，华为是一家既特殊又普通的公司。华为的特殊是因为这些年它一路披荆斩棘高速发展，从一个没有技术、没有资本、没有人才的"三无公司"走到了全球知名的位置。华为的普通是因为它做到了尊重常识、尊重自然规律、尊重人心、尊重人性，按照规律办事。读完本书之后，你会发现华为的管理没有任何特殊的秘密，就是按照管理规律一点点地做，并且坚持做而已。

那么，企业到底应该如何学习华为的管理变革经验？如何保障企业在学习华为管理变革经验过程中不走错路、少走弯路？这些问题都是企业在学习华为管理变革之前不得不深入考虑的问题，只有这些问题都考虑清楚了，学习华为管理变革经验才有可能取得一定的效果。

为了回答这些问题、为了帮助更多的读者了解华为变革管理背后的"Know How"，笔者从一个深度参与华为多个公司级变革项目的变革亲历者的角度，把自己所理解的华为变革之道与华为变革的底层逻辑、所使用的变革管理方法与工具、所见到的华为变革成功背后的方法与工具，以及部分企业的变革案例结合起来组成了本书的主要内容。

由于很多变革理论、方法与工具都比较晦涩难懂，因此笔者在本书中尽量把一些理论和方法用浅显易懂的语言表述出来，以方便不同层次的读者理解。出于对本书中案例涉及的企业隐私的尊重，笔者对本书中采取的案例故事均进行了模糊化处理。

希望本书能为我国各类企业组织提升管理思想、管理能力和管理水平提供帮助，为我国企业群体从过去的高速增长走向高质量增长提供帮助。

一千个人眼里有一千个哈姆雷特，一千个人眼里的华为也许就有一千种解读方式。本书的主要内容是基于笔者对亲历的华为变革项目的理解而产生的，其中难免有一些认识的不足，欢迎指正。

最后，感谢电子工业出版社的专业策划和大力支持，感谢 OD 才团、四川昊为金辉科技文化有限公司提供的部分案例素材支持，感谢华为当年给予笔者深度参与多个公司级变革项目的机会，感谢所有在本书写作过程中提供过帮助的企业高管、企业变革管理从业者、管理咨询顾问和专家学者。

袁　江
2022 年 12 月于深圳

读者服务

微信扫码回复：45040

- 加入本书读者交流群，与作者互动
- 获取【百场业界大咖直播合集】（持续更新），仅需 1 元

目录

第一章 支撑变革的企业文化 1
 第一节 为什么需要支撑变革的企业文化 1
 第二节 以客户为中心 6
 第三节 以奋斗者为本 13
  一、华为薪酬福利政策导向 15
  二、华为长期激励管理政策导向 16
  三、华为薪酬包管理原则 17
  四、华为奖金政策管理导向 17
  五、华为工资管理政策导向 18
  六、华为的非物质激励手段 19
 第四节 坚持自我批评 20
  一、1996年，市场部大辞职 23
  二、1998年，研发体系反幼稚大会 24
  三、2000年，中研部将呆死料作为奖金、
    奖品发给研发骨干大会 25
 第五节 开放、妥协、灰度 26
 第六节 熵减 28

第二章 华为变革历程与几个变革项目 33
 第一节 华为变革历程简介 33
  一、第一阶段（1987—1994年）：初创阶段，野蛮生长 34
  二、第二阶段（1995—2003年）：快速发展阶段，
    问题驱动变革 35
  三、第三阶段（2004—2012年）：开始全球化阶段，
    主动规划变革 36

　　　　　四、第四阶段（2013 年—）：逐步成为市场领导者阶段，
　　　　　　　标杆级体系化管理变革 37
　　第二节　《华为基本法》的由来和简介 40
　　　　　一、《华为基本法》的由来 40
　　　　　二、《华为基本法》简介 41
　　第三节　IPD 变革 44
　　　　　一、IPD 变革背景简介 44
　　　　　二、IPD 变革历程简介 46
　　　　　三、IPD 变革方案简介 49
　　　　　四、IPD 变革的效果与意义 64
　　第四节　ISC 变革 67
　　　　　一、ISC 变革背景简介 67
　　　　　二、ISC 变革历程与方案简介 69
　　　　　三、ISC 变革的效果与意义 73
　　第五节　LTC 变革 75
　　　　　一、LTC 变革背景简介 75
　　　　　二、LTC 变革历程简介 76
　　　　　三、LTC 变革方案简介 77
　　　　　四、LTC 变革的效果与意义 82
　　第六节　MTL 变革 85
　　第七节　IPD-S 变革 90

第三章　变革管理体系 93

　　第一节　管理体系对于企业的重要性 93
　　第二节　变革指导原则 101
　　　　　一、变革指导原则的必要性 101
　　　　　二、华为的变革指导原则 104
　　第三节　业务变革管理框架 110
　　第四节　业务变革组织及运作 113
　　　　　一、变革项目团队 113
　　　　　二、分层分级与授权 118
　　　　　三、变革激励与考核 118

		四、变革知识管理 120
	第五节	华为流程管理简介 121

第四章　变革项目管理 129

	第一节	项目管理的基本概念 129
	第二节	华为变革项目管理简介 133
		一、华为项目管理简介 133
		二、变革项目管理四大阶段简介 139
	第三节	变革项目范围管理与计划管理 143
		一、变革项目范围管理 143
		二、变革项目计划管理 147
	第四节	变革项目成本管理与质量管理 149
		一、变革项目成本管理 149
		二、变革项目质量管理 152
	第五节	变革项目利益关系人管理 155
		一、变革项目利益关系人管理的基本概念 155
		二、如何进行变革项目利益关系人管理 158
	第六节	变革项目人力资源管理与顾问管理 162
		一、变革项目人力资源管理 162
		二、变革项目顾问管理 165
	第七节	变革项目风险管理与整体管理 169
		一、变革项目风险管理 169
		二、变革项目整体管理 171

第五章　变革解决方案开发与试点流程 173

	第一节	变革解决方案开发与试点流程的基本概念 173
		一、为什么需要变革解决方案开发与试点流程 173
		二、什么是变革解决方案开发与试点流程 175
	第二节	Charter 阶段 177
	第三节	概念阶段 188
	第四节	计划阶段 198
	第五节	开发阶段 202

	第六节	试点/验证阶段	204
	第七节	专业评审、决策评审与流程裁剪	206
第六章	变革解决方案推行与实施		209
	第一节	变革解决方案推行与实施简介	209
	第二节	整体推行管理	214
		一、推行监控与支持	215
		二、推行计划管理	216
		三、推行方案管理	217
		四、推行质量管理	218
		五、推行变革管理	219
		六、推行资源管理	221
		七、推行金种子管理	222
		八、推行顾问管理	223
		九、推行价值管理	223
		十、推行需求管理	224
		十一、推行项目关闭	224
	第三节	一线/业务部门推行管理	225
		一、推行准备阶段	227
		二、推行实施阶段	235
		三、推行关闭阶段	237
第七章	企业如何借鉴华为的变革经验		239
	第一节	建立支撑变革的开放的企业文化	239
		一、建立开放的企业文化	239
		二、建立统一的变革共识	242
		三、建立变革指导原则与方针	244
	第二节	建立变革领导团队与变革执行团队	244
	第三节	运用合适的变革工作方法	245
		一、增强变革紧迫感	245
		二、创建变革同盟军	247
		三、确立变革愿景与目标	248

　　　　四、消除变革阻力 249
　　　　五、创造变革"速赢" 251
　　　　六、巩固变革成果 251
　　　　七、运用变革项目管理 253
　　　　八、引入外部力量 254
　　　　九、建立激励变革的利益获取分享机制 254
　　第四节　变革项目/咨询项目中常用的部分方法与工具 255

参考文献 261
缩略语表 262

第一章

支撑变革的企业文化

"资源是会枯竭的,唯有文化才能生生不息。"

——任正非

第一节　为什么需要支撑变革的企业文化

"物竞天择,适者生存。""能生存下来的不是最强壮的,也不是最聪明的,而是那些对变化反应能力最强的物种。"

——达尔文

在华为内部对于变革的定义有着这样的共识:变革是企业通过组织文化、业务流程、IT技术等方面进行调整,用以改善业务经营能力,使自身更好地适应生存环境的过程。

任何变革过程中,都会给组织和个人带来不适应及不确定性,并导致变革早期的工作效率下降与工作量增加。

面对变革,很多组织和个人都会担心以下问题。

1. 专业技术受到损失,需要重新学习新技能。

2. 出现更多的监控管理、更严格精细的考核。

3. 流程变革了,行为习惯必须改变(例如,某公司要求无纸化办公之后,原来习惯于走纸面会签流程、看纸面会签材料的部分领导,对无纸化办公就非常不习惯,且看不见纸面材料就感觉心里没底)。

4. 沟通方式发生改变,导致跨部门跨团队不知道如何运作(例如,某公司由于推行矩阵式管理模式,原来一个团队或岗位只需要向直接上级汇报,现在需要向两个上级汇报,从而导致该团队不知道到底该听哪个上级的这种情况出现)。

5. 影响力和控制力的消失(例如,某公司推行流程型组织结构之后,把权力放到了流程中,这让部分原来习惯于指令式管理模式的领导深感自身的影响力与控制力被减弱了)。

6. 岗位的安全感降低(例如,某公司因为战略需要进行部分业务重组,导致部分基层员工的岗位安全感降低而集体抵抗业务重组)。

曾经有机构统计过变革项目失败的主要原因,具体如下。

1. 员工直接抵触或暗地里抵触。
2. 变革赞助人的支持力度不够。
3. 公司高层不切实际的变革目标。
4. 变革项目管理混乱。
5. 变革缺乏紧迫性。
6. 变革项目团队缺失变革管理技能。
7. 变革项目的范围扩展/不确定。
8. 缺乏组织变革计划。
9. 变革计划缺乏可操作性。
10. 缺乏支撑变革落地的 IT 工具。

从这里可以看出,在变革失败的主要原因中排在第一位就是人的因素。

华为是怎么解决变革过程中可能导致变革失败的人的因素的呢?在解决这些变革中的问题时,华为将其支撑变革的企业文化作为基石,营造出了良好的、积极开放的变革氛围,运用专业的变革管理方法、工具最大限度地降低了变革的阻力。

第一章
支撑变革的企业文化

根据咨询公司的调研，企业文化对企业的长期经营业绩有着重大的作用，凡是基业长青的公司，其企业文化都有着可圈可点的地方。

那么，什么是企业文化呢？企业文化是由企业的全体成员共同遵守和信仰的行为规范、价值体系，是全体成员从事工作的哲学理念，是企业在生产经营和管理活动中所创造的具有该企业特色的精神财富和物质形态，是企业内所有部门与个体的生存秩序法则。不适应企业文化或与企业文化有冲突的人或团队，要么被企业文化所同化，要么在企业内逐步被边缘化，要么被企业淘汰出局。

企业文化具体包括文化观念、愿景、使命、核心价值观、企业精神、道德规范、行为准则、历史传统、企业制度、文化环境、企业产品等。

企业文化中最基础、最重要的就是愿景、使命、核心价值观。

愿景是一种非常有说服力的申明，申明组织正在努力实现的目标；愿景是企业的长远目标，是使命的源头和原点。使命是企业存在的原因，是企业实现愿景的路径。愿景与使命解决的是组织的方向问题。

核心价值观是组织内共同行为模式的具体指导原则。企业核心价值观就是企业为追求愿景、实现使命而提炼出来并予以践行的指导企业上下形成的共同行为准则，是企业文化的核心。

核心价值观是指导企业及其员工行为的价值取向，是企业在追求经营成功过程中所推崇的基本信念和奉行的目标。核心价值观是企业全体或多数员工一致赞同的关于企业意义的判断。核心价值观在创业阶段主要来源于企业家精神，并在企业发展过程中不断丰富和完善。

例如，著名影视剧《亮剑》中，李云龙在论文答辩时关于亮剑精神的讲话："一支具有优良传统的部队，往往具有培养英雄的土壤。英雄或优秀军人的出现，往往是以集体形式出现的，而不是以个体形式出现的。理由很简单，他们受到同样传统的影响，养成了同样的性格与气质。任何一支部队都有着它自己的传统。传统是什么？传统是一种性格、一种气质！这种传统是由这支部队组建时首任军事首长的性格与气质决定的。他给这支部队注入了灵魂。从此不管岁月流逝、人员更迭，这支部队灵魂永在。这是什么？这就

活下去
华为变革之道

是我们的军魂。"（有改动）这就是一种优秀的组织文化，是非常值得当下的企业借鉴、学习的一种组织文化。

华为当前的企业文化中的愿景、使命、核心价值观分别是什么呢？

华为当前的愿景与使命是把数字世界带入每个人、每个家庭、每个组织，构建万物互联的智能世界。（来自华为官网）

华为当前的核心价值观是"以客户为中心、以奋斗者为本、长期艰苦奋斗、坚持自我批评"，前3条核心价值观是华为的胜利之本。其中，对于"以客户为中心、以奋斗者为本"这两句可能许多读者都听说过，但是听说过"长期艰苦奋斗"和"坚持自我批评"的人可能不多。

华为当前的企业文化是中西结合的企业文化，企业核心价值观是多元、包容、开放、和谐的企业价值观。

任正非曾经在内部讲话中提出："一个企业能长治久安的关键，是它的核心价值观被接班人确认，接班人又具有自我批评能力。"这段话已经在华为内部成为共识。

华为关于核心价值观的说明与内部共识如下：公司的核心价值观是扎根于我们内心深处的核心信念，是所有华为人长期坚持、一致认同的文化基因，它是华为走到今天的内在动力，更是华为面向未来的共同承诺。

基于以上内容，大家可以看出，华为的企业核心价值观内部孕育着广泛的变革共识。这些共识又应如何理解呢？为什么华为内部会形成这些共识呢？

那是因为华为深知当前面临的经营环境比以往任何时候都充满着变数。市场竞争和大自然一样，适者生存。华为的最高纲领就是活下去，为了活下去，不得不主动变革，为了活下去，必须在变革过程中承担变革带来的不确定性与阵痛。

华为内部也做过这样的反思：过去的成功经验在巨变的大时代可能是华为现在或未来失败的原因。过去的成功使我们陷入一种惯性思维与行为方式，遇到事情就可能本能地做出某种应对做法，又因为一次次不断的成功，巩固了我们对这种应对反应的信心乃至迷信。然而，社会发展在变，市场趋势在变，客户的决策模式与组织模式在变，对手的打法模式也在变。如果一

第一章
支撑变革的企业文化

成不变地、偏执地迷信已往的成功经验，很可能把组织和个人带入万劫不复的深渊。

因此，面对具有不确定性的市场环境，华为只有持续变革使自己适应市场、客户、对手、生态链的变化，才能持续存活下去。说到底，一切都是为了活下去。

任正非在《华为的冬天》一文中有这样一段话："公司中的所有员工是否考虑过，如果有一天，公司销售额下滑、利润下滑甚至会破产，我们该怎么办？我们公司的太平时间太长了，在和平时期升的'官'太多了，这也许就是我们的灾难。泰坦尼克号也是在一片欢呼声中出的海。而且我相信，这一天一定会到来。面对这样的未来，我们怎样来处理，我们是不是思考过？我们好多员工盲目自豪，盲目乐观，如果想过的人太少，灾难也许就快来临了。居安思危，不是危言耸听。"（有改动）

1999 年，在华为启动 IPD（Integrated Product Development，集成产品开发）变革时，任正非提出要求："华为当前最重要的是管理，华为的潜力也在于管理，管理提高了，管理的思想和方法都进步了，华为的能力就增强了。"

一个企业能持续变革，必须首先有能够支撑其持续变革的企业文化作为变革的基石。没有牢固的基石的变革，犹如无源之水、无本之木，企业在经历变革阵痛的过程中很容易半途而废。曾经某些企业出于种种原因学习华为的管理模式，但是学得"四不像"，被人戏称"没有华为的命，却想得华为的病"，这在很大程度上就是因为其没有支撑企业变革的文化土壤。

"道相同，术有异。"变革之道是相似的，变革之术的操作方法和细节在不同企业、不同组织、不同部门之间是有差异且需要因地制宜的。

那些学习华为变革之道时只知道学习"道"，且学习停留在口号层面，既没有深入学习"道"后面的逻辑，也没有进行"术"层面的操作落地的企业，其变革大多是失败的。同时，那些生搬硬套华为相关的"术"，没有深入理解华为变革之道的企业，其大部分变革也多是不成功的，也许短期内有一定的效果，但是长期来说必然是失败的。

那么，到底应该如何学习华为变革之道呢？如果企业真的想学习华为的先进变革经验，真的希望从华为变革经验中获取一些借鉴，那么首先应该了解、熟悉华为支撑企业持续变革的企业文化，分析自身是否具备支撑持续变革的文化土壤，如果不具备，则需要培植相关的企业文化土壤，只有肥沃的土壤里才能长出持续变革的参天大树。

第二节　以客户为中心

在谈以客户为中心之前，我们先来看看华为为什么会以客户为中心。

在社会学角度有一个关于组织的观点，即任何一个社会组织/自然组织一旦诞生，那么这个组织最基础、最本能的诉求就是长期生存下去，就像大多数基因的最基础、最本能的诉求是复制基因让基因得以延续一样，就像大多数刚出生的婴儿不用学习，天然就会喝奶一样，因为婴儿刚诞生的时候，只有喝奶才能活下去，这是人类几千年来在自然界生存中锻炼出的刻入人类基因的本能。

华为既是一个商业组织，也是一个特殊的社会组织，因此其无法脱离社会组织这种"希望长期生存下去"的本能。《华为基本法》中曾经提及，华为最基础的纲要就是活下去。也许在不同的发展阶段，需要以不同的状态"活下去"。在2021年，华为就提出了要有质量地活下去的生存纲要。

华为内部也有着这样的共识：从企业活下去的根本来看，企业要有利润，但利润只能从客户那里来。华为的生存本身是靠满足客户需求、提供客户所需的产品和服务并获得合理的回报来支撑的；员工是要给工资的，股东是要给回报的，天底下唯一给华为钱的只有客户。我们不为客户服务，还能为谁服务？客户是我们生存的唯一理由。

读到这里，可能有读者朋友会问华为到底是怎么理解以客户为中心的呢？

华为的理解是，华为的商业成功在很大程度上是因为其长期关注客户利

第一章
支撑变革的企业文化

益、为客户创造价值、成就客户。华为在公司内部不断地强调公司唯有一条道路能生存下来，那就是将客户价值最大化。有的公司是只为股东服务，一味追求股东利益最大化，但很多公司的崩溃说明这一做法未必就是对的。还有人提出员工利益最大化，曾经有一家海外的航空公司以员工利益最大化为宗旨，员工不尊重、不服务好客户，最终导致客户大量流失，收入下滑、利润下滑，因此不得不采取裁员等降低成本的措施，最终损失的还是员工的利益。

因此，华为要为客户利益最大化而奋斗，做到质量好、服务好、价格合理、快速响应客户需求。当客户利益最大化时，客户在有更多的钱时就会再次购买华为的产品与服务，华为也就活下来了。这也正是一种利他精神，通过利他最终实现了利己。

关于为客户服务是华为存在的唯一理由，在华为内部还有着如下共识。

1. 华为的组织结构、流程体系、管理制度、服务方式、工作技巧一定要围绕客户利益最大化这个主要目的，努力地进行转变来适应这个时代的发展。华为人深刻地认识到华为没有像国际大企业那样积累了几十年的市场地位、人脉和品牌，他们没有什么可以依赖的，因此只有比别人多奋斗、只有在别人喝咖啡和休闲的时间努力工作、只有更虔诚地对待客户，才能获取客户的信任、拿到市场订单。无论将来华为有多强大，华为都要谦虚地对待客户、对待供应商、对待竞争对手、对待生态链、对待社会，包括对待华为自己，这一点永远都不能变。

2. 客户永远是华为之魂。客户是永远存在的，以客户为中心的华为之魂也永远存在。所有华为人都要充分理解、认真接受"以客户服务是公司存在的唯一理由"，要以此来确定各级机构和各流程的责任，并且从内到外、从上至下都要以这一条标准来进行组织结构的建设。华为要建立一系列以客户为中心、以生存为底线的管理体系，而不是依赖于企业家个人的决策制度。这套管理体系在进行规范运作的时候，企业之魂就不再是企业家个体，而变成了客户需求。所以，所有华为人都要牢记客户永远是企业之魂。

3. 客户需求是华为发展的原动力。华为的可持续发展归根到底是因为其一直在满足客户需求。因此，企业必须以服务客户导向来确定队伍建设的宗旨，服务的意识应该贯穿于企业生命的始终，必须做到以客户为中心，坚决反对和避免以领导为中心。

通过上面的内容回答了华为如何理解以客户为中心的问题之后，可能有读者又会问华为是怎么落地以客户为中心的呢？下面我们来看看华为的做法。

1. 以客户为中心体现在华为内部强调以客户痛点和需求为切入点，既要帮助客户解决当下的问题，又要帮助客户解决面向未来的问题。华为通过IPD变革实现了产品发展的路标是客户需求导向的转变，建立了有别于以产品/技术为中心的以客户为中心的研发体系。研发体系内始终强调要认识客户需求导向这个真理，做到产品路标不是研发人员自己画出来的，而是来自客户；要始终聚焦客户关注的痛点、难点、挑战和压力，要深刻理解客户需求；要正确看待来自客户的压力，客户给华为压力，那是因为客户继续希望和华为合作，华为应该感到庆幸，应该感谢客户的信任与期待；要做到能够陪伴客户成长，始终是客户的战略合作伙伴，急客户所急，想客户所想，进一步想客户所未想，成为客户商业成功与个人成功的问计对象。华为为满足客户需求、实现客户满意的客户价值创造流程如图1-1所示。

图1-1　华为的客户价值创造流程

2. 以客户为中心还体现在华为的CRM（Customer Relationship Management，客户关系管理）体系上，如表1-1所示。华为为了成就客户，通过向客户学习、向标杆学习、向竞争对手学习，向自己的实践学习、请咨询公司辅导，花费了大量的人力、物力反复打磨，构建出一套高效的客户关系管理体系。其中包括"制定与管理客户战略、管理客户群客户关系规划、管理客户群接触与沟通、管理客户群满意度、管理客户信息"几大子流程。其中关于客户关系规划的部分，华为要求建立面向客户的立体客户关系体系。立体客户关系中包括组织客户关系、关键客户关系、普遍客户关系，如图1-2所示。华

第一章
支撑变革的企业文化

为除了重视关键客户关系与组织客户关系,还非常重视普遍客户关系。华为强调,要做"厚"客户界面,加强普遍客户关系的改善。重视普遍客户关系就是对待客户内部任何一个人员,无论这个人是基层工程师还是一线办事员,都要给予足够的尊重,做好客户关系,做好客户满意度。正是有这个客户关系体系的支撑,让华为的销售在做销售部门项目拓展过程中获得了一句"没有拿不下的客户"的名言。

表 1-1 华为的客户关系管理体系

制定与管理 客户战略	管理客户群 客户关系规划	管理客户群 接触与沟通	管理客户群 满意度	管理客户信息
制定客户战略/客户选择	管理组织客户关系	管理日常客户拜访	管理客户声音	管理客户企业档案信息
客户分类	管理关键客户关系	管理客户高层峰会	客户满意度评估与改进	管理关键客户档案
制定客户政策	管理普遍客户关系	管理公司考察		
监督与评估客户政策执行		管理客户高层拜访		
		管理客户专题活动		
		管理客户高层信函沟通		

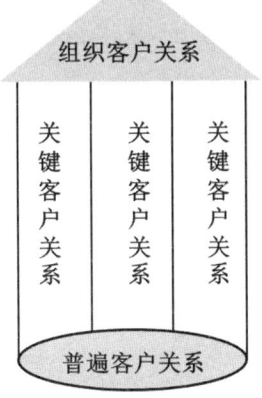

图 1-2 立体客户关系体系

3. 以客户为中心还体现在华为的组织体系设置上。华为基于大客户设置了客户系统部,以更好地为客户服务、成就客户,同时在一线设立了铁三角组织,全方位、立体式服务与成就客户。铁三角组织中分别根据对应客户的职能设计了 AR(Account Responsible,客户负责人)、SR(Solution Responsible,解决方案负责人)、FR(Fulfill Responsible,交付与履行负责人),如图 1-3 所示。华为通过一线铁三角组织加客户关系管理,从组织与流程的操作执行层面保障了华为在一线客户界面以客户为中心,同时牵引了整个公司内部以客户为中心。铁三角组织真正起到作用的地方就是其对普遍客户关系的改善和加强。

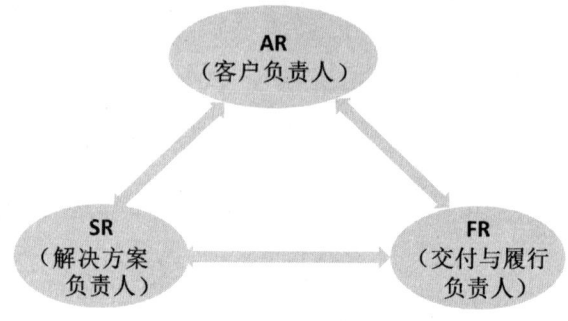

图 1-3　铁三角组织示意图

4. 以客户为中心还体现在华为对质量的追求上。华为反复强调,质量不好,服务不好,必然死路一条。质量是华为的生命,当代竞争最本质的问题就是质量。在大数据流量时代,华为高度关注大质量体系的建设,对客户实施高质量的交付,建立全球统一的基于客户需求和客户服务体验导向的可量化的服务质量体系,把大质量体系建设融入华为的思想文化建设、哲学理念建设、管理理论建设等方方面面,形成华为的质量文化。华为绝不走低价格、低成本、低质量的道路。虽然在这一过程中,短期内可能会失去一些强调低成本的客户,但是最终华为会通过高质量的标准赢得更多高质量、高价值的客户。那些在短期内选择了低成本、低质量的产品的客户,在经历了低成本、低质量带来的问题之后,最终还是会重新选择华为的产品。

5. 以客户为中心还体现在华为尊重对客户的承诺,坚持用诚信换取客户对华为的认可、满意、信任和忠诚度上。在华为眼里,品牌就是承诺,品牌不是宣传出来的,是在一个个项目销售与交付服务过程中,通过和客户的

第一章
支撑变革的企业文化

交往互动,通过对客户的服务,一点一滴地"打"出来的。诚信就是华为的立身之本,是华为对外的形象,是华为重要的无形资产。华为坚信,只要华为坚持做到诚信地以客户为中心、为客户创造价值,那么这种诚信为华为带来的价值就是取之不尽、用之不竭的,会源源不断地给华为带来财富。

6. 以客户为中心还体现在华为重视客户满意度工作上。华为强调客户满意是华为生存的基础,华为的一切行为都是以客户的满意度为评价依据的。客户利益所在就是华为生存、发展最根本的利益所在,只有让客户满意,华为才有明天。华为把客户满意度工作提升到了公司层面的高度,华为每年都会组织各种形式的客户满意度调研,并将调研结果作为该客户调研所对应部门/产品的考核指标之一。笔者曾经见过华为某原本处于上升期的干部,因为客户满意度指标问题而被末位淘汰。

7. 以客户为中心还体现在以客户为导向的企业文化层面。华为内部有着这样的共识:华为强调并深刻地认识到华为是一个功利集团,华为的一切都是围绕商业利益的。因此,华为的文化叫作企业文化,而不是其他文化或政治。因此,华为企业文化的特征就是服务文化,因为只有服务才能换来商业利益。服务的含义是很广的,不仅包括设备、产品的售后服务,还包括从产品的研究、生产到产品生命终结前的优化、升级与迭代,以及员工的思想意识等。因此,华为要求全员要以服务来制定队伍建设的宗旨。华为只有用优良的服务去争取用户的信任,才能创造资源。这种信任的力量是无穷的,是华为取之不尽、用之不竭的源泉。有一天如果客户不再需要华为服务了,或者不使用华为服务了,那么华为就到了要关门、破产的时候了。

那么,到底怎样才能长久地活下去呢?华为寻找到的答案是质量好、服务好、优先满足客户需求。在这背后,华为继续挖掘,并且找到了终极答案,那就是坚持以客户为中心、为客户创造价值、成就客户。

有的读者也许会以为华为一开始就建立了以客户为中心的企业文化,事实上一开始并不是这样的。以客户为中心的核心价值观,是华为在多年的创业过程中,通过不断总结成功经验和失败教训才形成的。客户的要求就是质量好、服务好、价格低,且要快速响应需求,这就是客户朴素的价值观,这也决定了华为的价值观。但是质量好、服务好、快速响应客户需求往往意味

活下去
华为变革之道

着高成本、高价格，客户又无法接受高价格，所以华为必须做到质量好、服务好、价格低，及时、优先满足客户需求，才能达到并符合客户要求，才能生存下去。只有让客户获得质量好、服务好、价格低的产品和解决方案，同时供应商与合作伙伴能快速响应客户需求，才能提升华为的竞争力和盈利能力。

服务好客户，成就客户，为客户创造价值，客户满意了，企业才能从客户那里获取订单产生收入和利润，企业才能活下去。在这期间，华为的部分产品也走过以产品为中心或以自我为中心的弯路，被客户和市场无情地抛弃过，经历了种种惨烈的失败阵痛之后才逐步从以产品为中心转向了以客户为中心。

华为内部曾经也有过一些部门为了提升部门自身的绩效，自行降低了成本，但最终在客户界面给客户带来了诸多问题。为解决这些问题，华为花费了大量的额外成本，这些额外成本远远超过为了降低成本的部门所降低的那部分成本，华为从中获得了深刻的教训。也就是在这个过程中，华为被市场、被客户教育得不知不觉地建立了以客户为中心的价值观。这又从一个方面印证了开篇中提到的达尔文进化论——"物竞天择，适者生存"。

经历如上所述的各种弯路与残酷的市场淘汰之后，华为最终达成了这样的共识：华为存在的理由是为客户服务。因为华为是生存在客户的价值链上的，华为的价值只是客户价值链上的一环。只有价值链的下游——华为的客户才能给华为提供项目机会、提供华为服务客户的机会，才能养活华为。不为客户服务，华为就会"饿"死；不为客户服务，华为就拿不出钱给员工发工资，更没有多余的资金去激励奋斗者。因此，只有以客户的价值观为基本准则，持续服务好客户，华为才可以持续存活。

同时，为客户提供优质、及时、准确、高效的服务也决定了华为的管理架构。当下，很多企业还经常出现因人设岗的情况。华为一直强调，业务场景决定业务流程，业务流程确定组织架构，组织架构跟着客户业务场景"跑"。这充分地保障了华为整个组织架构在管理机制上以客户为中心。

华为还强调，企业文化不是在大喊大叫中建立起来的，企业文化要落实到若干考核细节中。只要每个环节的制度制定者每天抬头看一眼"奋斗"，校正一下华为员工的任何动作是否能为客户有贡献，三五年的时间也许就会形成初步的企业文化轮廓。华为员工要继续发扬以客户为中心的"胜则举杯相庆，败则拼死相救"的光荣传统。

这种核心价值观，伴随着华为的发展逐步成为华为全员的基础共识。华为的管理制度、组织、流程和干部的发展方向，以及工作成绩的标尺都是将"为客户提供及时、有效的服务""为客户创造价值"作为衡量标准与方向的。其中，创造价值包括直接创造与间接创造。

华为内部还形成了不能为客户创造价值的流程为多余流程、不能为客户创造价值的部门为多余部门、不能为客户创造价值的人为多余的人的共识。这种共识里面产生了华为的一条变革主线，那就是以客户为中心、为客户创造价值。华为诸多业务变革项目中都暗藏了这条变革主线，都是围绕怎么更好地以客户为中心，怎么更加快速、准确、高效地为客户创造价值而展开的。

现在回过头来看华为 IPD 变革与 ISC（Integrated Supply Chain，集成供应链）变革等变革项目，其真谛就是从客户中来到客户中去，实现端到端的服务，从而降低内部成本、提升内部效率，同时通过流程体系提升产品质量。市场部门围绕客户转，服务部门围绕客户转，研发团队围绕市场和服务转，使华为实现"无为而治"。通过 IPD 变革与 ISC 变革等管理变革，华为降低了人工成本、财务成本、管理成本，并将降低的成本返回给客户，继续降价，这就是华为区别于竞争对手的生存空间。华为通过以客户为中心的变革实现了更好的客户服务，进而实现了公司活下去的目标。

第三节　以奋斗者为本

有一句名言叫作"管理的本质是激发和释放每一个人的善意与潜能"，将这句名言放到华为这个特定的组织中，就是指华为以奋斗者为本的核心价值观的本质是激发和释放每一个华为奋斗者的善意与潜能。虽然这句话比较抽象,解释起来大家好像都懂,但是理解起来比较困难,我们来将其具象化地解释一下。在这里,我们首先分析一下华为为什么要以奋斗者为本,而不是像某些西方国家的企业那样一味地追求股东利益最大化。

华为认识到以客户为中心只是解决了华为的价值创造问题,但是价值是由人来创造的,如何激发与释放人的创造力,如何激发与释放人的善意与潜能,如何激发人持续奋斗的意愿与主观能动性,不仅让员工有能力努力奋斗、为客户创造价值,还要让员工有意愿努力奋斗,从而为客户创造价值(见图1-4)?只有这些问题解决好了,才能持续坚持以客户为中心,为客户创造价值。经过华为多年的实践,华为发现要解决这些问题,只能以奋斗者为本。

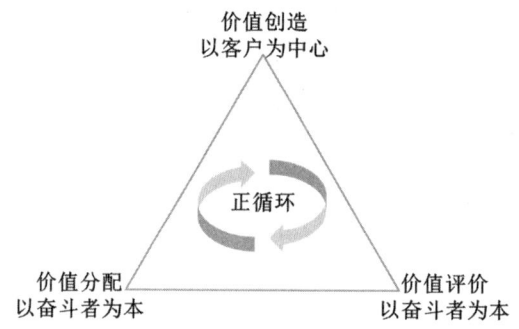

图 1-4　价值创造、价值分配正循环示意图

华为是怎么理解以奋斗者为本的呢?

华为强调,其奋斗的目的,主观上是为自己,客观上是为国家、为人民。但是主、客观的统一,都是通过为客户服务、为客户创造价值来实现的。没有为客户服务、没有为客户创造价值,主、客观的奋斗都是空的。

什么是奋斗?华为的理解是,在为客户创造价值的任何微小活动,以及在劳动的准备过程(如上学、工作后业余时间的自学)中,为充实、提高自己而做的努力都叫作奋斗,否则,再苦再累也不能算作奋斗。

华为的目的十分明确,那就是使自己具有优秀的市场竞争力,能赢得市场和客户的信任,能在市场上持续活下去。要服务好客户,就要使用优秀的员工,而且这些优秀的员工必须坚持奋斗;要使优秀的员工坚持奋斗,就必

第一章
支撑变革的企业文化

须让奋斗者获得合理的价值回报，按照华为内部的话说就是"不让雷锋吃亏"。同时，华为内部不能搞西方社会那套高福利的福利待遇体系，因为那样会造成内部的高成本运作，高成本最终会转嫁到产品与服务的价格上，最终需要客户买单。在一个充分市场化的竞争环境中，大多数客户是不会愿意为供应商内部的高成本买单的，这种企业必然会被客户抛弃、被市场淘汰，最终使奋斗者得不到合理的利益分配。

"合理""适度""长久"是华为人力资源政策的长久方针。

华为又是怎么落地实施以奋斗者为本这条核心价值观，而不是让以奋斗者为本停留在口号层面的呢？华为采取了如下价值评价与价值分配政策来确保其真正做到以奋斗者为本。

首先，做到正确的价值评价。华为价值评价主要基于3个导向，即责任结果导向、贡献导向、商业价值导向。价值评价原则上突出重点、抓住主要矛盾，分级、分类并向目标倾斜，同时尽量避免价值评价的误区，避免"长官"导向的主观评价，不为学历、工龄及内部公关付酬，不以考试定级。

其次，做到合理的价值分配。华为价值分配方式主要为在薪酬、福利、发展机会、办公环境等方面实现合理的价值分配，通过立体、全面的价值分配方式全方位地激励华为的奋斗者。

接下来我们简要介绍一下华为的多种价值分配方式的理念与导向。

一、华为薪酬福利政策导向

1. 华为强调全面回报，建有"薪酬、福利、发展、认可"四维激励矩阵，除了重视"薪酬、福利"等方面的建设，还加强了"发展""认可"等软性激励方式。对不同层级、不同类别的员工群体，其激励手段和力度要各有所侧重，以使有限的激励资源可以产生最大的激励效果，让奋斗者在最佳的奋斗时段以最佳的角色产生最佳的奋斗绩效，从而获得最佳的奋斗收益。

2. 薪酬福利控制刚性、增加弹性，通过短期及时激励来促进华为的进攻性，通过长期激励来保持华为的稳定性，两者的目的各有侧重。总的导向是逐步增加短期激励，将长期激励保持在适当水平，使干部、员工保持一定程度的"饥饿感",使整个组织始终处于激活状态,全员都能持续努力工作。

3. 拉开差距,敢于打破平衡。工资、奖金等薪酬激励要逐步向骨干员工倾斜,也就是华为内部所说的"火车头加满油,拉开差距"。

这种薪酬福利政策导向做到了全方位地激励员工、对准业务目标进行价值创造活动,充分地激发了员工的奋斗精神,引导更多员工成为骨干,营造了一种内部互相比拼、互相追赶的工作氛围,有效地避免了组织内出现平庸或懈怠的症状。

二、华为长期激励管理政策导向

1. 绩效导向。新增配股要向高绩效者倾斜,以尽量使华为的长期利益分配在历史贡献者、当前贡献者和未来贡献者之间趋于均衡、合理的分配格局。

2. 饱和配股。饱和配股的主要目的是强化绩效结果导向,让员工关注公司长期利益并努力做出贡献。

3. 奖励配股。奖励配股制度是对饱和配股制度的进一步优化,使公司经营成果的分配机制更加合理与均衡。

4. TUP(Time Unit Plan,时间单位计划)。TUP用于牵引员工绩效持续提升,鼓励员工关注长期目标,促进骨干员工的留存使用。

其中特别需要说明的是华为TUP出台的背景。由于华为业绩持续提升,公司总价值随之稳步提升,华为授予员工的股票价格也跟着水涨船高,员工获得新配虚拟股的成本增加,特别是部分基层新员工刚入职的时候,需要用钱的地方非常多且收入不是足够高,如果沿用过去的饱和配股政策对其进行饱和配股,那么该员工就要拿出大笔钱购买内部配股,从而对底层员工与新员工失去原本设计的激励作用;同时,由于华为的内部退休机制,随着时间的推移,内部退休人员逐渐增多,已经出现了"坐车的人比拉车的人还多"的问题,从而影响了现有在职员工特别是新员工的积极性。

正是在这样的背景下,华为才进一步优化了激励管理政策导向,制定了TUP激励政策。

第一章
支撑变革的企业文化

三、华为薪酬包管理原则

1. 薪酬总管理的核心是将薪酬费用与公司主要经营财务指标挂钩，形成对人力成本的弹性管控，实现业务单元的自我约束、自我驱动、自我激励管理机制。

2. 薪酬总包、奖金包和工资性薪酬包与相应的经营财务指标挂钩，体现不同的激励导向。

3. 薪酬包管理的优化方向是匹配公司的管理架构，优化奖金机制，进一步体现刚性工资性薪酬包及弹性奖金包的互锁，实现员工薪酬与公司经营效益挂钩，牵引公司经营效益有效增长。

基于以上的薪酬包管理原则，华为所有部门都清晰地知道自己部门的薪酬包是与公司经营效益挂钩的，任何部门在公司内都不能"躺平"。在某些企业中，一些部门的薪酬包和企业经营效益无关，因此这些部门很难真正关注客户、关注如何直接或间接地为客户创造价值，从而经常处于"躺平"的状态。

四、华为奖金政策管理导向

1. 奖金管理机制目标：奖金管理机制应达到激活组织、激活员工、及时激励的效果。

2. 奖金包的生成：公司奖金包的确定，须以公司达到基准赢利水平为前提，并通过适当的激励力度来促进公司效益的有效增长和经营改善；针对不同的 BG[①]（Business Group，业务群），考虑其发展阶段、业务特点等因素，分别制定各自的奖金包生成机制，其奖金包各自独立预算和核算。

3. 奖金包的分配：奖金分配要打破平衡和向高绩效者倾斜，从而发挥

---

① BG：华为内部一种面向客户群体的组织形式，目前有运营商 BG、企业网 BG 和终端 BG。

奖金的激励和牵引作用；奖金分配过程应及时、简单和高效；分配应向一线作战单元倾斜，加强公司的价值创造和价值管理能力。

华为通过这种奖金政策，有效地激发了员工的工作积极性，员工清晰地知道自身为公司、客户创造的价值越多、越大，可能分到的奖金也就越多。基于这种奖金导向政策，很多优秀的员工都愿意到海外去，愿意到最艰苦的地方去，因为这些员工知道去了那里可以获得更多的奖金。这也是很多公司员工外派难、外派艰苦地区特别难，而在华为内部有大把的员工挤破头想去海外、想去艰苦地区的原因。这也符合了前文中说的"管理的本质是激发和释放每一个人的善意和潜能"。笔者就亲眼见过很多人刚毕业就到艰苦地区奋斗，做出业绩，获得高额奖金回报的真实故事。

虽然华为内部管理也有着各种问题，如偶有发生的考核过程中主管主观因素导致的阶段性考核不公平的情况，但是基于华为的奖金政策，很多华为人都相信在华为奋斗可以改变命运，且很多人确实通过奋斗改变了命运。这也是华为对刚毕业的年轻人有吸引力的重要因素。

五、华为工资管理政策导向

1. 员工工资的确定，基于其所承担的职位责任、实际贡献大小和实现持续贡献的任职能力。

2. 工资管理遵循"以岗定级、以级定薪、人岗匹配、易岗易薪"的管理理念。

3. 各职级工资水平应在公司经营情况和支付能力允许的前提下予以确定。公司的工资管理既要规范化，也要有利于高绩效团队的形成，还要有利于市场竞争和人力成本两个要素的平衡。

华为通过相对合理的工资政策导向，既确保了华为公司的工资在内部一定程度的公平，又确保了华为的工资在外部有市场竞争力；通过内部公平，有效地避免了因公司内部的工资不公平而引起的内部摩擦和管理矛盾；通过对外部有竞争力，保证了公司始终可以吸引到优秀的人才。

华为通过包括但不限于以上这些以奋斗者为本的价值分配方式，让公司内的奋斗者创造的大部分利润最终回流到了公司内的奋斗者手中。奋斗者获得了合理的价值回报之后，更加有干劲，更加努力地进行奋斗，并为华为创造出更多的价值，从而形成了一个"员工努力奋斗（价值创造）—以奋斗者为本（价值评价与价值分配）—长期艰苦奋斗（持续价值创造）"的正循环。

六、华为的非物质激励手段

1. 认可：激励手段有荣誉奖、荣誉证书、奖杯、嘉奖函、通报表扬、明星员工、杰出地带宣传、与总裁合影等。

2. 学习与发展：承担更大的责任、轮岗的机会、外派海外的机会等。

3. 工作环境：主管关系和认可、和谐的工作环境、节日/生日祝福、部门家庭日等。比如，其中的部门家庭日深受员工及其家属喜爱，很多在松山湖工作的员工，在部门家庭日都会带领全家去松山湖参观公司园区、参与部门组织的各种游戏节目、乘坐园区内的欧式小火车，同时可以用部门发放的餐券在员工餐厅体验一次员工餐，这些活动特别受华为员工家庭中小朋友的喜欢。

正是由于有着这样全方位的"物质激励+非物质激励"的正循环价值分配方式，解决了很多组织变革中的困难问题——人的动机因素，所以在华为的变革过程中，大部分员工愿意积极参与变革、拥抱变革，部分因为变革被削弱权力或优化其所负责的组织部门的干部也对变革没有过多的怨言，而是人人勇于争当变革"排头兵"。这些都是华为以奋斗者为本的核心价值观落地之后所产生的威力。

这里也就产生了华为变革的另一条主线——以奋斗者为本。华为在不同阶段的各项人力资源变革、干部相关变革的核心实质都是围绕着在当时情境下如何做好以奋斗者为本的。

例如，华为早期的任职资格项目，其核心就是做好奋斗者的价值创造能力的评估与业绩量化，从而有相对科学的依据对奋斗者的能力与绩效进行衡量，支撑以奋斗者为本的政策的落地实施。

有人曾经评价华为的核心竞争力之一就是深刻洞察人心与人性的财散人聚的分钱理念。其他企业在学习、借鉴华为的变革经验时，也需要考虑如何从分钱机制上激发员工。如果企业某项变革的成果和员工没有关系，员工不能从中获得收益，那么这种变革基本是不能长期开展下去的，成功的可能性也微乎其微。

第四节　坚持自我批评

"如果一个公司真正强大，就要敢于批评自己，如果是摇摇欲坠的公司根本不敢揭丑。如果我们想在世界上站起来，就要敢于揭自己的丑。正所谓'惶者生存'，不断有危机感的公司才一定能生存下来。"

——任正非

前面已经大致讲解了华为核心价值观中的"以客户为中心"和"以奋斗者为本"这两条。华为核心价值观中的"长期艰苦奋斗"就是要求全员需要长期坚持思想上的艰苦奋斗，不能因为获得了一些业绩、荣誉和客户的认可就沾沾自喜、懈怠放松，要终身学习、持续成长，不能因为年龄的增加而产生思想和技能的老化，必须始终让自身的思想和技能跟得上社会及企业组织的发展，不能从企业昨天发展进步的"功臣"变成企业明天发展进步的阻力。

我们在这里重点讲一下"坚持自我批评"这条核心价值观。坚持自我批评是华为的自我纠偏机制。在现实生活中，大家都知道自我批评其实是一件非常困难的事情，普通人或组织（部门）在大多数情况下，都不愿意主动承认自己的错误和缺点，当其他人或组织提出自己的问题与缺点时，一般是难以接受的，更何况要自我批评，还要坚持自我批评。

但是，坚持自我批评却成为华为的核心价值观之一。华为为什么要把坚持自我批评作为它的核心价值观之一呢？

这是因为华为深知，任何一个组织都不是完美的，都会存在这样或那样的问题，华为也不例外，它也是一个不完美、存在诸多问题的组织。

第一章
支撑变革的企业文化

曾经有华为员工在华为内部论坛"心声社区"上匿名列举了华为十大内耗问题,如无比厚重的"部门墙"、肛泰式(膏药式)管控体系、不尊重员工的以自我为中心、"视上为爹"的官僚主义、令人作呕的马屁文化、权利和责任割裂的业务设计、集权而低效的组织设计……该帖子一经发布,便在"心声社区"上引起了激烈的讨论。

无论这些问题是否真实存在,是否存在夸大或以偏概全,华为都宽容地允许该帖子被持续、广泛、深入地讨论。这正是由于华为知道自己不完美,在业务发展、管理探索过程中必然伴随诸多或表象或深层的问题。华为清楚地知道自身存在诸多问题,而要长久地活下去,就必须解决这些问题。

华为通过在实践中不断地探索、总结,同时积极地向各类先进组织学习,发现自我批评能够帮助华为面对问题,乃至解决问题,从而帮助华为更好地服务客户、更好地活下去。所以华为选择将坚持自我批评作为核心价值观之一。

在企业文化体系中有一个观点就是,组织与个体在发现自己的问题和缺点后,对待问题的态度也是企业文化的核心部分。华为采取的方式就是直面问题,正视问题,解剖问题,挖掘问题背后的根因,基于问题开展自我批评,最终解决或优化问题。

那么,华为是怎么理解坚持自我批评的呢?

首先,任正非曾说过:"一个企业能长治久安的关键,是它的核心价值观被接班人确认,接班人又具有自我批评能力。"这就决定了在企业的接班人层面,首先必须确认企业的核心价值观,且有自我批评能力。

其次,华为坚信一个企业组织的自我批评是以达到优化管理和建设企业、提升企业整体核心竞争力为目的的,而不是自我否定的。只有坚持自我批评,才能倾听、扬弃和持续超越,才能更尊重他人、与他人合作,实现客户、企业、团队和个人的共同发展。自我批评有非常清晰的方向,即始终面向"以客户为中心、以奋斗者为本、长期坚持艰苦奋斗"的核心价值观展开。在华为看来,自我批评是一个总结以往成功经验与失败教训、探索事物客观发展规律的实践、认知过程。

最后，华为强调自我批评需要组织和个人达到一种境界，这既是对品德的一种锤炼，也是对个人、对组织、对社会的一种责任。

那么，华为又是怎么让坚持自我批评的核心价值观落实到组织与员工的行为上的呢？华为内部有几个渠道来帮助组织和员工进行自我批评，这里特别需要提到的有《管理优化》《华为人》这两本内部期刊，以及"心声社区"论坛。"心声社区"论坛对外部游客开放部分板块和内容，有兴趣的读者可以登录该论坛了解更多的信息。敢于把内部论坛开放给外部人士登录阅读，这也从另一个角度说明了华为公司的开放。《管理优化》上经常会发布各种有关管理问题的曝光、问题的反思、问题的最终解决方案等有深度的内容。在"心声社区"上，华为员工可以匿名曝光公司内任何不合理的现象，且不会被追责，因此"心声社区"被华为内部比喻为华为的"罗马广场"。

为了让员工敢于在"心声社区"发声，敢于提出批评与不同的意见，华为还专门要求对"心声社区"匿名发帖人的个人相关信息进行保护，以确保发帖人不被人肉搜索、不会"因言获罪"。为了保护发帖人不被打击报复，任正非曾经在内部说过："如果有谁要查发帖人的信息，请'心声社区'管理员把任正非的信息发给查询人。"

这里可以给大家举一个案例。曾经有一年，部分员工在华为内部论坛"心声社区"反馈财务体系流程烦琐、效率低下，影响了一线业务效率，该帖子在"心声社区"引起了广泛的跟帖与讨论。华为并没有像某些企业那样删除类似的帖子并"和谐"发帖人，而是允许大家广泛讨论。与此同时，时任华为 CFO 的孟晚舟带领华为财务体系的高管团队基于该帖子中提到的流程烦琐、效率低下影响了一线业务效率的问题开展了深刻的自我批评，并将自我批评的纪要公布到了"心声社区"，交由全体员工监督。在此之后，其他体系、BG 管理团队都开展了深刻的自我批评，也都将自我批评会议的输出纪要公布到了"心声社区"。

从一个员工的抱怨、投诉帖子引发公司各大体系、各 BG 管理团队的集体自我批评，这是何等的气量、气魄与自信。正是有了这种敢于自我批评的

第一章
支撑变革的企业文化

文化,华为才能形成持续变革的企业文化。自我批评和持续变革保证了华为不会出现逆淘汰或逆耗散文化。

企业想学习华为的变革经验、借鉴华为支撑变革的企业文化,那么首先要学习的就是敢于直面问题、敢于自我批评。

华为早期部分重要的自我批评活动如下所述,这些活动为华为早期形成"自我批评"文化奠定了良好的基础。

一、1996 年,市场部大辞职

1996 年,华为成立的第九年,发生了一件被记录在华为发展史上的重大事件——市场部大辞职。这是一件"外行看热闹,内行看门道",但对华为来说意义非凡的关键性事件。

这件事发生的背景是,当时华为由于赶上了通信行业大发展,且实施了成功的市场开拓策略,市场业绩不断提升,市场组织不断壮大,队伍从数十人扩张到了数千人。这个发展速度带来的问题就是管理上的混乱,加上当时人员出差、交通与信息流通都不像现在这样方便,对华为的管理带来了很大的挑战。

任正非看到市场队伍里出现了很多不好的苗头,如"山头林立",他就和时任华为董事长的孙亚芳商量,大意是公司管理干部的思想观念和能力跟不上华为从农村市场向城市市场发展的形势及发展需求,队伍这样发展下去要出乱子。于是孙亚芳就做出了一个"惊天动地的壮举",具体内容就是华为市场部所有的正职干部,包括从市场部总裁到各个区域办事处主任的市场干部都要提交两份报告:述职报告和辞职报告,采取竞聘方式进行答辩,公司根据其表现、发展潜力和企业发展需要,批准其中的一份报告。

为什么说是壮举呢?因为在这次竞聘答辩中有 3 成多的干部被淘汰下来了,要么是态度有问题,要么是思维观念不转弯,要么是管理能力有问题。其中最有名的就是市场部总裁也被连降数级,这么大的落差常人根本承受不了,换个企业实施这种"外科大手术"绝对会造成极大的反弹和风波。但华为在任正非的强力领导下，竟然不可思议地完成了这个壮举。

华为干部能上能下的组织文化机制，就是从这次市场部大辞职开始建立的。对此，任正非强调："能屈能伸的人，才会大有出息。"

华为通过市场部大辞职事件，解决了公司在市场发展过程中的许多"山头"问题，有效地形成了市场干部的内部流动，激活了组织，既防止了某些市场干部在某个地方待久之后在当地形成个人的势力关系网为公司业务的稳定带来风险，又防止了干部在一个岗位干久了之后产生懈怠。

二、1998年，研发体系反幼稚大会

研发体系反幼稚大会的起因是当年客户的一次批评。由于当时的华为研发还没有科学、合理的客户需求与产品路标管理机制，因此研发部门经常会开发一些自认为很好、很符合客户需求的产品，但事实上这些产品不是客户所需要的。华为的研发团队在一开始接收到客户的批评时是很震惊的，然后随着对批评理解的深入，开始逐步从震惊转向痛苦，从痛苦走向反思，再之后是感悟。华为的研发团队逐步认识到产品好不好必须由市场说了算，只有经受住用户、市场考验的产品才能获得真正的成功，于是他们喊出了"品格的成熟铸就产品的成熟"。

1998年5月，华为中研部举办了一次"反幼稚，强化商品意识，坚持市场唯一验收标准"交流会，将他们反思的结果向全公司进行汇报。在这次交流会上，中研人员向公司全体员工提出了一个问题：遇到挫折之后，中研怎么办？我们怎么办？然后，中研人员给出了他们的回答。首先，要敢于说真话。在这次交流会上，几乎所有的发言者都没有摆出一大堆客观条件，没有推诿，而是坦率地暴露了在开发过程中开发人员自身存在的问题、失误和不足。其次，反对幼稚，强化商品意识。自我反思不仅要清查设备的问题，还要清查思想、认识的问题，而非方法的问题，彻底去掉研发的"幼稚病"。最后，要感谢客户的批评。客户希望继续和华为合作才会给出批评，这是爱之深、责之切的表现。因为，当哪天客户不再批评你时，也许就是客户即将抛弃你的时候了。

华为研发部门经历了这次反幼稚大会之后，开始逐步改变过去的那种纯技术工程师思维，在开发与设计产品过程中会更多地考虑这是否真的是客户需求，也就是渐渐地从工程师转变为工程商人。

其实很多企业内都存在这种情况，研发人员技术情结严重，开发产品时不考虑客户需要什么，自以为自己比客户更懂客户需求，结果只能被市场边缘化或淘汰，或者陷入价格战。

三、2000年，中研部将呆死料作为奖金、奖品发给研发骨干大会

在早年的华为研发过程中，由于工作不认真、物料清单填写不清、测试不严格、盲目创新等问题造成了大量的研发呆死料。这部分呆死料严重地吞噬了华为的利润，因此华为在2000年组织了一次把呆死料作为奖品发给研发骨干的大会。在这次大会上，华为公司把相关的呆死料发给相应的人员，通过这种触动心弦的方式激发研发人员一次性把工作做对，减少在工作中"差不多"的心理。在这次大会上，任正非发表了一篇让与会研发人员振聋发聩的演讲，由于该讲话稿篇幅较长，这里就不再详细引用，只讲述其中部分核心要点。任正非评价这次研发系统的自我批评运动是华为发展史上的一个里程碑、分水岭，要求华为继续推行以自我批评为中心的组织改造和优化活动，希望公司的一切骨干认真地坚持自我批评，努力在实践中不断地吸收先进、不断地优化自己，真正塑造自己的未来。有兴趣的读者可以自行按照关键词在网上搜索"华为2000年自我批评大会"，从而更全面地了解该次自我批评活动中任正非的讲话全文。

除了上面3个典型的与自我批评相关的大会，华为还有许多自我批评的大会和活动，这里就不再一一展开。正是由于华为的自我批评文化，让华为的各级管理干部和员工在变革过程中都敢于暴露问题、直面问题，把问题摆到台面上研讨分析并找到根本原因与解决办法，敢于自我革命。

正是华为坚持自我批评的核心价值观，让华为广大干部、员工在面对变革项目时能保持开放的心态去拥抱变革、接受变革、推动变革。

第五节　开放、妥协、灰度

>"我们要以大海一样宽广的心胸,容纳一切优秀的人才共同奋斗。要支持、理解和帮助世界上一切与我们同方向的科学家,从他们身上找到前进的方向和力量,容忍歪瓜裂枣。一杯咖啡吸收宇宙能量。"
>
>——任正非

华为在变革管理过程中遵守的另一个重要理念就是"开放、妥协、灰度",这也是华为企业文化的重要组成部分。任正非曾在内部讲话中强调:"开放、妥协、灰度是华为企业文化的精髓,也是一个领导者的风范。"

华为内部有着必须开放的共识。为什么要求必须开放呢?因为一个不开放的组织/个体,不会努力吸收其他文化、其他组织/个体的优点,其在人类社会中会逐步被边缘化,逐步走向没落。历史上很多大国没落的重要原因之一就是不开放。

前面的讲述也许比较抽象,不便于直观理解,我们可以换一个方式,用具象化的例子来加强理解。比如,小强从小品学兼优,以优异的成绩考上了某名牌大学一个不错的专业。小强在大学毕业后又成功进入了某世界500强企业。刚开始工作的前几年,小强通过不断的努力奋斗,被公司提拔成了基层主管。但是,小强自从成为基层主管之后,便在工作中开始放松自我、故步自封、不思进取、不学习新的工作技能、不接受新事物与新思维,总是沉迷在自己过去的成功业绩中,在工作中完全依赖过去的成功路径。在生活中,小强也开始放松对自己的约束,不注意饮食均衡,不锻炼身体。慢慢地,小强从过去的公司高层看好,且被重点培养、提拔的高层后备人选,逐步变成了一个大腹便便、不符合公司干部标准的落后干部。在新冠肺炎疫情的影响下,公司经营业绩受到了较大的影响,当公司不得不裁员时,小强自然而然地上了公司裁员、优化的名单。如果小强在成为基层主管之后,在工作中依然保持开放的心态,保持终身学习的态度,在生活中加强对自我的饮食控制、约束并加强健身,那么他还会被淘汰吗?他不但不会被淘汰,更有可能在公

第一章

支撑变革的企业文化

司获得进一步的提升。这就是作为个体,开放与不开放的一个对比。作为组织,开放与不开放的差异会更大。

华为内部反复强调,华为无论是在产品开发上,还是在销售服务、供应链管理、财务管理、人力资源等方面,都要开放地吸收其他组织与个体的"好东西",不要故步自封,不要过多地强调自我。华为还强调,创新就是站在别人的肩膀上前进,要像海绵一样不断吸取别人的优秀成果。以开放的心态,向一切人学习,是华为企业文化的一个特色。

为什么需要妥协呢?任正非曾经在讲话中说道:"'妥协'一词似乎人人都懂,用不着深究,实则不然。妥协的内涵和底蕴比它的字面含义丰富得多,而懂得它与实践更是完全不同的两回事。我们华为的干部,太多比较年轻,血气方刚,干劲冲天,不大懂得必要的妥协,也会产生较大的阻力。我们纵观中国历史上的变法,固然对中国社会的进步产生了不可磨灭的影响,但大多没有达到变革者的理想。我以为,面对它们所处的时代环境,他们的变革太激进、太僵化,冲破阻力的方法太苛刻。假如他们用较长时间来实践,而不是太急迫、太全面,收效也许会好一些。其实就是缺少灰度。方向是坚定不移的,但并不是一条直线,也许是不断左右摇摆的曲线,在某些时段来说,还会画一个圈,但是我们离得远一些或粗一些来看,它的方向还是牢牢地指着前方。"

在变革过程中,变革相关主导者、参与者为了全局利益,为了更好地实现以客户为中心、以奋斗者为本,必要时,小群体、小部门必须放弃个人乃至部门的短期利益。正是这种妥协文化让华为内部变革没有出现极大的阵痛乃至出现反对变革的情况。

同时,关于妥协,华为内部强调:"方向是不可以妥协的,原则是不可以妥协的。"但基于方向和原则不妥协的前提条件,变革过程中的某些操作细节和做事的方式是可以适度妥协的。

历史上很多失败的变革,都是由于变革相关参与方仅站在各自的利益立场,不肯让步,不肯妥协,变革操盘者又缺乏足够的妥协艺术,导致矛盾不可调和,最终两败俱伤,改革方案也功亏一篑。

为什么需要灰度呢？因为这个世界上每一个人、每一个组织都不是百分百完美的，都是一边发展成长一边解决问题的。这个世界也不是一个简单的非黑即白的世界，从不同时间、不同角度、不同角色看待问题会有不同的结论。因此需要掌握好灰度，以便达到当前阶段的和谐。

因此，一个组织或公司要变革，如果变革的领导者群体具备了"开放""妥协""灰度"的领导素质，那么这个组织自然是比其他组织更容易变革成功的。

第六节　熵减

"熵减的过程是痛苦的，但前途是光明的。"

——任正非

熵，是一个物理学中的名词，对大多数非物理专业的人来说理解起来比较复杂，我们可以用通俗的语言来解释，即从自然规律的角度来看，任何一个组织或个体都会经历逐步从有序走向无序、从有活力走向没有活力的过程。比如，一个正常人在年轻的时候是非常有活力的，但是当这个人进入老年阶段之后就会逐渐失去活力，最终走向死亡，彻底没有了活力。也就是说，一个组织或个体无效的能量一直在增加，如果不增加有效能量，能量就会变成零，最终系统就会熵死，对于人、自然界来说都是如此。比如，一杯热水，如果不对其做其他动作，就会慢慢凉下来变成一杯温水；一个旋转的陀螺，如果不对其做其他动作，很快就会停下来，变成静止状态。每一个企业都是这样，回过头来看很多倒闭了的大企业，这些企业在很大程度上都是因为没有活力，产生熵增，从而使企业走向消亡。

因此，企业想要长期活下去，就需要保持活力，而要保持活力就需要建立耗散结构。具体来说就是，对外开放，与外部交换物质与能量；对内激发活力，不断提升企业的发展势能，不断拓展企业的发展生存空间。

华为公司内部的熵减文集编委会对熵进行了如下总结："熵就是无序的混乱程度，熵增就是世界上一切事物发展的方向都是从井然有序走向混乱无序,最终灭亡。这在经典力学上的寓意更容易理解,即世界上没有永动机,最终会走向平衡静止,即熵死。"

站在哲学的角度,用一句哲学名言来理解就是"向死而生"。

任正非曾经指出:华为(企业)想要生存,就要逆向做功,把能量从低位抽到高位,增加企业的势能,这样才能发展。例如,华为创业初期的主要业务是代理销售设备,处于能量较低的位置,华为为了提升竞争力、增加企业势能主动从代理转向研发,这对于华为来说就是一种主动的逆向做功,从而促使华为快速、稳健的发展直至壮大。

正是在这样的过程中诞生了以客户为中心、以奋斗者为本、长期艰苦奋斗的华为核心价值观。华为基于对人性与社会发展的深刻洞察,激发与释放出华为人的善意、生命活力与创造力,最终得到了持续发展的企业活力。这也从另一个方面印证了本文前面提到的"管理的本质是激发与释放人的善意与潜能"。

任正非在 2011 年的华为公司市场大会上说:"公司长期推行的管理结构就是一个耗散结构,我们有能量一定要把它耗散掉,通过耗散,使我们自己获得一个新生。"

因此,企业需要用熵减动作来解决与对抗熵增这个活力消失、消灭的自然规律,即不断地做功、坚持开放、坚持从外部吸收能量。这从另一个角度来看也是华为坚持持续变革的重要原因。

华为是怎样对抗熵增、实现熵减的呢?华为通过如图 1-5 所示的华为活力引擎模型来解决熵增的问题,具体包括激活组织与激活组织内的个体。

第一,激活组织。激活组织具体包括简化优化流程、对准目标饱和攻击、坚持自我批评、组建战略预备队等方式。华为的很多流程优化项目、变革项目都是为了激活组织,避免让组织被烦琐的流程所束缚,从简化、优化流程的维度为组织"松绑",更好地激发组织活力。对准目标的饱和攻击可以具体理解为集中优势资源与人才"弹药",多路径地对准同一个方向密集地进攻,用一句话来说就是"方向要大致正确,组织要充满活力"。坚持自我批评是华为企业文化中非常重要的组成部分,是帮助华为实现自我纠偏的一种机制。通过组建战略预备队的方式可以实现人员的循环,帮助队员在训战中完成知识结构的转变、专业技能的提升、战斗意志的淬炼。这些都是激活组织、组织熵减的有效方式。

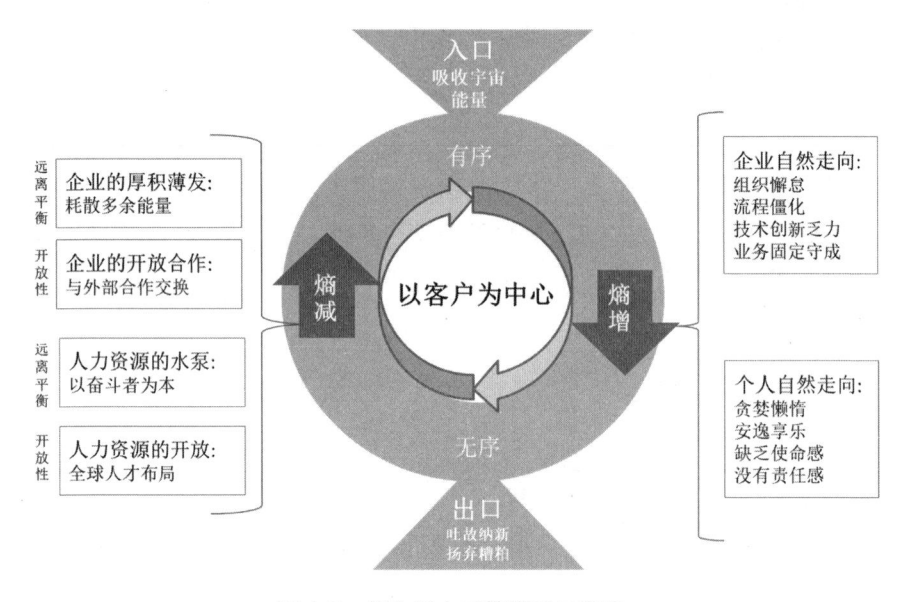

图1-5 华为活力引擎模型示意图

图中文字：
- 入口：吸收宇宙能量
- 有序
- 无序
- 出口：吐故纳新 扬弃糟粕
- 以客户为中心
- 熵减 / 熵增
- 远离平衡 / 开放性：企业的厚积薄发：耗散多余能量；企业的开放合作：与外部合作交换
- 远离平衡 / 开放性：人力资源的水泵：以奋斗者为本；人力资源的开放：全球人才布局
- 企业自然走向：组织懈怠、流程僵化、技术创新乏力、业务固定守成
- 个人自然走向：贪婪懒惰、安逸享乐、缺乏使命感、没有责任感

第二,激活组织内的个体(人)。众所周知,激活人、改变人都是非常困难的事情,企业变革中最难改变的就是人的思想。那么华为采取了哪些措施来激活人呢?首先是通过企业文化的全面宣贯,从思想文化价值观层面激活人,如华为内部都清楚且深入人心的华为核心价值观"以客户为中心、以奋斗者为本、坚持自我批评",就是华为激发员工个体活力的"灵丹妙药"。其次是不断地吸收外部新鲜血液,华为每年通过"应届生招聘"大量招收应届毕业生,同时进行一定程度的高端人才的社会招聘,通过大量新人入职的方式来补充新鲜血液与力量等方式激活人。最后还有一点非常关键的是华为100%员工持股,通过员工持股实现利益绑定机制,实现员工个体与公司整体的利益共创及共享,从根本上解决员工为什么奋斗的问题,从而从员工的内驱力上激活员工个体。

通过以上内容,我们了解了华为对抗熵增的手段,那么企业可采取哪些方式来对抗熵增呢?企业对抗熵增实现熵减可以选择的方式非常多,但如下

第一章
支撑变革的企业文化

几点是最基础且必须坚持下去的,只有做到了如下几点,企业对抗熵增的方式才会有效。

1. 企业内的系统/组织或个人必须开放,坚持开放,且能坚持做到批评与自我批评,不能故步自封,一个不开放的组织是无法长期对抗熵增的。华为从 IPD 变革开始,一直强调向美国人民学习,在这个过程中,无论华为面临何种困难,都在强调坚持向美国人民学习,就是为了不断地对抗熵增。

2. 企业系统/组织或个人对抗熵增,必须引入外力,从外部获取能量,这个外力既可以是从外部聘请的高级人才,也可以是从外部请来的授课教师,还可以是从外部请来的咨询顾问团队,总而言之,一定要有外力的引入。这就是华为一直坚持花重金请外部咨询公司帮华为开展变革,且持续请咨询公司帮华为开展变革的深层原因。

3. 企业系统/组织或个人一定要坚持开展内部重构,既可以是知识结构的重构,也可以是能力模型的重构,还可以是组织模式的重构,抑或是业务流程的重构、管理机制的重构,但无论如何一定要重构,通过重构获得新生。例如,很多华为人都习以为常的华为组织机构变革,号称"一年一小变,三年一大变"。一个希望实现自我突破的个人,要么通过锻炼身体重构身体技能,要么通过不断学习吸收外部知识能量,重构自身的知识能力或认知心智体系。笔者就目睹过某一家企业,在面临发展过程中的诸多问题时,企业创始人和高管团队能够积极、主动且深入地进行自我批评、挖掘管理问题的根本原因,主动、开放地拥抱重构变革,聘请外部咨询公司参与重构变革,通过连续几年的全面、系统的重构变革,实现了企业经营业绩的腾飞。

4. 在对抗熵增过程中,要设置一些短期可完成的小目标,小目标完成之后及时进行激励,以便巩固组织或个体对抗熵增的信心。由于对抗熵增是一个漫长而痛苦的过程,在这个过程中有时"信心变黄金"更重要,只有足够的信心及坚忍的意志才能帮助组织和个体持续地对抗熵增。

企业做到了上面这 4 点之后,再采取其他的激活组织与激活个体的方式来对抗熵增时也就顺利得多、容易得多。

> **活下去**
> 华为变革之道

如果用一句话来解释，那就是在华为看来，坚持主动变革是企业对抗熵增的有力武器，引入外力变革是为了开放地吸收外部能量，企业通过主动变革激发了组织活力，提高了企业的生存能力，最终的目标还是想要长久地活下去。这又回到了《华为基本法》中强调的华为的最低纲领"活下去"。

综上所述，"以客户为中心、以奋斗者为本、长期艰苦奋斗、坚持自我批评""开放、妥协、灰度""熵减"等企业文化的核心内涵支撑着华为各项变革工作的顺利开展，是华为能持续变革且获得成功的重要基石。

第二章

华为变革历程与几个变革项目

"谁能把我们打败？不是别人，正是我们自己。如果我们不能适时地调整自己，不努力提高管理素质、强化管理能力，不将艰苦奋斗的传统保持下去，我们就会把自己打败。古往今来，一时成功者众多，持久的赢家很少。失败的基因往往在成功时滋生，我们只有时刻保持危机感，在内部形成主动革新、适应未来的动力，才可能永立潮头。"

——任正非

第一节 华为变革历程简介

从 20 世纪 90 年代末开始，华为通过与 IBM、埃森哲等国际知名咨询公司合作，基于华为的业务实践，抓住中国进入世界贸易组织后与西方互相开放市场合作的机会，努力向国际顶级咨询公司学习国际一流的现代企业管理体系，开始了持续变革之旅，逐步开展现代化企业管理体系建设，并最终建成了业界标杆的管理体系。

我们来看一下华为成长的几个阶段，以及华为在这些阶段分别做了哪些主要的变革。

活下去
华为变革之道

一、第一阶段（1987—1994年）：初创阶段，野蛮生长

刚创业时的华为，和那个年代的很多初创公司一样，一无资本、二无技术、三无人才，为了活下去，只能选择从倒买倒卖开始迈出艰辛创业的第一步。在倒买倒卖交换机的过程中，任正非凭借异于常人的商业嗅觉和危机感，敏锐地意识到倒买倒卖交换机容易受制于人，因为华为自己没有相关技术和核心竞争力，在市场中的可替代性太高，所以这不是企业发展的长久之计。

正是由于任正非这种天然的危机感，在初创阶段，华为便开始逐步从市场跟随者战略（倒买倒卖交换机）转型到自主研发通信设备，选择了"贸工技"①的道路。

1992年，股市与房地产中出现了许多"造富神话"。面对房地产与股市等高利润领域的诱惑，任正非坚持聚焦于电子通信设备行业，持续扩大市场占有率，通过低成本的方式快速占领市场，并且部分产品达到了当时的国际标准。华为通过这种"野蛮生长"获得了一定的市场与利润，解决了当时企业活下去的问题。

到了1994年，华为营业收入超过8亿元，人员规模已经达到600人左右。在这期间，华为虽然没有实施过正式的变革项目，却做出了两个对华为未来发展影响深远的战略决策与选择，并成立了一个与变革管理强相关的部门。

1. 两个重要选择：

（1）从代理商转型为自主研发，选择了难走而正确的"贸工技"道路。

（2）在面临巨大的外部诱惑时，选择了坚守电子通信设备行业。

2. 成立一个关键部门：

1993年，华为成立管理工程部。管理工程部的部门定位是负责整个华为公司的IT规划、策略、投资、预算、建设、运维，以及组织变革、流程

---

① 贸工技：是指企业从贸易开始起家，在累积一定资金后逐步开始转型加工制造，并进行自主研发、掌握相关核心技术、增强企业技术竞争力的一种企业发展路线。

重整等管理改进的部门。管理工程部的成立，标志着早期的华为为了更好地活下去，已经把科学管理与管理体系建设提升到了整个华为公司层面的高度去看待和探索；也标志着在很多企业只把劳动、资本和原材料当成生产要素的时代，华为已经把管理当成了重要的生产要素去看待。

同时，我们可以从管理工程部"组织变革、流程重整等的管理改进"的部门定位中看出，华为在创业初期就逐渐认识到了变革管理对于企业持续发展和壮大的重要性，开始逐渐对企业变革管理进行探索与实践。

二、第二阶段（1995—2003 年）：快速发展阶段，问题驱动变革

1995 年，华为实现营业收入 15 亿元，人员规模达到 800 人左右，成为全国电子行业百强民营企业之一。同时段，华为在北京成立了研究所，开始探索进军海外市场，并不断进行组织结构调整，探索走向规范化管理，同时做出了多项战略调整。比如，坚持扩展市场格局，进行战略投入，如先通过赠送企业设备成为供应商，然后通过持续服务获取后续订单，用这种方式开拓并占领市场，后续逐步产生利润贡献。

2000 年，华为营业收入突破 200 亿元的大关。在此期间，华为实现了从单一通信设备产品（交换机）到多系列通信设备产品的横向扩张（移动通信、传输设备等），同时开始了从卖产品到提供解决方案的转身。由于受到 2001 年全国 IT 泡沫破裂的影响，2002 年华为发生了有史以来第一次营业收入下滑，但 2003 年便开始复苏，营业收入同比增长 50%。

在这个阶段，随着市场的扩张、一线营销人员队伍的迅速扩大、研发产品线的增加，和大多数高速发展的企业一样，华为在管理上的问题开始显现。华为在用原来管理一两百人的制度体系去管理 800 人的时候，明显感到了力不从心。

因此，华为开始正式引入变革项目。华为在此期间开展的管理变革项目主要如下。

1. 引入 ISO 质量管理体系。
2. 研讨并起草了《华为基本法》。

3. 启动集成产品开发 IPD 变革项目。

4. 启动集成供应链 ISC 变革项目。

5. 启动人力资源领域多个变革项目。

……

在上面这些项目中，IPD 变革和 ISC 变革已经广为人知，除此之外特别需要提到的是《华为基本法》，华为的诸多管理动作和核心价值观都能在《华为基本法》中找到源头。可以毫不夸张地说，《华为基本法》的出现就是华为从粗放式管理走向科学管理的一个关键里程碑，这是华为开始走向科学管理的纲领文件。

三、第三阶段（2004—2012 年）：开始全球化阶段，主动规划变革

2004—2012 年，华为每年的销售规模增速超过 40%。

2010 年，华为的销售规模达到 1853 亿元，进入世界 500 强，排名第三百九十七位，之后华为在世界 500 强的排名逐年稳步提升。2012 年，华为营业收入超过 2000 亿元，员工规模迅速扩张到 14 万人左右，通信设备业务营业收入超过其最大的竞争对手爱立信，成为行业老大。

在此期间，华为启动了多个业务变革和管理变革项目，部分项目具体如下。

1. 启动集成财务服务变革项目。

2. 启动从战略到执行变革项目。

3. 启动从问题到解决变革项目。

4. 启动从线索到回款变革项目。

5. 启动服务 IPD 变革项目（针对服务业务）。

6. 启动从市场到线索变革项目。

7. 启动 ISD（Integrated Supply Chain，集成服务交付）项目。

……

这里面的 ISD 项目需要特别说明一下，这个项目的直接起因是 2010 年

发生的马电事件。马电是马来西亚电信的简称，在 2010 年之前，由于华为销售人员的不断努力与自身产品解决方案的优秀竞争力，华为拿下了马电的多个网络建设项目，但是在项目建设过程中华为内部不同项目组的协同问题、不同产品之间的协同问题不断暴露出来，虽然华为各项目组、产品线都积极地响应与解决客户问题，但是由于各产品线之间"各自为政"、各个项目组独立考核等因素，始终无法让客户满意，最终导致了马电当时的 CEO 把一份投诉邮件发送给了华为当时的董事长孙亚芳。华为基于马电事件痛定思痛，发现过去的华为在面向客户交付服务的过程中，只有一个交付的项目管理流程，而没有交付的业务流程，缺乏交付业务的业务流程与客户流程进行匹配，从而在面向单个客户交付项目过多的情况下，各个项目之间割裂，各项目无法集成从而形成合力。之后华为启动了 ISD 变革项目，在 ISD 变革项目中，华为选择了德国电信而不是传统的咨询公司作为顾问。因为华为在顾问选择过程中发现,德国电信的交付业务流程在当时是最完善、最完整、最具备参考性与可复制性的。德国电信的集成交付服务业务流程为业界领先实践，华为 ISD 变革项目组就开始基于该领先实践进行华为的集成交付服务业务流程设计（见图 2-1）。

图 2-1　集成交付服务业务流程示意图

从这个项目也可以看出，华为在选择顾问时，是以更好地制定相应的变革解决方案为目标的，并非咨询项目的顾问就一定要从咨询公司选择。向业界标杆学习，也能让企业自身获得足够的进步。

四、第四阶段（2013 年—）：逐步成为市场领导者阶段，标杆级体系化管理变革

在这一阶段，随着华为消费者业务（主要是手机业务）的开展，华为品

活下去
华为变革之道

牌逐渐为越来越多的终端用户所熟知与认可。

华为2013年营业收入为2390亿元、2014年营业收入为2882亿元、2015年营业收入为3950亿元、2016年营业收入为5215亿元、2017年营业收入为6036亿元，在如此大的规模下，华为连续多年实现高速增长。

这里特别需要提到的一件事就是华为设立了"蓝血十杰"奖，并将其作为华为管理体系建设的最高荣誉奖。2013年11月，华为做出决议：评选华为管理体系"蓝血十杰"，以表彰"对华为管理体系建设和完善做出突出贡献的、创造出重大价值的优秀管理人才"。2014年6月，华为召开第一届"蓝血十杰"表彰大会，获奖者包括华为在职员工、离退休人员、外部咨询顾问等。此后华为多次开展"蓝血十杰"表彰活动。

个人的发展或企业的发展往往都不是一帆风顺的。

但是华为依然坚持服务好客户、成就客户，实现了较为稳健的营业收入。华为2018年营业收入为7212亿元，同比增长19%；2019年营业收入为8588亿元，同比增长19%；2020年营业收入为8914亿元，同比略微增长；2021年实现营业收入6368亿元。

从这组数据可以看出，华为在被美国极限打压3年、缺少核心芯片供应后，虽然其2021年的营业收入比2020年的营业收入降低了28.6%，但依然高于2017年华为被美国"制裁"之前的6036亿元的营业收入。另外，华为的世界500强排名也从2020年的第四十九位上升到2021年的第四十四位。

这些数据充分体现了华为这些年通过持续变革建立的稳健的管理体系的能量，也印证了华为在管理体系建设中强调的"以规则的确定性来应对结果的不确定性"。

在这期间华为启动了多个变革项目，由于项目太多不一一罗列，部分关键项目如下。

1. 启动IPD+变革项目。

2. 启动ISC+变革项目。

3. 启动五个"1"项目。

第二章
华为变革历程与几个变革项目

4. 启动账实相符项目。

5. 面向对象（代表处）的集成项目。

6. 管理堤坝变革项目。

……

这里简单介绍一下五个"1"项目的含义。五个"1"具体是指合同/订单前处理1天，从订单到发货准备成品1天/站点设备1周，从订单确认到客户指定站点1个月，软件从客户订单到下载准备1分钟，站点交付验收1个月。五个"1"项目的目标主要是提升泛网络设备直销业务的运营效率，从而更好地提升客户满意度、为客户创造价值，同时优化公司财务指标。这既体现了华为以客户为中心的价值观，又为华为创造了价值。

从上面的华为发展史脉络中大家不难发现，一部华为的企业发展史就是一部华为的企业变革史。细心的读者还会发现，华为这么多变革都是一个接一个地开展的，是有着严格有序的变革节奏。华为并不会在同一时间开展过多的变革，因为华为每一个变革的发起都是为了解决当前存在的主要问题与挑战，解决当前企业发展过程中的主要矛盾的。

然而，某些开展变革的企业，一开始变革就方方面面都涉及，什么都想迅速变革达到成效，想要"一口吃个大胖子"，结果由于资源投入分散、干部与员工对变革的理解困难、变革领导团队的变革管理与操盘能力不足以同时操盘多个大型变革项目等因素，最终要么各个变革项目流于形式，要么半途而废、很难有成功的，从而开始害怕变革、怀疑变革，乃至拒绝变革。这也是当下一些企业学习华为变革失败的重要原因之一。不懂得掌握变革节奏，一开始变革就大干猛上，会用力过猛、事倍功半。

接下来，我们挑选华为变革过程中的几个典型的事件和变革项目，为大家进行一些简单分享、介绍，希望为正在从事类似变革或准备从事类似变革项目的企业管理者、变革从业者、变革研究者提供一些参考。

第二节　《华为基本法》的由来和简介

一、《华为基本法》的由来

目前很多研究华为变革管理的人都知道 IPD 变革是华为变革史上重要的里程碑，但很多人不知道的是《华为基本法》更是华为变革史上奠基性的里程碑。

《华为基本法》出台的大致背景是，从 1987 年开始创业到 1995 年，华为依靠"农村包围城市"、大量扩张营销人员等手段获得了高速发展。伴随着公司的发展，各种问题接踵而至。如何把华为的"游击队"改编为"正规军"，如何让华为这个迅速扩张的队伍始终保持管理的一致性，如何解决内部的"山头"文化，如何解决好公司的哲学三问（公司是谁？公司从哪里来？公司到哪里去？），如何让全公司都拥有同样的使命、愿景、核心价值观等问题，都困扰着华为。

机缘巧合之下，华为找到了正在深圳做咨询项目的几位中国人民大学教授（当年华为称这几位顾问为教授，并不是说当时这几位顾问都已经有教授职称，更多的是为了表达对他们尊敬），这里简称人大教授。从 1995 年华为开始筹备制定《华为基本法》，其间数易其稿，直到 1998 年《华为基本法》正式定稿通过，耗时两年多，足以见得华为对《华为基本法》起草工作的重视。

与此相反的是，现在有的企业或咨询顾问在做相关咨询项目/变革项目时，非常急功近利。例如，有的号称两三天就能输出企业战略规划。这种只花两三天就输出的企业战略规划大多是没有进行过深入调查与研讨的，更有甚者只是基于了解到的企业高层的喜好，找出一堆数据去支撑这些企业高层的观点，从而拼凑出的所谓的战略规划报告。这种报告最终也只能被束之高阁。

二、《华为基本法》简介

我们言归正传，接下来继续分享《华为基本法》。《华为基本法》包括6章、103条，共16 000多字，认真地回答了下述问题。

1. 公司的宗旨。
2. 基本经营政策。
3. 基本组织政策。
4. 基本人力资源政策。
5. 基本控制政策。
6. 接班人与基本法修改。

上述这些问题是大多数企业在经营、发展过程中面临的基本问题，也是企业管理上不能回避的问题。

当时面临这些问题，深感这些问题必须解决的华为公司，在《华为基本法》中将华为发展、成长、壮大过程中的成功经验和失败教训加以归纳、概括和总结，通过反复的内部研讨与思想的碰撞，最终形成了华为回望过去、把握现在、展望未来，以及进一步前进的指导方针。

任正非曾经这样评价《华为基本法》："《基本法》是模糊、混沌中的一条激光束，确立了思维导向，而激光衍射光对周围的强烈辐射，引导人们逐渐向其靠拢。"

参考阅读：

《华为基本法》的部分核心内容如下。

第一章 公司的宗旨

一、核心价值观

（追求）

活下去
华为变革之道

第一条 华为的追求是在电子信息领域实现顾客的梦想,并依靠点点滴滴、锲而不舍的艰苦追求,使我们成为世界级领先企业。

为了使华为成为世界一流的设备供应商,我们将永不进入信息服务业。通过无依赖的市场压力传递,使内部机制永远处于激活状态。

(员工)

第二条 认真负责和管理有效的员工是华为最大的财富。尊重知识、尊重个性、集体奋斗和不迁就有功的员工,是我们事业可持续成长的内在要求。

(技术)

第三条 广泛吸收世界电子信息领域的最新研究成果,虚心向国内外优秀企业学习,在独立自主的基础上,开放合作地发展领先的核心技术体系,用我们卓越的产品自立于世界通信列强之林。

(精神)

第四条 爱祖国、爱人民、爱事业和爱生活是我们凝聚力的源泉。责任意识、创新精神、敬业精神与团结合作精神是我们企业文化的精髓。实事求是是我们行为的准则。

(利益)

第五条 华为主张在顾客、员工与合作者之间结成利益共同体。努力探索按生产要素分配的内部动力机制。我们决不让雷锋吃亏,奉献者定当得到合理的回报。

(文化)

第六条 资源是会枯竭的,唯有文化才会生生不息。一切工业产品都是人类智慧创造的。华为没有可以依存的自然资源,唯有在人的头脑中挖掘出大油田、大森林、大煤矿……精神是可以转化成物质的,物质文明有利于巩固精神文明。我们坚持以精神文明促进物质文明的方针。

二、基本目标

(质量)

第八条 我们的目标是以优异的产品、可靠的质量、优越的终生效能费用比和有效的服务，满足顾客日益增长的需要。

质量是我们的自尊心。

（人力资本）

第九条 我们强调人力资本不断增值的目标优先于财务资本增值的目标。

四、价值的分配

（价值创造）

第十六条 我们认为，劳动、知识、企业家和资本创造了公司的全部价值。

（知识资本化）

第十七条 我们是用转化为资本这种形式，使劳动、知识以及企业家的管理和风险的累积贡献得到体现和报偿；利用股权的安排，形成公司的中坚力量和保持对公司的有效控制，使公司可持续成长。知识资本化与适应技术和社会变化的有活力的产权制度，是我们不断探索的方向。

我们实行员工持股制度。一方面，普惠认同华为的模范员工，结成公司与员工的利益与命运共同体。另一方面，将不断地使最有责任心与才能的人进入公司的中坚层。

（价值分配形式）

第十八条 华为可分配的价值，主要为组织权力和经济利益；其分配形式是：机会、职权、工资、奖金、安全退休金、医疗保障、股权、红利，以及其他人事待遇。我们实行按劳分配与按资分配相结合的分配方式。

（价值分配原则）

第十九条 效率优先，兼顾公平，可持续发展，是我们价值分配的基本原则。

按劳分配的依据是：能力、责任、贡献和工作态度。按劳分配要充分拉开差距，分配曲线要保持连续和不出现拐点。股权分配的依据是：可持续性贡献、突出才能、品德和所承担的风险。股权分配要向核心层和中坚层倾斜，股权结构要保持动态合理性。按劳分配与按资分配的比例要适当，分配数量和分配比例的增减应以公司的可持续发展为原则。

（价值分配的合理性）

第二十条 我们遵循价值规律，坚持实事求是，在公司内部引入外部市场压力和公平竞争机制，建立公正客观的价值评价体系并不断改进，以使价值分配制度基本合理。衡量价值分配合理性的最终标准，是公司的竞争力和成就，以及全体员工的士气和对公司的归属意识。

为了控制本文篇幅这里就不再继续详细展开介绍了；读者如有兴趣可以另行阅读《华为基本法》全文。

正是由于《华为基本法》解决了早期华为创业过程中的核心价值观、目标、价值分配等问题，后面华为在开展正式变革项目时才有足够的纲领文件和精神去支撑变革项目的顺利开展。

第三节　IPD 变革

一、IPD 变革背景简介

大致讲完《华为基本法》的由来和部分核心内容之后，我们再为大家进行华为 IPD 变革项目的介绍。由于 IPD 变革在华为变革史上的重要性，这里对华为 IPD 变革的介绍稍微详细一些，后面其他几个变革项目的介绍就适当精简一些。

华为为什么引入 IPD 变革呢？IPD 变革的背景又是什么呢？

在华为发展早期的前十年，由于初创期的华为人的拼搏与奋斗精神、发自内心的客户中心价值观，加上当时的华为赶上了改革开放的机会窗，华为的市场销售业务得以飞速发展。这时华为和很多刚开始创业就高速发展的企业一样，内部出现了大量外部市场能力远远强于内部供应能力导致的企业组织撕裂问题。

具体来说就是市场越做越大，订单越拿越多，市场人员也越来越多。伴

第二章

华为变革历程与几个变革项目

随市场做大、订单更多,客户需求也更多,研发产品线也越来越多,研发人员与部门也越来越多;因为订单的增多,生产与供应链的规模也随之扩大。原来支撑几千万元或一亿元营业收入规模的内部管理制度、沟通协调机制不再适配几十亿元营业收入规模的企业,且营业收入规模还在迅速增加。华为内部忙得热火朝天,但很多问题是由各种管理与沟通问题造成的,大家是在忙着"救火"。各种问题集中表现在以下几方面。

1. 串行研发导致开发周期很长,产品研发被动地响应市场需求且缺乏整体规划,导致维护成本很高,影响了客户满意度。

2. 研发部门重视技术与功能的开发,对产品的可靠性与稳定性不够重视,产品研发人员闭门造车,脱离客户需求,研发浪费十分严重。

3. 产品交付质量不稳定,频发的售后服务问题冲击了研发节奏,影响了产品利润。

4. 严重依赖"英雄",成功难以复制,"部门墙"较厚,组织能力较弱。

5. 缺乏结构化端到端的流程,运作过程割裂,内耗严重等。1997 年,华为研发费用浪费比例和产品开发周期是业界最佳水平的两倍以上。华为的销售额虽然连年增长,产品的毛利率却逐年下降,人均效益距离思科、IBM 等企业还有很大的差距。

时间到了 1997 年,天然具备危机感的任正非深感华为在高速发展过程中的各种问题越来越多、越来越大,不能一直采用哪里出了问题就在哪里设置一个工作组这种"打补丁"的问题解决模式,必须赶紧找到系统性的解决办法,让华为不至于在高速发展过程中突然"翻车"而崩溃。

任正非选择了到西方现代化企业管理的标杆代表企业去参观、考察,寻找心目中的答案。任正非带领当时的华为高管团队先后参观、访问了微软与 IBM 等国际知名公司,回国后写下了《我们向美国人民学习什么》。此文一共分为这几部分:1. 前赴后继的创新精神与风起云涌的创新机制;2. 优良的企业管理;3. 机会是企业扩张的动力;4. 忘我献身精神不仅是我们才有;5. 华为的红旗还能打多久;6. 中美关系的风风雨雨不影响学习美国人民。

> 活下去
> 华为变革之道

当任正非带领高管团队到 IBM 考察、访问时，他和 IBM 高层谈到了华为在公司管理各个方面存在的问题和困惑。

在听完任正非提出的问题和困惑后，由于对于中国企业管理咨询服务市场的看好，正准备在中国企业管理咨询服务市场大展拳脚的 IBM 高管透露 IBM 在发展过程中也面临过类似问题，且这些问题导致 IBM 几乎破产。

但当 IBM 面临这些问题时，临危受命的郭士纳（IBM 前总裁）通过大刀阔斧的改革让 IBM "起死回生"。

郭士纳采取的措施主要包括以下几种。

1. 建立"以客户为中心"的企业文化。

2. 建立以绩效和流程标准为主导的决策机制。

3. 采用 IPD 研发管理模式，缩短产品上市时间并提高利润等。

听完 IBM 高管的介绍后，任正非感觉自己找到了自己需要的答案。在之后的交流中，任正非决定聘请 IBM 为华为提供企业管理咨询服务，帮助华为开展企业变革。

在 IBM 帮助华为启动变革的初期，IBM 顾问首先帮助华为制定了一份 IT S&P（Information Technology Strategy and Plan，信息技术战略和规划），其中包含了基于 IBM 对华为管理现状与战略发展的评估的一系列 IT 技术项目和业务流程变革项目。例如，后来大名鼎鼎的对华为发展影响深远的 IPD、ISC、IT 系统重整和财务四统一等 8 个项目，其中 IPD 与 ISC 是 IT S&P 第一阶段的重点。

当时的任正非和华为高层团队选择了 IT S&P 中的 IPD 项目作为 IBM 顾问对华为开展咨询服务的第一个项目，这足以见得任正非对 IPD 项目的重视。

二、IPD 变革历程简介

IBM 顾问帮助华为开展 IPD 变革过程中的第一阶段就是进行系统的调

研访谈和诊断。IBM 顾问根据调研诊断给出了触目惊心的诊断分析。其核心分析大意如下。

1. 交付：质量不稳定，频发的售后服务问题严重冲击了产品开发节奏，蚕食了企业利润。

2. 文化：故步自封，技术驱动，以自我（产品/技术）为中心。

3. 产品：产品和市场分离，产品开发不是围绕着市场成功进行的，缺乏准确、有前瞻性的客户需求关注，反复做无用功，浪费资源，造成高成本。

4. 开发：技术开发和产品开发未分离，开发质量和进度不受控。

5. 组织：存在本位主义，"部门墙"高耸，各自为政，造成内耗。

6. 流程：没有跨部门的结构化流程，各部门都有自己的流程，但部门流程之间是靠人工衔接的，运作过程被割裂。

7. 人员：依赖个人"英雄"，成功难以复制，组织风险大。

8. 技能：专业技能不足，作业不规范，"游击队"作风。

9. 知识产权：进入国际市场后，知识产权等新问题会层出不穷。

10. 项目管理：项目计划无效且实施混乱，无变更控制，版本泛滥。

IBM 顾问在 IPD 项目启动诊断报告汇报会议上向华为变革指导委员会汇报了这些调查发现，这些问题针针见血，直接触达华为当时的痛处。汇报会结束后，任正非庆幸地表示："这次请 IBM 当老师请对了，华为就是要请这种敢跟我们叫板的顾问来做项目。"

其实当前很多企业面临的问题和华为 20 多年前面临的这些问题非常相似，如产品质量不稳定、研发人员以技术/产品为中心、开发质量进度不受控、"部门墙"高耸、依赖个人"英雄"、成功难以复制等。不同的是华为在遇到这些问题时，主动把问题进行曝光，邀请外部咨询顾问帮助华为进行了解决问题的探索与实践，并且通过变革项目切实地提高了企业的经营能力和生存能力，为企业的长足发展做出了举足轻重的贡献。

因此，如何借鉴华为 IPD 变革经验、能否成功借鉴华为 IPD 变革经验对很多企业如何解决管理中出现的各种问题、如何从高速发展向高质量发展

活下去
华为变革之道

转型有着至关重要的影响。而华为在20多年前就已经开始探索如何从高速增长向高质量增长转变,并且在高质量增长的同时保持着较高水平的增长速度。

正是在这样的大背景下,华为开始开展对华为发展影响深远的IPD变革。后来的华为的各种管理机制体系里面都有着深深的IPD流程思想烙印,如华为后来的变革项目管理流程,在整个流程中都能看到IPD流程思想的影子。

为了让IPD变革项目顺利开展,当时的华为设立了变革指导委员会,其中成员均为华为当时各个部门的"一把手",华为变革指导委员会和当时的IBM顾问组一起把控整个IPD变革项目的方向与节奏,足见华为对该项目的重视。

华为在实施IPD变革的过程中,也出现过许多企业在变革时出现的问题,并非一帆风顺,在刚开始推行IPD变革时也走过很多弯路。比如,有的高管认为IBM不懂华为业务,怀疑IBM顾问能否帮助华为解决华为的问题;有的员工抱怨流程束缚住了手脚,工作不那么灵活了,以至于出现了各种各样的问题。针对这些问题与疑虑,任正非提出了著名的变革原则——"先僵化、后优化、再固化"。

在华为IPD变革项目过程中,特别值得当前企业开展变革时借鉴的一点就是华为对于IPD变革重要性的宣贯。当时的华为变革指导委员会和IPD变革项目组开展了大量的变革宣贯工作,帮助内部更多的人员达成了变革紧迫性的共识,让大家坚信IPD变革会帮助大家获得提升,让变革中涉及的相关人员努力去适应变革带来的改变与不适。

任正非坚信变革是企业发展壮大的必经之路,所以在任正非的坚强领导下,IPD变革项目在华为内部拥有了非常高的优先级。在任正非和华为高层的支持下,IPD变革项目才得以在华为内部较为平稳、有序地向前推进。

通过IBM顾问与华为IPD项目组的共同努力,IPD变革项目耗费几年时间为华为建立了一套IPD流程管理体系。

三、IPD 变革方案简介

在介绍 IPD 变革方案之前，我们先进行一些基础的了解。什么是 IPD？IPD 是基于市场和客户需求驱动的集成产品开发流程管理体系。其核心是由来自市场营销、产品开发、生产制造、交付服务、财务、采购等方面人员组成的跨部门团队共同管理整个产品开发过程，即从客户需求、概念形成、产品开发、产品上市，一直到产品生命周期的全过程。IPD 思想来源于美国 PRTM 公司提出的基于 PACE（Product And Cycle-time Excellence，产品及生命周期优化法）模型。

IPD 变革包括从业务流程重整、产品重整两个方面来变革整个华为公司的产品开发业务流程和开发模式。该方案主要包括 7 个关键要素：结构化流程，跨部门团队，项目及管道管理，业务分层、异步开发与共用基础模块，需求管理，投资组合管理，衡量指标。

IPD 变革方案通过需求管理，使产品开发更加关注客户的需要，加快市场反应速度；通过异步开发缩短开发周期；通过投资组合管理减少失败项目；通过共用基础模块减少开发成本；通过结构化流程提高产品的稳定性、可生产性、可服务性；通过重量级团队的运作来促进跨部门资源的协同。

IPD 是关于产品开发（从概念产生到产品发布的全过程）的一种理念与方法。IPD 强调以市场需求为产品开发的驱动力，将产品开发作为一项投资来管理。IPD 有别于其他传统流程的一个重要特点体现为 IPD 的第一个字母 I（Integrated，集成），IPD 是一个集成的流程，不像很多传统流程那样只是单个部门内的流程。

接下来我们再来看看 IPD 流程管理体系的精髓，主要包括以下四大方面。

1. IPD 首先是一个商业（Business）流程，即关注商业结果，将产品开发作为一项投资行为进行审慎管理。

2. IPD 流程管理体系广泛采用跨部门团队，集成各功能代表及其所属领域的专业智慧和资源，形成合力，共同为项目成功的负责。

3. IPD 流程分为不同阶段，通过决策点的决策实现集成组织管理团队（投资方）和产品开发团队（承诺方）的互动，资源分批受控投入，既满足项目进展需要，又避免投资失控风险。

4. IPD 是灵活的、发展的，在不断吸纳业界最佳实践和解决业务问题的过程中与时俱进。

（一）IPD 变革方案之 IPD 流程体系简介

IPD 流程体系中重要的三大流程：MM（Market Management，市场管理）流程、OR（Offerings Requirement，需求管理）流程、IPD 流程。这三大流程的高效运转使华为能及时交付满足客户需求的、高质量的新产品。

IPD 流程体系三大流程框架示意图如图 2-2 所示。

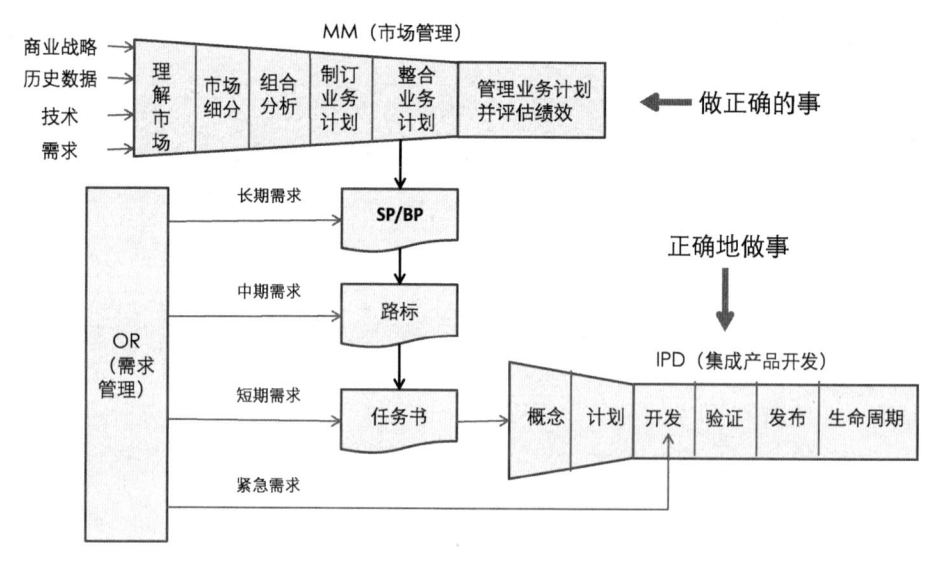

图 2-2　IPD 流程体系三大流程框架示意图

从图 2-2 中可以看出，市场管理流程是整个 IPD 流程体系中确定方向的流程，确保整个 IPD 流程体系"做正确的事"。另外，我们还可以看到市场管理流程位于整个 IPD 流程体系的顶端，也就是说所有的 IPD 开发流程都要围绕市场开展，由市场牵引研发，从而实现产品开发体系的"以客户为中心"，围绕市场需求拉通研发各部门、各团队，打通"部门墙"。

第二章
华为变革历程与几个变革项目

市场管理是指通过理解市场、细分市场、组合分析、制订业务计划、整合业务计划，以及管理业务计划并评估绩效的规范化过程，确保整个企业战略和各产品线战略的达成。市场管理是一种系统的工作方法，用于对广泛的市场机会进行选择、排序、管理，制定出一套以市场为中心的、能够带来最佳业务成果的战略与计划。

市场管理流程是华为的主要业务流程之一，它运用严格、规范的方法对市场走势、业务要求及需求进行分析，创建合理的市场细分规则，对要投资及取得领先地位的细分市场进行选择和优先级排序，从而制订可执行的业务计划。市场管理通过从业务流程的角度定义确保市场营销取得成功需要执行的活动，制订可盈利、可执行的业务计划和驱动新产品包的开发，这个流程能够使一家企业或产品线的各项举措成功地付诸实施。市场管理流程的目的是为华为所有产品线、产品族及产品营销计划实现价值创造提供一致的分析。这样，华为便能够通过合理的投资创造最大的价值。

市场管理流程在华为是一个通用的流程，可以用在不同层次的业务上，整个流程运作成功的关键要素在于跨公司、产品线、产品族、产品、细分市场、产品包的贯彻和执行市场管理流程。该流程运作成功的另一个关键要素是市场管理的输入，即输入"需求管理"能够输出准确的客户需求。

华为早期的 IPD 体系中的市场管理流程包括 6 个主要的步骤，简称市场管理六步法，具体如下。

📖 第一步：理解市场/市场评估

这一步的目的是对市场获得深入的理解，主要步骤包括下面 3 点。

1. 设定愿景、使命和目标。
2. 驱动对市场的分析。
3. 确定潜在的机会和目标。

这一步的具体活动包括以下几项。

1. 明确业务使命（我们介入哪些业务，不介入哪些业务？）。
2. 定义我们进入的市场。

3. 分析政治、经济、社会、技术对这个市场的影响。

4. 对市场、公司和竞争动态进行评估。

5. 进行全面的市场 SWOT 分析。

6. 明确技术生命周期的定位。

7. 明确现有的业务设计是什么,以及竞争对手的业务设计是什么。

8. 描绘"市场地图",评估客户有什么样的购买行为,以及客户的购买选择如何影响他们的购买行为。

9. 评估现行业务设计的可行性,以及为了适应客户需求的变化,必须对业务设计做出怎样的变更。

📖 第二步:市场细分

这一步的目的是针对"市场定义"中所描述的市场,为业务单元制定"市场细分"策略,主要步骤包括下面两点。

1. 确定市场细分结构。

2. 确定初步的目标细分市场。

这一步的具体活动包括以下几项。

1. 制定"市场细分"策略,主要参考以下 3 个维度。

(1) 从我们的市场购买东西的客户是谁?

(2) 客户在我们的市场里购买什么?

(3) 客户为什么要从我们的市场购买(他们追求什么样的利益)?

2. 确定"细分"的定义。

3. 审视选定的"市场细分"策略在实施方面的可行性。

4. 运用"发现利润区"的概念,提出以下问题。

(1) 哪些细分市场可以为我们提供真正的增值和战略控制点?

(2) 谁允许我们提供真正的增值?

📖 第三步:组合分析

这一步的目的是对细分市场和机会进行优先级划分,以便产品线能够选择机会和细分市场进行投资。将所有初步目标细分市场数据输入分析模型中，使用这个模型并分析结果，根据分析结果选择目标细分市场。这一步的主要活动如下。

1. 直接竞争分析。
2. 审视战略定位。
3. 审视财务分析。
4. 选择投资机会并排序。
5. 审视差距分析。
6. 确定业务设计。

📖 第四步：制订业务计划

这一步的目的是根据对客户、市场和/或细分市场的了解，制定业务策略和计划。对市场的了解和洞察可能需要对重点关注的、选定的市场和/或细分市场进行直接调查及分析。一般来说，可以制订3种类型的业务计划：产品线业务计划、细分市场业务计划和产品包/解决方案业务计划。这些计划的结构和逻辑是一样的，并都遵守业务框架指导原则。这一步的主要活动如下。

1. 确定细分市场的目标和策略。
2. 确定对客户及我方的价值。
3. 推动多个功能部门提供输入信息，制定业务策略和计划。

📖 第五步：整合业务计划

这一步的目的是整合及优化业务计划，在产品线和公司范围内对业务计划中识别的产品包进行优先级排序，建立产品包路标，明确需要的投资。这一步的主要活动如下。

1. 在产品线内整合业务计划。
2. 跨产品线整合业务计划。
3. 制定产品线和整个公司的产品规划。

📖 第六步：管理业务计划并评估绩效

这一步的目的是执行业务策略和计划，评估业务计划和流程的执行情况，以及提议纠偏措施。具体包括根据产品包路标上建议的时间，为所提议的不同产品包制定任务书，根据任务书成立产品开发团队，产品开发团队将根据集成产品开发流程进行产品开发，以及对业务计划实施结果的衡量、评估和提议需要纠偏、调整的措施。这一步的主要活动如下。

1. 确保业务计划的执行。
2. 评估业务和流程的绩效。
3. 需要时对业务计划进行修改。

在大致讲解完市场管理流程之后，我们再来了解一下需求管理流程。通过引入需求管理流程，华为解决了前文项目背景中 IBM 顾问在项目初期诊断中提出的"缺乏准确、有前瞻性的客户需求关注"问题。

那么，企业到底为什么需要需求管理流程呢？首先，需求管理是客户的需要，客户需要供应商有一个合理的需求管理流程来提供服务，而不是那种只会对客户进行承诺说"Yes"，但是最终不能实现的需求管理流程。其次，需求管理是企业自身业务发展的需要，只有建立需求管理流程，才能真正地理解客户需求，从而开发出符合客户需求的产品与解决方案。再次，需求管理流程的建设是华为流程型组织建设的需要，符合华为一贯强调的以规则的确定性来应对结果的不确定性。最后，需求管理流程符合华为商业模式的需要，满足客户需求是华为生存的唯一理由，华为的商业模式就是以客户需求为导向的。从这里也就能看出需求管理流程的重要性。

那么，华为通过 IPD 流程体系建立的需求管理流程到底是怎么样的？

需求管理流程具体包括需求收集、需求分析、需求分发、需求实现、需求验证 5 个子流程，如图 2-3 所示。

读者可以从图 2-3 中了解到华为需求管理流程各个阶段的主要工作内容。

介绍完需求管理流程之后，我们再来了解几个关于需求的基本概念。到底什么是需求？在需求管理流程中，需求被分为了如下几类。

1. 原始需求：来自公司内/外部客户的，关于产品与解决方案的所有需求，包括销售项目需求和非销售项目需求。

2. 系统需求：原始需求经过需求分析团队分析后，站在客户视角，以准确的语言（完整的背景、标准的格式）重新描述的需求。

3. 客户问题：客户面对的挑战与机会（客户战略痛点），也就是该需求给客户带来的核心价值。

4. 初始需求：指产品为支撑客户问题所具备的重大能力，是产品的卖点集合。

5. 系统需求：是系统对外呈现的，可测试的全部功能需求和非功能需求。

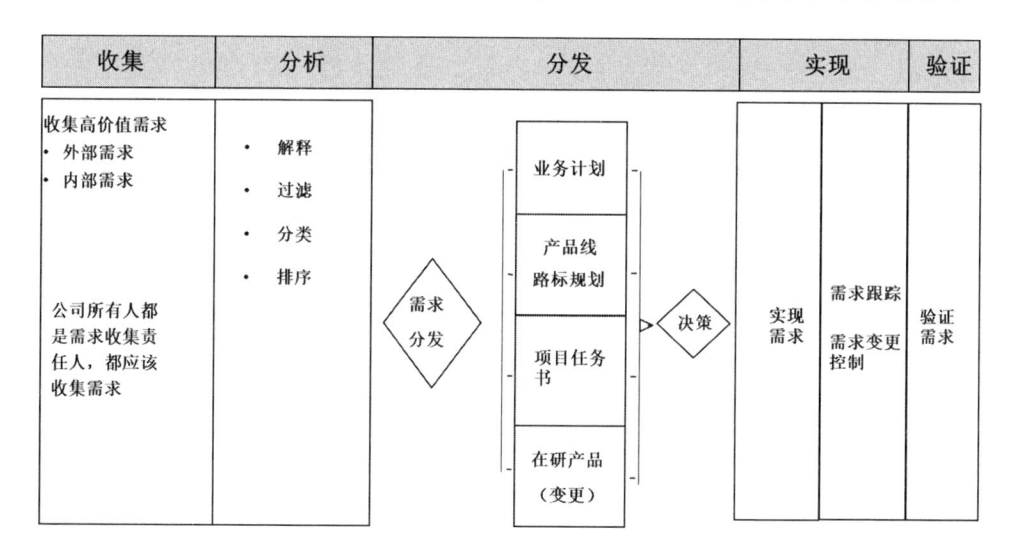

图 2-3 需求管理流程示意图

最终通过需求管理输出给 IPD 流程的是产品包需求，只有合格的产品包需求才能牵引研发/开发出合适的产品。产品包需求必须分层描述，具体包括客户问题、产品特性、产品包需求及其各层之间的关联关系。

客户问题：描述市场机会，包括客户面对的挑战与机会。

产品特性：阐述产品为解决客户的问题需要支持什么能力。

产品包需求：是对最终要交付给客户（包括外部客户、内部客户）的产品包的完整、准确、正式的描述，是对产品包进行开发、验证、销售、交付的依据。

需求管理流程能顺利在华为落地实施，还有一个重要的成功因素，那就是需求管理流程中定义的几个角色："需求管理团队"、"需求分析团队"、"需求管理QA"（Quality Assurance，质量保证），正是有这三大角色的保障，需求管理流程才得以顺利开展。很多企业在学习华为IPD变革设计需求管理流程时都忽略了这一点，从而导致需求管理流程不能很好地落地实施。

接下来我们再来看看需求管理流程与市场管理流程之间的关系。需求管理流程提供潜在市场需求，并将其输送到市场管理流程中进行处理。潜在市场需求既可能被接受并纳入新的或修改后的业务计划书中，也可能被延迟或拒绝。如果一个需求被市场管理流程中的"市场分析"发现是一个潜力巨大的需求，那么这个需求就有可能被纳入新的业务计划，或者加入原有的业务计划中。如果通过市场管理流程中的"市场分析"发现某个需求是一个伪需求或非常小众、不值得投资的需求，那么这个需求就很有可能被拒绝。产品线集成组合管理团队在准备产品线业务计划书和产品开发团队项目任务书时，参考被需求管理流程所管理的潜在需求库，以确定是否有可以利用的高价值需求；产品线集成组合管理团队在准备产品线业务计划书和产品开发团队项目任务书时，使用需求管理流程所提供的需求收集和分析方法；产品线集成组合管理团队在执行市场管理流程时，发现新的需求，利用需求管理流程对其进行跟踪管理。大家由此可以发现需求管理流程与市场管理流程是两个紧密配合、相互依存的流程。

正是有了上面的市场管理流程与需求管理流程在华为的推行、实施，华为产品研发体系才解决了IPD变革项目初期IBM顾问调研诊断得出的"以产品/技术为中心"的产品开发问题，转型为IPD变革目标之一的真正的以客户为中心的研发体系。

IPD体系架构中除了需求管理与市场管理，最重要就是IPD体系中最基础的流程产品实现，也就是狭义上的IPD流程。

根据华为对IPD体系的定义，IPD流程不仅是一个开发流程，还是一个跨功能部门的业务流程，它将所有管理产品所需的主要活动集成、整合起来，保证计划、交付和生命周期结束工作的成功，从而实现公司的业务目标。因此，它对开发、财务、制造、市场和服务等与某个产品相关的主要使能流程进行监管。

IPD 流程的目的是指导产品开发团队和产品 LMT（Life-cycle Management Team，生命周期管理团队）在产品的整个生命周期对项目进行管理。IPD 流程的源头是产品线集成组合管理团队通过项目任务书授权项目的启动。项目启动是在概念启动阶段，此时产品开发团队的经理会从产品线集成组合管理团队收到一份项目任务书，授权启动项目，组建产品开发团队，并制定客户化项目进度和任务。当停止对产品包的服务，针对产品包的活动和职责履行完毕时，流程和项目就结束了。

狭义 IPD 流程包括概念阶段、计划阶段、开发阶段、验证阶段、发布阶段、生命周期阶段，具体如图 2-4 所示。

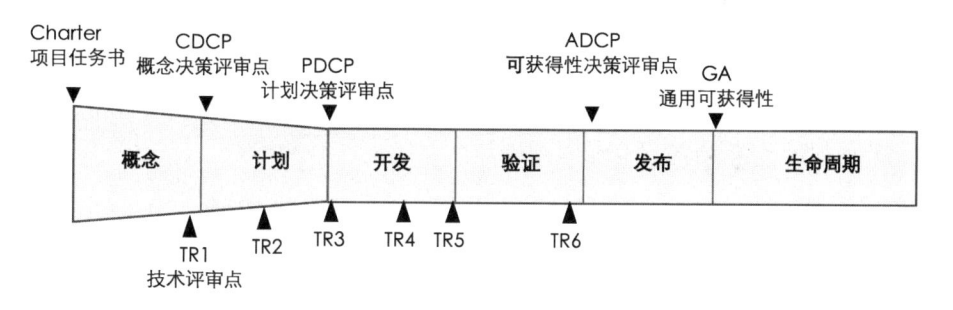

图 2-4 IPD 流程示意图

从图 2-4 中可以看出 Charter 是狭义 IPD 流程的输入，在狭义 IPD 流程中有着举足轻重的地位。那么，什么是 Charter 呢？IPD 流程体系定义 Charter 是项目任务书，是产品和解决方案概要的初始商业计划书，是产品规划过程的最终交付。

IPD 流程体系将研发视为商业行为，因此为了支撑相关投资决策层对研发项目的投资评估，Charter 必须基于 5W2H 方法回答以下问题。

1. Why：为什么要做这个产品？（市场机会、客户需求、竞争）
2. What：产品应该做成什么样的？（产品包需求）
3. When：何时完成产品上市、开发和生命周期的关键里程碑？

4. Where：产品在哪里开发？

5. Who：谁承担项目开发任务？

6. How Much：是否能赚钱，需要什么样的投入？

7. How：如何做才能达成商业目标？

《孙子兵法》有云："故上兵伐谋，其次伐交，其次伐兵，其下攻城。"为了让产品研发赢在起跑线上，IPD流程对Charter质量进行了严格的把控、要求，具体包括输出高质量、活动高质量、评审高质量、管理高质量。

其中，输出高质量包括以下内容。

1. Charter自身的高质量：想要达到的目的涉及的几个要素分析清晰，数据客观。

2. 产品构想的高质量：方向和节奏准确，满足客户需求，具有竞争力，可实施。

3. 能够保证市场成功，能够使公司盈利。

其中，活动高质量包括以下内容。

1. 具体的客户和竞争对手清单、调研计划、预期成果。

2. 组织一线销售、市场、研发。

3. 按计划实施。

4. 检查活动结果是否符合预期。

其中，评审高质量包括以下内容。

1. 专家的质量、数量、广度。

2. 会议组织策划。

3. 例行开展、坚持开展评审工作。

4. 业务主管是评审第一负责人。

正是基于Charter的高质量的管理，确保了Charter的质量，让整个开发工作在源头处就奠定了高质量的基础。

第二章
华为变革历程与几个变革项目

同时，Charter 的开发有着自己的流程，具体包括初始构想、市场评估、需求分析、规格定义、执行策略、编写商业计划书、Charter 移交几个流程环节，如图 2-5 所示。Charter 开发团队应严格遵守 Charter 开发流程进行相关工作。

| 初始构想 | 市场评估 | 需求分析 | 规格定义 | 执行策略 | 编写商业计划书 | Charter 移交 |

图 2-5　Charter 开发流程示意图

反观当前很多企业的产品开发管理，其中都缺乏了这一项重要工作，或者做得不够深入，从而导致研发项目立项时的质量就不高，后续的产品市场竞争力、市场潜力也就可想而知了。

如果某些企业要学习华为 IPD 管理模式，那么建议其一定要认真学习华为是如何做好 Charter 开发的，这是 IPD 流程体系中最基础且最不可或缺的一个环节。

（二）IPD 变革方案之 IPD 管理体系简介

华为 IPD 变革得以成功实施的一个重要原因是华为建立了配套的 IPD 管理体系去支撑和保障 IPD 流程的运作。很多企业在学习华为的 IPD 管理体系时只学习了流程，而没有进行配套的管理体系建设，最终的流程也就是一个空转无法落地的流程。这里我们就简要分享一下华为的 IPD 管理体系。

IPD 管理体系是华为用来保障 IPD 流程有效运作的管理支持体系，具体包括团队与组织、角色与职责、考核与激励、决策与评审机制、指标与考核、激励与奖惩、领导力与沟通等维度。IPD 管理体系就像组织内的基本法一样，其框架和决策规则不会受任何个人和流程变化的影响。IPD 管理体系的第一负责人就是该体系组织的"一把手"，如果某个体系组织的"一把手"能够积极支持、热心推动该体系组织的管理体系的建设与施行，那么该体系组织的管理体系推行、实施成功的概率就会大很多。通过 IPD 管理体系的实施，可以使组织整体效益大于各部分效益之和，因为当跨功能部门团队的成员作

59

为一个集成的管理、决策团队时,个人和组织的作用会显著增强。

IPD 管理体系的重点是管理 IPD 流程体系。IPD 管理体系的目标是为企业管理层提供一个管理流程和决策制度,使他们持续地对 IPD 主要业务要素进行监控,制定决策来平衡主要业务,实现业务目标并对绩效和业务结果承担责任。

IPD 管理体系是全企业运作的角色模型,是从企业内外部对 IPD 的价值进行评判的内部衡量指标。IPD 作为一种集成的业务方式,其管理体系为我们提供了一种新的方法。IPD 管理体系是一种基于项目和团队的管理模型。在快速迭代、需求驱动的市场竞争环境中,变化随时发生,但 IPD 并不畏惧变化,而是与管理体系共同拥抱变化,从市场驱动的角度,使用 IPD 和市场管理原则,以一种规范的、基于事实的方式,快速做出反应。

在 IPD 变革方案中,IPD 管理体系是用来保障 IPD 有效运作的管理支持系统,它由前文中提到的跨功能部门团队进行运作,以市场为导向。IPD 管理体系利用流程和流程使能器,通过有效的落实、执行,将战略和计划清晰地衔接在一起,从而推动成功的产品及产品包的开发和交付。

IPD 管理体系中的组织主要由 3 层(决策层、规划层、执行层)、6 个跨部门团队组成,它们分别是 IRB(Investment Review Board,投资评审委员会)、C-PMT(Corporate Portfolio Management Team,公司产品组合管理团队)、PL-IPMT(Product Line Integrated Portfolio Management Team,产品线集成组合管理团队)、ITMT(Integrated Technology Management Team,集成技术管理团队)、BMT(Business Management Team,业务管理团队)、PDT(Product Development Team,产品开发团队)。

IPD 管理体系中的各个团队在各项关键业务中起着不同的作用,依据不同的关键业务场景与团队授权开展相关的工作。IPD 管理体系中的部分团队简介如下。

IRB:IRB 是一个高级别的跨功能部门团队,负责确定研发体系的长期战略方向,并对跨 PL-IPMT 的投资进行管理,支持所确定的战略。IRB 的成员通常是华为的高层领导者。IRB 是 IPD 管理体系中的决策层,是 IPD 管理体系中的最高决策团队，对 PMT、PL-IPMT、ITMT 进行领导。

PL-IPMT：PL-IPMT 是一个跨功能部门团队，它关注本产线产品组合的合理化及管理，批准和执行所选细分市场的策略。每个 PL-IPMT 负责管理自己的业务组合。PL-IPMT 的成员通常是副总裁级别的。PL-IPMT 是 IPD 管理体系中的规划层。

PDT：PDT 是一个跨功能部门团队，其核心组成员包括 PDT 经理、开发代表、市场代表、财务代表、采购代表、制造代表等角色，如图 2-6 所示。华为为了强化 IPD 管理体系，要求 PDT 团队中所有的成员必须通过 IPD 考试之后才能获得正式的任命。PDT 团队关注的重点是执行工作，即把产品包推向市场，它负责管理整个开发项目交付件的上市。PDT 核心组是由 PL-IPMT 授权组建的，PL-IPMT 会发给 PDT 一份项目任务书，要求其交付某个产品包。PDT 核心组代表不同的功能领域，通过这些功能领域的共同参与，将产品包推向市场。执行 IPD 流程最基本的操作是由 PDT 核心组成员作为本功能部门主要代表参与工作。通过 PDT 团队的运作，功能部门资源就成了 PDT 核心组的扩展组，并与本功能部门的 PDT 核心组代表协作。被功能部门经理派到产品开发项目的扩展组成员，根据计划阶段合同里确定的资源要求，执行任务与活动，提供承诺的交付件。PDT 是 IPD 管理体系中的执行层。

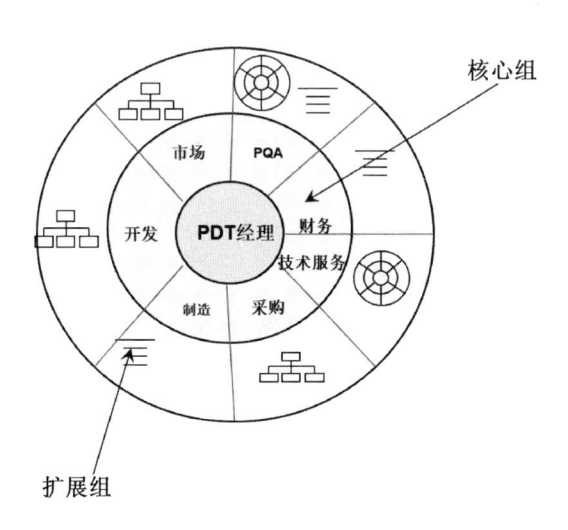

图 2-6　PDT 团队示意图

ITMT：ITMT是一个跨功能部门团队，关注对共用CBB（Common Building Block，基础模块）的管理及需要长时间开发的技术的开发，并制定策略、获得新兴技术。ITMT负责管理跨PL-IPMT的技术开发与结合。ITMT是华为的最高技术管理团队，接受IRB领导，掌握华为技术发展方向，并为PL-IPMT提供技术指导。

IPD管理体系中各个团队在各项业务中起着不同的作用，承担着不同的职责，这些职责主要包括以下几项。

1. A（Approve）：批准，对业务活动或交付输出进行审批。

2. R（Review）：评审，对业务活动或交付输出进行评审。

3. P（Propose/Recommend）：提议/建议，参与相关业务活动，并基于其业务专业性提出相关提议和建议。

4. C（Create）：创建，为相关业务活动的负责人，组织完成业务活动，对最终交付负责。

5. E（Execute）：执行，按照被批准的业务活动或交付输出，完成最终的实现。

6. D（Delegate）：授权，获取上层领导的授权，行使被授予的权利。

接下来，我们以PDT团队为例来分析重量级团队与传统功能型团队的特点与差异。

传统功能型的团队的特点如下所述。

1. 串行：开发总周期长，易产生鞭子效应。

2. 部门墙：职责频繁转移，信息层层衰减，易滋生本位主义和厚厚的"部门墙"。

通过IPD变革引入跨部门重量级团队后，给华为的产品研发带来如下变化。

1. 一个目标：所有团队与成员关注产品，整个团队对产品的成功负责。

2. 并行：开发总周期缩短，各环节活动更充分，协作效率提高。

3. 一个团队：打破部门界限组建混合团队，E2E负责，信息始终共享。

4. 决策均衡、全面：代表多方利益博弈制衡，多领域知识经验集成。

IPD 流程是如何运作的呢？IPD 流程通过 DCP（Decision Check Point，决策评审点）、TR（Technical Review，技术评审点）和 PCR（Plan Change Requests，计划更改请求）等控制机制来保障其有效运作。其中特别需要强调的一点是，IPD 流程中做到了评审和决策分离原则，TR 评审只作为 DCP 决策的输入，而不像很多传统企业那样直接用技术评审替代决策。

（三）IPD 变革方案之 TPM 评估简介

华为的 IPD 变革是一个持续的过程，并不是输出一个 IPD 流程体系，大家照着执行就可以了，而是每年华为会对 IPD 流程进行审视评估，内部称为 TPM（Transformation Process Metrics）评估（变革进展评估），基于审视结果等多种因素对 IPD 变革方案开展持续优化，以确保 IPD 变革方案始终匹配华为的业务发展与战略发展。

华为坚持通过 TPM 审视来进行 IPD 成熟度评估，帮助华为不断地优化、迭代 IPD 管理体系。

TPM 评估具体分为 5 个层级，评估模型与维度大意如表 2-1 所示。

表 2-1　TPM 评估模型与维度

程度	得分	级别	推行程度	效果
0	0	未实践	没有做流程设计，无试点	效果不明显
1%～20%	0.1～1.0	试点	受控，有限的引入	有部分成效
21%～40%	1.1～2.0	推行	在部分产品线/产品系列中开始推行	关键衡量指标有部分改进，运作稳定，流程缺陷较小
41%～60%	2.1～3.0	功能	在大多数产品线/产品系列中推行，行为正在发生变化	大多数衡量指标得到改进，实施有成效
61%～80%	3.1～4.0	集成	完成推行，融入文化	大多数衡量指标有很大改进，实施非常有效，流程没有缺陷
81%～100%	4.1～5.0	世界级	及时与新的 IPD 项目构想保持一致	实施质量不断提高

基于这个模型对 IPD 各个领域进行评估，每个领域的具体评估内容包括：符合度、及时性、质量、完整性、准确性、效率/成本、受控性，每项内容的评估包括两个维度：推行度（过程）、效果（结果）。

很多企业在引入 IPD 流程体系之后，没有同步引入 TPM 评估工具，导致 IPD 流程体系运行一段时间之后就不适应企业的业务与组织的发展了，然后就评价 IPD 流程体系不适用。其实不是 IPD 流程体系不适用，而是 IPD 流程体系没有被正确地使用、没有被用好、没有被维护好。这就是没有学习华为对 IPD 流程体系持续优化、迭代的变革思路的表现。

本书的读者中如果有开展 IPD 变革的，建议尽量在 IPD 流程体系中借鉴、引入 TPM 评估工具，帮助 IPD 流程体系进行优化、迭代，从而更加适合企业发展的需要。

综上所述，IPD 变革方案中不仅有详细的流程，还有承接流程的组织团队角色、配套的管理体系、配套的流程运营评估，这些都是一个变革方案落地的必备因素，少了任何一个环节的 IPD 变革方案都难以成功。

四、IPD 变革的效果与意义

从前面的介绍中大家可以看出，IPD 流程体系是一个非常完整、细致的流程体系，那么 IPD 变革到底给华为带来了哪些好处和效果呢？

通过持续不断的 IPD 变革，华为实现了如下转变。

1. 所有和产品相关的部门，一切工作围绕客户需求展开，也就是把以客户为中心体现到了部门职责与业务流程中，真正实现了以客户为中心的产品研发。

2. 形成了有规划、有计划的产品开发节奏，进度、质量、成本得到了有效控制。这体现在客户界面就是及时响应客户需求，提供高质量、低成本的产品解决方案，有效地提高了产品竞争力与客户需求满足能力。

3. 各部门对准目标形成合力，聚焦业务，减少互相扯皮，从而提高了内部运作效率与内部运作质量，降低了内部的运作成本与管理成本。这符合

第二章

华为变革历程与几个变革项目

前面所说的熵减逆向做功,增强了组织活力。

4. 通过产品技术开发流程提前识别出关键技术,从而达到关注客户长期需求的效果。

5. 产品平台建设成为重要工作,研发团队经验、产品通用模块得到了共享和复制。这从客观上来看,也降低了内部的管理成本与试错成本。

除此之外,IPD中另一项顶层设计——决策层共同行为准则,也非常值得当前各企业在组织变革过程中参考、借鉴,如下所述。

1. 把话放到桌面上。以公开、坦诚的方式面对问题,展开讨论。

2. 永远尊重并正直地对待彼此。尊重彼此的职业素质,讨论是以事实为依据的,对事不对人。

3. 倡导团队协作。在树立团队精神方面起到表率作用,鼓励下属积极进行跨部门、跨界限的沟通与协作。

4. 一个声音说话。遵守"内阁原则",永远只在团队内部解决不同意见。一旦团队做了决定,就是团队每一个成员的决定,坚决贯彻落实。

5. 恪守团队承诺。恪守对团队/成员的承诺,尊重最后的期限,只承诺能够交付的,保守秘密。

6. 做到准备、在场、参与的一贯性。要预先完成材料阅读,永远有备而来;准时参会并遵从日程;积极参与讨论,主动发表观点,充分分享信息,对团队成员的发言及时做出回应;利用好时间并能做决定。

7. 鼓励不同的观点。既要独立思考又要善于妥协;要善于倾听团队成员的发言,具有同理心,能够听出发言人的内心感受;日常团队成员之间多利用非正式的沟通方式加强协商。

我们再谈一谈IPD变革给华为带来的部分变革方案效果之外的积极意义。

1. IPD变革为华为带来了流程化管理企业组织与业务的思想,流程化、模板化、标准化的思想通过IPD变革方案的推行在华为逐步深入人心。

2. 帮助华为全面诠释了什么才是"以客户为中心",华为在IPD变革之前那种一味地答应与满足客户需求只是表面上的以客户为中心,在客户需求管理不清晰的情况下，很容易适得其反。只有基于科学的需求管理，真正地开发出满足客户真实需求的产品才是以客户为中心的产品开发。

3. 帮助华为建立了跨部门团队思维模式，通过在 IPD 变革方案中推行的跨部门重量级团队的管理，使华为人逐渐理解了如何接受与操作跨部门团队的管理。

4. 帮助华为从过去的以传统职能部门为中心逐步向以流程为中心转变。

5. 通过 IPD 变革项目的实施，为华为培养了一批杰出的具有变革领导力的变革领导人才，以及具备详细变革项目操盘与管理能力的变革管理人才，用一句话来说就是锻炼了变革干部队伍、培育了变革种子。

大家从这些效果中不难发现，这正是当前很多企业需要解决的问题，华为通过自身的努力进行实践，趟出了一条对标国际一流管理的研发 IPD 变革之路。

华为趟出这条路的过程中有些关键点，也非常值得各个变革的企业借鉴，具体如下。

1. 变革是"一把手"工程，"一把手"的关注度与支持度，直接影响着变革的成败。

2. 与变革项目相关的各个部门的最高领导直接参与变革。

3. 坚决按照顾问的意见开展变革。

4. 变革过程先僵化，后优化，再固化。

5. 在变革过程中，变革相关培训的宣贯、访谈、研讨的全面覆盖。

6. 与变革方案配套的人力资源管理机制的建设。

7. 变革项目实施过程中变革项目管理机制流程的运用。

8. 变革不能急于求成，需要循序渐进，一定要坚持长期主义。

9. 变革一定要舍得投入，华为从变革开始就一直花费大量的资源与物力，只有大量的投入才可能带来预期的回报。

第四节 ISC 变革

一、ISC 变革背景简介

在当下的市场环境中，企业之间的竞争在很大程度上就是企业供应链之间的竞争。谁的供应链整体成本更低且整体效率更高，那么谁在竞争中就能向客户提供低成本且高效的产品与服务，也就很大程度上能在竞争中胜出。

在进行 ISC 变革项目之前的华为，由于采用了"农村包围城市"的市场战略且营销人员队伍快速扩张，业务发展速度非常快。1998 年，华为的销售收入已经达到 89 亿元，成为国内第一大电信设备提供商，开始向非洲、东南亚、俄罗斯等国家和地区拓展海外市场。但是，客户订单无法预测，订单的质量参差不齐，大量采购订单经常发生变更，工程变更也时有发生，还经常出现突发紧急订单，导致整个产品订单交付不及时，交付质量难以把控，生产部门的产能和采购部门的采购能力之间也难以匹配，经常出现发错货或发不出货的状况。就像一个 18 岁的小伙子还穿着 8 岁时的衣服、鞋子，衣服已经非常不合身，严重束缚了身躯与四肢，鞋子十分夹脚，走起路来晃晃悠悠。虽然凭着内心的热情自我驱动着努力向前奔跑，但是由于衣服、鞋子不合适，这个小伙子随时可能在奔跑的过程中跌倒。

当时华为为此专门成立了一个名为"发正确货"的专项工作组，并由华为当时的一位副总裁担任工作组组长，组织供应链部门同事进行一些内部优化工作，初步引入了一些基础的流程制度和 IT 支撑工具。由于市场订单预测的准确性比较差，生产计划就很难制订得精准，如果仅仅从华为供应链内部进行优化也很难从根本上解决问题。

华为在面临上面提到的种种问题和企业竞争中的各类挑战时深刻认识到：企业必须在提高客户服务水平的同时降低成本，必须在提高市场反应速度的同时给客户以更多的选择；生产率和产品质量不再有绝对优势、产品技术的领先也更难长久，竞争的主要领域已由产品本身转移到了围绕产品的服务上,即在更短的时间内为客户提供更多的服务,且成本不高于其他竞争者。这样,供应链管理逐步成为多数企业的企业级战略重点。

经过评估诊断,华为供应链的问题主要表现在以下几个方面。

1. 需求管理与预测:具体来说就是,当时华为大部分的市场预测是根据洽谈中的客户项目来做的,但是由于没有科学、有效的预测方法和预测工具支撑,一线市场销售人员给出的预测准确率不高,导致管理人员需要花很多精力在后端协调与内部资源管理上,公司也没有任何销售需求预测计划的流程。总结起来就是,由于缺乏有效的预测方法和预测工具,销售预测的准确度不高;需求管理的多数精力放在企业内部,缺乏外在的引导,订单进公司前很少有预警信息。

2. 订单履行:由于华为的订单流程复杂,其中使用了多模块系统,但是使用的 IT 系统又未集成,涉及的部门也很多,导致客户很难了解到自己所订货物进行到何种生产交付状态;销售人员在签单时得不到可靠的供货能力信息支撑,与客户预定的发货日期不能与生产计划紧密结合,无法正确发货,结果就是很容易失信于客户。一句话总结就是,签单之前和客户说得好好的,签单之后的交付与履行状况不可控,非常影响客户关系的继续维护。

3. 客户服务:由于缺乏端到端的流程支撑,信息传递到售后服务工程师时已经严重衰减,售后服务工程师获得的信息不足、不及时。比如,用户服务工程师收到升级的软件后一个月才能拿到相应的操作指导手册;没有及时更新的网上设备信息,用户服务工程师不知道设备实际的配置情况,有时要到现场才知道。这些都是由供应链上游的问题造成的。

4. 物料的周期时间和齐套性:由于华为的产品设备基本都由多个部件或元器件集成配置而成,但是这些配件的采购周期不同,导致整个物料采购周期较长,许多客户化产品无标准配置,订单经常欠料装配,产品间通用器件共享性低。同时,由于缺乏现代化的供应商管理机制,供应商数量和质量控制标准不一致,导致有些配件的供应商太多、有些配件的供应商太少、有些供应商的配件质量好、有些供应商的配件质量差,从而造成产品的供应和装配没有数量及质量的保障。如果某种配件的供应商较少,那么其中一个供应商一旦出现供应问题,就会严重影响元器件的齐套性,而在元器件不齐套的情况下，就无法生产出完整的产品设备。

5. IT系统运作效率的问题：由于种种因素，经常出现许多未经协调的工程更改单；由于销售预测不准，不能承诺产品交付排期与可交付数量；最重要的是，没有可执行的销售和运作计划的流程。

6. 组织协同的问题：在进行ISC变革项目前，由于与供应链业务相关的内部各部门层级多，且各部门"各自为政"、相互割裂，缺乏信息共享保障机制及沟通与合作的意识，无形中致使工作效率更加低下。这也就是典型的传统职能型组织的通病。

在这样的背景下，华为和IBM合作了咨询项目，IBM制定的IT S&P中包含了ISC项目，ISC变革项目应运而生。华为投入了从各业务系统抽调的精兵强将，全面配合IBM各方面的顾问、专家一起开展ISC变革项目。

二、ISC变革历程与方案简介

在谈ISC变革方案之前，我们先了解一些基础的概念。什么是ISC？集成供应链ISC是由相互提供原材料、零部件、半成品、产品、服务的供应商、厂家、经销商、零售商、客户等组成的集成系统。ISC通过对供应链中的信息流、物流和资金流进行重新设计、规划和控制，来保证在正确的时间把正确的产品解决方案或服务解决方案送到正确的地方。ISC变革的两个主要目标是提高客户的满意程度、降低总的供应链成本。因为，当代企业和企业之间的竞争，其实就是供应链与供应链之间的群体竞争。

根据ISC变革项目的节奏，整个ISC变革项目大体可以分为3个阶段：第一阶段是关注阶段，第二阶段是发明设计阶段，第三阶段是推行阶段。在ISC变革中的第一阶段，IBM顾问为了识别出华为供应链当时的各个问题的根源，进行了各种调研与访谈，包括客户的调研、访谈与内部的调研、访谈等，得出了几十个问题。IBM顾问对各种问题进行根因分析之后，发现问题集中在流程、IT系统工具和组织3个方面。

首先，流程方面。在实施 ISC 变革之前，华为的供应链流程和现在很多企业的供应链流程非常类似，存在合同审批复杂、订单录入时间长、订单履行工作经常被延误、订单生产运输状态不清晰、订单配置错误时常发生等问题。另外，由于当时华为没有市场预测流程和工具，需求管理和订单预测不够科学、合理，经常出现生产出来的货不是客户需要的、发不出去，或者客户需要的货又出现延期交货或交不出货的情况。流程效率低，客户满意度难以持续维护，内部满意度也不是很高。

其次，IT 系统工具方面。当时虽然华为有一定的 IT 系统，但是各个系统缺乏科学、合理的设计，且系统之间未集成，因此，系统未能有效地支撑供应链相关工作的开展，如未能及时呈现货物的各种状态和完整性。

最后，组织方面。整个供应链流程需要各个功能部门一起完成，但是在进行 ISC 变革项目之前，各个部门之间无法有效衔接与拉通、"部门墙"严重、信息在传递过程中衰减严重。

说完这些问题之后，我们再来看看 ISC 变革的理念。当时的华为认识到企业之间的竞争其实是技术企业的供应链之间的竞争，因此，进行 ISC 变革要求华为将其运作的所有环节都要看作供应链中的一部分，都要进行科学、有效的管理，以提高供应链的效率与效益。比如，很多企业认为销售和供应链关系不大，但是 ISC 非常重视销售业务的要货计划工作，通过对销售业务的要货计划的合理预测来实现客户需求、生产交付的更佳匹配。

基于前面的项目背景与 ISC 变革理念，当时的 IBM 顾问和华为共同设计了对标业界最佳供应链运作流程 SCOR（Supply Chain Operations Reference，供应链运作参考模型）的华为集成供应链模型，如图 2-7 所示。

同时，IBM 顾问和华为共同为 ISC 项目设立了如下目标。

1. 设计和建立以客户为中心的集成供应链，满足客户需求，提高客户服务水平。

2. 建立成本最低的集成供应链。

3. 提高供应链的灵活性和快速反应能力，缩短供应周期，提高供应链运作效率，建立华为的竞争优势。

上面这几个目标概括地说就是要质量好，成本低，服务好，快速响应客户需求。

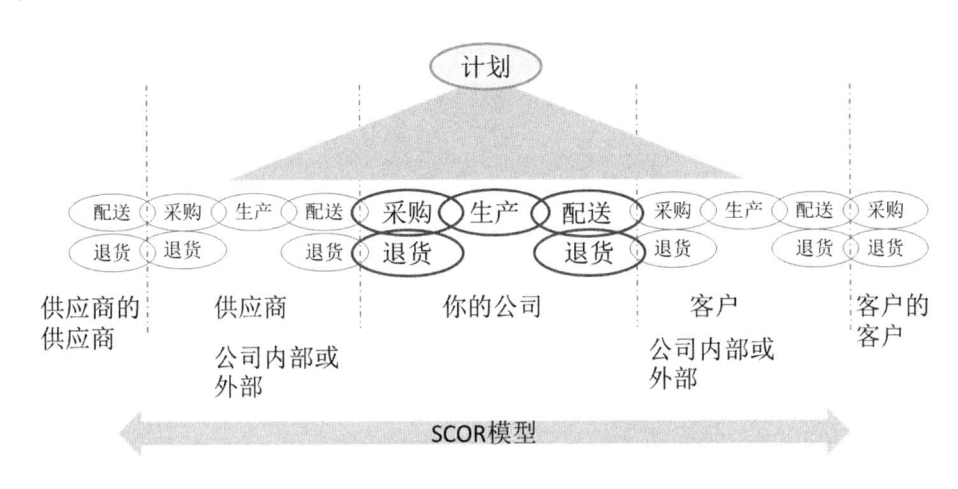

图 2-7　SCOR 模型示意图

这里有一点需要和大家介绍的就是，华为的多数变革项目都会进行业界最佳实践对标，将业界最佳实践与自身特点结合，并适配出定制化的变革实施方案。

华为 ISC 变革方案中主要包括：参考、借鉴 SCOR 模型重新设计 ISC 流程；实施供应链组织结构变革，让组织和流程匹配；改造供应链的 IT 支撑系统，让 IT 系统更加高效地支撑供应链流程的运作；打通供应链与销售之间的计划体系，从内部运营的角度更好地满足内部的采购计划、生产计划、发货计划，最终实现能更好地满足客户需求的要货计划，提高客户满意度。

正因为 ISC 项目强调企业的各个环节都是供应链中的一部分，所以华为 ISC 变革项目的业务覆盖范围包括华为内部的营销、采购、计划、制造、客户服务等多个业务系统，以及华为外部的客户和供应商（见图 2-8）。这也充分体现了 ISC 中首字母 I（集成）的含义。总的来说，ISC 变革方案是一个集成方案，通过其流程把各关联的相关方集成到流程方案中。

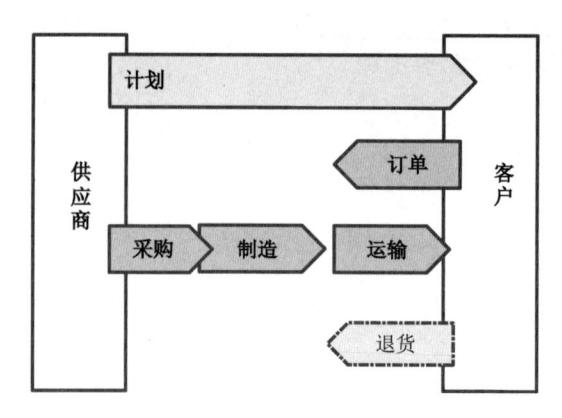

图 2-8　ISC 流程框架逻辑示意图

ISC 变革方案中主要的优化、重整工作是构建供应链内部相关流程体系，即构建计划、采购、订单、制造、交付、物流等核心的技术能力，改善原来的计划流程、采购流程、生产流程、交付流程、销售流程等，形成以计划驱动的采购、生产、物流、销售模块相互协作的规范化的供应链管理。

下面，我们来看看华为 ISC 变革项目组具体是怎么优化、重整相关流程的。

1. 针对销售订单管理流程，华为 ISC 变革项目组是怎么优化、重整的呢？

由于原来的销售流程缺乏生产状态的可视性，华为变革项目组延伸了原先的 MRP（Material Requirement Planning，物资需求计划）系统，使销售人员也有权限登录和访问该系统，以便跟踪、了解销售人员所属订单在生产过程中的状态，从而帮助销售人员对客户做出准确的承诺和及时的响应。同时，增加合同的解释功能，方便销售人员在进行客户项目和合同条款核对后做出承诺，以减少合同条款承诺错误情况的出现。

在销售流程中引入集成销售配置器，以提高订单配置的准确性，通过提高配置的准确性来提升客户满意度。同时，通过业务整合梳理集成，缩短合同审批与内部处理流程，从而达到缩短整个订单的交付周期的目的。

2. 针对计划调度流程，华为 ISC 变革项目组是怎么优化、重整的呢？

经过 ISC 变革项目组的努力，华为在计划流程中引入 SOP（Sales and

Operation Planning，销售和运作计划），以及对市场和销售计划、制造、研发、采购、财务方面的有效资源进行综合平衡，以此实现各部门的计划协调一致，实现华为的总体经营战略目标。SOP 包括客户订单、生产计划、产能规划、采购计划和库存管理计划等。SOP 将华为 3～5 年的战略规划和 1～2 年的年度业务计划细化为市场、销售、研发、采购、制造及产品管理等各个环节的运作计划，并根据客户需求的变化，动态调整具体运作环节的计划，定期滚动发布。

3. 针对采购流程，华为 ISC 变革项目组是怎么优化、重整的呢？

首先，华为 ISC 变革项目组与财务部门密切配合，统一采购流程，确定了相关的原则及要求，与供应商签订的合同、给供应商下的订单/入库单、供应商提供的发票必须相互匹配，发票不再先由供应商寄给采购部，然后由采购部递交到财务部，而是由供应商直接寄到华为公司财务部。这种做法对采购起到了一定的保护作用，有效减少了采购腐败的发生。采购部同期还确定了阳光采购、价值采购的采购理念。

其次，对采购物料进行分类，并对不同物料建立采购认证专家团，对供应商进行分级管理，改变过去与供应商简单的交易关系，与核心供应商建立战略合作伙伴关系，互惠互利，相互支持，共同发展，加强采购的绩效管理，推行基于业界最佳实践的供应商认证流程，按照技术、品质、响应、准时交付、成本、环境保护等要素选择和认证供应商，实现采购降本提质增效，获得综合的采购竞争优势。

4. 针对制造流程，华为 ISC 变革项目组是怎么优化、重整的呢？

ISC 变革项目组通过计划流程的重整与优化，使生产计划的准确度提高，采购物料也更能满足生产计划的匹配要求。针对不同的产品需求，制造部建立了不同的生产模式。

三、ISC 变革的效果与意义

华为通过 ISC 变革，逐步解决了前面提到的内部供应链痛点与问题，系统性地构建起供应链的流程、IT 系统和管理体系，改善了华为国内市场无法

活下去
华为变革之道

持续性正确发货的状况，有力地支撑了华为的国际化市场拓展与国际化市场的交付与履行，供应链管理能力也成为华为隐藏的核心能力之一。正是基于这样的供应链管理能力支撑，近年来华为虽然被美国政府当局持续打压、制裁，导致其部分核心供应商不能持续稳定供货，缺少高端芯片，但华为依然保持着良好的发展势头，依然可以继续按照合同履行对客户的交付服务承诺，保障了业务的稳定性与延续性。

这也充分说明了华为ISC变革的效果，最终还是体现在了华为的客户服务与客户满意度上，广大的华为客户才是华为ISC变革项目的最终受益者。这也间接证明了华为ISC变革项目的目标中最核心的内涵"来源于客户，服务于客户"，整个ISC变革项目也符合华为的"以客户为中心"变革主线。

下面，我们再来看看ISC变革项目对当前中国企业开展变革而言有哪些借鉴意义。

1. 和IPD变革项目一样，ISC变革项目是因为华为高层特别是"一把手"任正非的大力支持，才得以顺利开展的。这一点是其他准备开展和正在开展变革的企业特别需要借鉴的。变革一定是"一把手"工程，没有"一把手"的参与及重视，变革成功的可能性非常低。

2. ISC变革中借鉴业界最佳实践SCOR模型也是华为各个变革项目中保持的优良风格，虽借鉴业界最佳实践，但不生搬硬套，而是把最佳实践与自身实际有机结合起来定制输出变革方案。

3. 变革方案一定要有配套的组织方案，只有流程方案而没有组织方案的变革方案大概率是难以落地实施的。

4. 变革方案一定要和IT工具结合起来，通过IT工具来提升流程效率与固化流程。

5. 变革项目一定要和变革领域的周边部门集成起来分析和解决问题，不能狭隘地把供应链问题只当作供应链部门的事情，这也就是"集成供应链"中"集成"二字的含义。

6. ISC变革项目始终坚持以客户为中心，并始终对准如何优化与提升内部运作效率与效益，更好地、快速地、准确地满足客户需求。这也是非常值得其他企业开展相关变革所参考的,业务变革一定要坚持从客户中来,回到客户中去。

其实大家读到这里也能发现,华为当时发起 ISC 变革的背景和当前很多企业所处的状态有非常强的类似性。如果企业想要在供应链方面进行一些改革、改进,不妨多了解、借鉴华为 ISC 变革项目的相关经验。

第五节 LTC 变革

一、LTC 变革背景简介

通过 IPD 变革与 ISC 变革等与内部管理能力相关的变革,华为内部的短板逐渐被补齐。内部短板被补齐之后,外部短板就开始逐渐暴露出来,那就是面向客户的销售流程。在开展 LTC(Lead to Cash,从线索到回款)变革项目之前,华为面向客户的销售流程运作中缺乏一条主线流程的牵引,流程的各个阶段被割裂开来,虽然大家都在努力地以客户为中心为客户创造价值,但是经常会出现由理解不一致、不同部门的信息差导致的"瞎忙"乃至"帮倒忙"的情况。用一句话来说就是,大家都很忙,但是很多"忙"都是由流程的不合理导致的"打乱仗",随着业务越做越大,整体感觉也越来越混乱。

在开展 LTC 变革项目之前,华为存在的困难和当前很多企业在销售与业务中存在的困难非常相似,如下所述。

1. 华为面向的运营商业务是典型的大客户项目型销售,客户内部流程复杂,项目运作周期长,验收环节多,计划执行过程中存在诸多不确定性,合同容易因为执行过程中出现的不确定性而产生合同变更等。这类大客户项目型销售还有一个重要的特点,即前一个项目是否中标、是否按约交付执行对后续的项目能否参与、能否中标有着重要的影响。

2. 在销售项目运作过程中,面向客户的业务流程责任不清,售前、售后缺乏有效的协同，经常出现项目售前人员在销售项目时对客户的承诺没有有效地传递到售后交付服务过程中，从而导致客户产生不满等情况。

3. 与客户交流项目拓展时，经常出现项目售前人员不熟悉售后的交付服务业务，售前销售人员为了满足客户需求拿下项目订单而过度承诺，导致后续项目交付执行成本远高于项目预估成本。在华为开展 LTC 变革项目之前，对于这种情况，还有人经常用"销售挖坑，售后填坑"这句话来调侃。笔者就目睹过华为在某国家的销售人员为了拿下当地某运营商的某个项目，在 7 月和客户签约，承诺项目于圣诞节前完工，预留时间非常短。但由于该销售人员未考虑到该国 10 月份就开始进入冬天大雪季节，几乎完全无法进行户外施工，项目进度严重迟缓，导致客户频繁投诉，最终在交付与服务体系抽调了地区部大量资源支撑的情况下才勉强完成了对客户的项目交付。该项目虽然从产品一侧是赚钱的，但是从交付与服务一侧来说是严重亏损的，对企业来说是一个低质量的项目。

4. 评审环节多，各个部门为了风控都加入了自己的评审把关点，导致面向客户的项目运作过程、与客户合同签订过程中的评审效率低下。

5. 与销售业务相关的 IT 系统多，但是都没有集成、打通，一线产品解决方案经理/产品行销经理需要同时操作多个 IT 系统。

基于以上种种问题和困难，华为在 2008 年启动了 LTC 变革项目。

二、LTC 变革历程简介

我们接下来大致介绍一下华为 LTC 变革的历程。

华为在启动 LTC 变革项目时，已经和很多国际知名咨询公司合作过。华为并没有像进行 IPD 变革项目、ISC 变革项目时一样选择 IBM，而是基于多种分析、筛选之后选择了埃森哲（Accenture）公司作为华为 LTC 变革项目的咨询公司。华为 LTC 变革项目从 2008 年开始到 2017 年关闭，整个项目持续了 9 年的时间。

整个 LTC 项目主要包括下面几个子项目。

1. LTC-S0 项目：同生命周期及合同信息结构化。目标：完善合同管理体系，提升交易质量。

2. LTC-S1 项目：从线索到回款。目标：建立流程规范，夯实销售管道，拉通评审决策，匹配组织作战。

3. LTC-S2 项目：配置打通。目标：配置打通，销售对准验收，生产对准交付，按契约交付。

4. LTC-S3 项目：交付上 ERP。目标：将交付环节的交付数据纳入 ERP 系统，集成各计划，改善运营效率，降低内控风险。

5. LTC-S5 项目：客户解决方案。目标：生成高质量客户解决方案，促进有效增长，提升一线作战能力。

三、LTC 变革方案简介

我们在这里重点介绍一下大多数读者感兴趣的华为 LTC 变革项目中的 LTC-S1 项目，该项目中包括 LTC 流程的建设、销售管道管理、组织匹配、流程评审等各个销售流程的重点环节。

LTC 流程方案的具体目标是对外对准客户的业务流程（采购流程、项目执行流程等），对内拉通销售线索、销售机会点、销售项目运作、客户合同签订、客户合同交付与履行、项目验收、从回款到整个合同关闭的全业务流程的系统化集成，同步建立起与组织匹配、授权清晰、高效评审的以客户为中心的 LTC 流程管理体系。

LTC 变革的终极目标是通过不断优化以客户为中心的运作和管理流程，提升整体经营指标，具体包括财务指标、客户满意度指标、运营效率指标，实现华为面向客户的卓越运营。

上段文字也许有点抽象，大家一时难以理解。为了方便大家理解到底什么是 LTC 流程，我们可以把 LTC 流程比作现在我们熟知的高铁轨道系统，那么与之相关的销售线索、销售机会点、销售项目、客户合同、产品配置、交付与履行相关信息、数据和实物就是这套高铁系统中的高铁列车上的一个个乘客，根据系统的调度实现乘客上高铁与下高铁。承载各项信息数据货物与规则的高铁列车在高铁轨道上高速、有序地运行着,从而实现流程的高效、简洁。就好比你过去从深圳回老家坐普通大巴车需要8～10个小时,现在乘高铁两小时就能让你快速、安全、舒适地到家。而没有LTC流程的业务,则像传统的红绿灯控制路口的普通公路,上面行驶着各种规格不一的汽车,各个路口红绿灯没有统一调度,整体运作效率远远低于高铁系统,且经常容易因为人为因素出现堵车的情况,在这套系统里面的乘客或司机都对堵车、红绿灯设置不合理等问题怨声载道。

对LTC流程方案进行了大致了解之后,下面我们来了解一下LTC流程框架示意图,如图2-9所示。

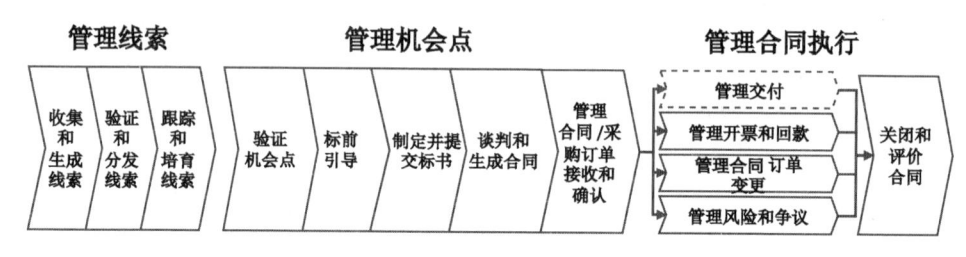

图2-9 LTC流程框架示意图

这里重点给大家分享一下管理线索、管理机会点这两个流程与LTC流程中的3个核心角色AR、SR、FR。

管理线索流程包括收集和生成线索、验证和分发线索、跟踪和培育线索这几个子流程。

俗话说"好的开始是成功的一半",销售业务也是这样,在大客户项目型销售中,"收集和生成线索"有着举足轻重的作用。很多销售团队或企业不能完成销售任务的重要原因都是不重视"收集和生成线索",从而导致销售管道中的整个项目"盘子"较少,无法形成足够的项目支撑,最终无论如何努力销售业绩目标都无法实现。因此,只有做好"收集和生成线索"阶段的工作,才能为后面的局面打下良好的基础。

那么,什么是线索呢?线索是特定客户在一定的时间窗中对特定产品或服务的潜在购买意愿,其最终将可能为企业带来商业机会。

线索还必须满足以下3个条件才能成为有效线索。

第二章

华为变革历程与几个变革项目

1. 特定客户。
2. 客户具备潜在的购买意愿。
3. 我方有参与的可能性。

例如，某公司的销售人员在汇报线索时，其中一条线索是"听说某市场今年有一个大型数字化转型项目"，这种线索就不是合格的线索。首先，客户不明确；其次，客户购买意愿不明确；最后，我方参与可能性也不明确。这只是一个初步的基础市场信息，还不能被称为线索。在得到这类信息之后必须基于线索标准对其进行验证，验证通过之后才能将其转化为线索进行线索孵化与管理。

当收集到符合线索标准的线索之后，下一阶段就是"验证和分发线索"。为什么线索还要进行进一步的验证呢？因为不同人员接触的客户层面、信息来源可能存在差异，所以为了确保线索的准确性，还需要对线索进行进一步的验证，当验证通过之后再把线索分发给对应的线索负责人。线索负责人通过各种销售动作去"跟踪和培育线索"，直至该线索转换为机会点，才算完成了"管理线索"流程阶段的工作。

当一个线索转换为机会点之后，我们就进入了"管理机会点"流程阶段，管理机会点流程中主要包括验证机会点、标前引导、制定并提交标书、谈判和生成合同、管理合同/采购订单接收和确认几个子流程。

管理机会点流程阶段的第一步是验证机会点。只有通过了机会点验证，确保是一个合格的机会点才能进入管理机会点流程阶段的下一步动作，否则将退回管理线索流程阶段。

那么，机会点的判断标准又是什么呢？

1. 客户已经开始执行采购购买流程。
2. 客户有明确的投资计划与预算。
3. 我方可以参与该项目的投标或议标等客户购买流程。

上面的每一条都非常关键，都是判断一个有效的、成熟的销售机会点的必备条件。但是很多企业的销售人员在谈论销售机会点时缺乏这样清晰的判断标准，从而误把非机会点当作机会点进行投入和运作，浪费了企业的大量人力、物力资源。比如，笔者了解到的某公司的销售团队就经常把客户还没有预算的销售线索当作销售机会点，从而投入"重兵"拓展。由于客户内部立项流程较长，他们对于客户内部每一个节点都投入了大量资源。当年底客户准备立项，客户的立项申请提交到客户上级单位之后，客户高层却开始换届了，由于客户高层的调动，前面的工作几乎白费了，这个公司辛苦一年以为的销售机会点，实际上只是一个销售线索，而且该线索被培育成真正的机会点之后，客户高层的变动导致该公司无法继续参与，从而导致该公司销售团队的士气严重受损。这就是没有做好线索管理与机会点管理的惨痛案例。

当完成验证机会点之后，我们就进入了标前引导阶段。当下的市场竞争越来越激烈，越来越多的企业认识到了标前引导的重要性，但对于到底如何进行标前引导不是很清晰。在这里我们就为大家简单介绍一下标前引导阶段的内容。

在标前引导阶段，首先要做的就是进行客户商机需求分析。在这个环节，很多销售人员容易走进一个误区，那就是没有深入分析客户需求构想，没有把深入分析与客户确认，简单地把自以为客户需要的当成了客户需要的，从而在项目一开始就搞错了方向。

弄清了真实的客户需求与构想之后，接下来我们需要做的是制定客户项目竞争策略。这里有一点特别重要，很多销售人员都容易忽略这一点，即一定要清楚项目的竞争对手都有哪些，摸清竞争对手的客户关系策略、解决方案策略、商务策略等，然后基于竞争对手的策略制定对应的竞争策略，同时基于客户项目竞争策略制定对应的客户引导策略与计划，包括对客户不同角色的引导策略与计划，切记不要制订一个笼统的计划。

客户项目竞争策略制定完成之后，我们就需要开展决策链关系拓展。首先，识别客户决策链，梳理客户决策链相关信息，评估客户决策链上相关核心人员与我方及主要竞争对手的关系；然后制定相应的客户关系拓展计划并按照计划实施，直至影响客户关键决策人并取得相关认可。

在这期间同步需要开展的还有解决方案的引导，引导的目标是让客户达成偏向己方的招标方案与评标标准。

在很多项目操作过程中，通过标前引导工作的有效开展，客户项目虽然还没正式开始招标，但我方其实已经稳操胜算了，这就是标前引导做好了所体现出来的优势。

关于 LTC 流程的详细介绍这里就不一一展开了，我们接下来简单介绍一下 LTC 中大名鼎鼎的铁三角组织（见图 2-10）。华为铁三角组织中的 AR、SR、FR 职责如下所述。

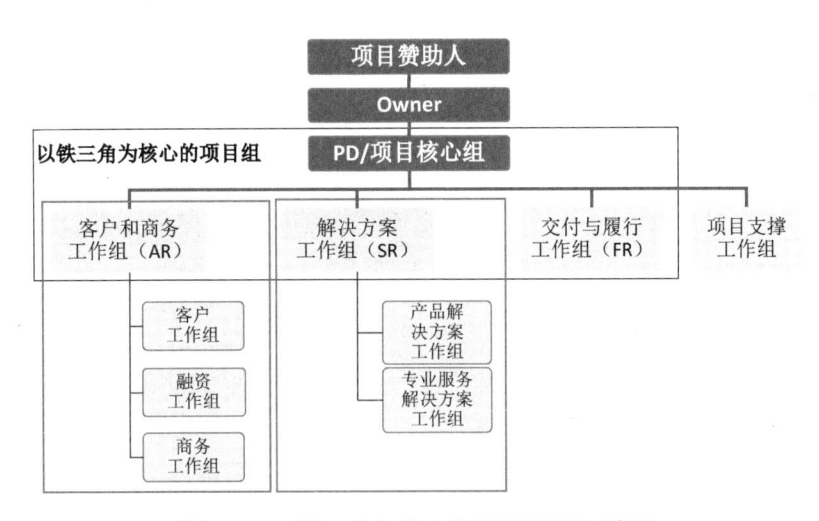

图 2-10　以铁三角为核心的销售项目组示意图

1. AR：客户负责人，负责总体客户关系建立、维护和营利性销售，确保客户满意，与客户建立良好关系。其职责如下所述。

（1）客户关系：

① 负责建立并维护客户关系；

② 管理客户在各种机会点活动中的期望。

（2）营利性销售：

① 驱动营利性销售，确保合同成功；

② 负责财务概算和预测、定价策略、融资策略、条款及相关风险识别；

③ 制定合同谈判策略，并主导合同谈判；

④ 确保交易和合同订单签署、回款，以及尾款回款。

2. SR：解决方案负责人，负责客户技术和服务解决方案的制定，确保提供满足客户需求的有竞争力的解决方案。其职责如下所述。

（1）负责制定解决方案策略、规划解决方案、保证解决方案质量、标书总体质量，以及提升竞争力。

（2）制定能满足客户需求的恰当方案，引导客户接受我方方案。

（3）确保解决方案与华为产品/服务组合和战略保持协同。

（4）准备报价清单，识别解决方案风险及制定风险规避措施。

（5）负责与客户共同解决有关技术与服务方案的问题。

（6）支持客户关系的维护。

3．FR：交付与履行负责人，负责客户合同履行，保障合同成功履行及客户对合同履行的满意度。其职责如下所述。

（1）总体负责合同履行、项目管理和服务交付。

（2）领导交付项目经理协同交付与履行团队在售前阶段进行早期介入，保证项目合同质量及可交付性。

（3）负责制定合同执行策略及相关风险的识别和规避。

（4）保障合同成功履行（包括开票），确保华为和客户双方都完全履行了合同义务。

（5）负责合同履行期间与客户之间的争议解决。

这三者在整个 LTC 项目中，基于各自的角色分工紧密配合，共同为完成目标而努力。在管理线索阶段以 AR 和 SR 为主导，以 FR 为辅助；在管理机会点阶段以 AR 和 SR 为主导，以 FR 为辅助；在管理合同执行阶段以 FR 为主导，以 AR 和 SR 为辅助。正是因为这三者的紧密配合，所以它们被称为铁三角。

LTC 方案中还包括评审决策授权机制与 IT 设计，为控制篇幅这里就不再一一展开叙述了。

四、LTC 变革的效果与意义

LTC 变革为华为带来了如下收益。

第二章
华为变革历程与几个变革项目

概括地说就是 LTC 通过面向客户的集成流程，通过授权与赋能成就一线，实现了可持续的营利性增长。

详细地说包括以下几点。

1. 给客户带来的价值主要包括构建了统一的界面，更加全面和立体地理解与服务客户，为客户创造价值，成就客户的商业成功。

2. 提高了华为面向客户的运作效率与效益，提升了客户对华为的满意度，实现了可持续的营利性增长。

3. 提升了一线铁三角的作战能力，让一线可以有更多的时间聚焦客户；通过合理的授权让决策权前移，让一线能更加快速地响应客户；端到端地拉通了面向客户的销售业务流程，提升了一线的协同运作效率。

一句话总结就是客户更满意、财务更健康、运作更高效。

华为的 LTC 变革得以成功实施，除了前文中提到的方案，还和以下要素密不可分，如果有企业希望或正在准备进行 LTC 变革，不妨参考、借鉴以下几个要素。

1. 基础保障：华为内部的"一五一"工程（流程固化最佳实践）。"一五一"工程具体来说就是一支队伍、"五板斧"（参观公司、参观样板点、现场会、技术交流、高层互访）、一个资料库。

一支队伍：华为通过流程化项目型矩阵管理，用 LTC 流程将内部各个职能部门拧成一个有着共同目标的铁三角团队，形成一个利益共同体。华为通过这种方式打破职能分工和传统绩效考核造成的各管各的现象，借助 IT 工具平台最大限度地降低"内耗"，对客户任何问题都能及时做出响应。

"五板斧"：5 种看似平常的销售手段，却是很多企业都忽视的重要销售工作，这也是华为销售与部分传统企业纯关系型销售模式的重要区别。华为销售组织通过这 5 种销售手段的落地，将传统"吃、喝、玩、乐、拿"的客户关系模式转型为"营销+咨询"这种更高阶的解决方案销售模式。

一个资料库：这和华为 IPD 体系强调的 CBB 是同一原理，公司组织基于各种维度建设销售项目案例资料库，在需要时可以快速查阅并调用相关案例资料，大大节约了方案开发时间，提高了问题解决速度。

2. 运作保障：LTC流程方案设计的端到端闭环，项目制运作保证资源合理配置，责任主体端到端负责。

3. 组织保障：建立能听得到"炮火"的铁三角团队、对一线进行授权，让一线呼唤"炮火"；内部交付体系能高效、低成本、及时提供优质"炮火"支援。

4. 文化保障：以客户为中心，以奋斗者为本的企业文化。

5. 华为持续构建销售人员的技能：华为从创业开始就一直在努力提升销售人员的销售能力，早期的能力建设主要为销售人员的个人销售技能，如华为开展的营销四要素能力提升活动。在华为开始实施LTC变革时，销售人员的销售技能都已经达到了较高的水平。正是在这些能力的支撑下，LTC流程运作起来才能事半功倍。当下某些企业在借鉴华为LTC流程时，往往只注重流程的学习，而忽略销售人员能力的建设，从而出现企业觉得自己对LTC流程都认真地全部学习了，但就是没什么效果的情况。用一句话来说，LTC流程就是"武功招式"，销售技能就是"内功"，如果缺乏足够的"内功"，学习再多的"武功招式"也成不了"武林高手"，必须"内功"和"武功招式"一起学习，两者结合起来才可能成为"武林高手"。

6. 执行力保障：因为华为采取以奋斗者为本的利益分配方式，那些被LTC变革所影响、工作量增加、岗位职责增加、岗位复杂度提升的华为员工，都主动选择拥抱流程、拥抱变化，按照LTC流程设计的角色开展工作，从而给LTC的推行实施提供了强大的执行力保障。这点特别值得那些正在开展LTC变革或准备开展LTC变革的企业参考、借鉴，如果员工没有执行力和内驱力，则无论企业设计出多么完善的流程方案都难以达到期望的效果。企业必须在设计流程方案的同时解决员工的内驱力问题，让整个方案实施有执行力的保障，这样才有成功的可能性。

第二章
华为变革历程与几个变革项目

第六节 MTL 变革

"MTL（Market to Lead，从市场到线索）不承载资金流，不承载物流，但它教会了我们在市场细分、关键客户选择、关键市场选择、营销手段、营销模式、营销资料，以及线索管理等方面的问题。面向未来，对于我们构筑什么样的组织、构筑什么样的能力，我们怎么去真正地提升品牌、促进销售线索的生成、扩大销售管道，MTL 带来了很好的方法论和流程。

MTL 的变革成果最适合的首先是面向企业市场……我们自己二十多年来面向运营商市场的经验更有价值，故 IBM 教给我们的 MTL 的一些流程和方法论不一定完全适合面向运营商的直销。"

——徐直军在 2014 年华为企业业务 BG 年度市场工作会议上的讲话

由于华为始终保持着危机意识，华为在 LTC 变革项目实施阶段便发现，自己过去作为市场跟随者，跟在爱立信、西门子等国际巨头的身后，凭借强大的销售能力抢占市场"蛋糕"即可，但是华为已经开始从行业的追随者成为行业的领导者。成为行业的领导者之后，就不能再完全采取过去行业追随者的市场策略，而必须考虑如何做大行业市场、做大行业"蛋糕"，带领整个行业生态一起向前发展以取得共赢。所以，华为急需一个更高层面的市场营销流程助力华为去实现引领市场。

同时，由于华为 IPD 流程与 LTC 流程中流程衔接问题日趋严重。因此急需一个中间的可以做到牵引 IPD 流程、推动 LTC 流程的更高层面的市场营销流程。

基于以上种种原因，华为 MTL 变革应运而生。对于 MTL 变革项目，华为继续选择了 IBM 作为该项目的咨询公司。

那么，什么是 MTL 呢？MTL 是一套流程和方法论。它基于对细分市场的深入洞察来选择细分市场，为产品/解决方案制定统一的 Go-to-Market（上市）计划，策划并执行端到端的营销活动，从而产生可衡量的线索，驱动业务的增长。

MTL 不仅是一套流程和方法论，还是思维模式的一种转变，即把客户放在市场选择的前端，通过深入的市场洞察，精准地选择细分市场，高效地规划产品、服务及解决方案上市，规划并执行营销方案，通过端到端的营销活动传递华为的价值，逐步激发、孵化客户购买意愿，并引领客户心路历程，促进商机转化，生成市场线索，推动业务有效增长，带给客户一种全新的营销体验。

MTL 作为华为面向客户的四大价值创造流程之一，要实现以客户为中心的解决方案营销转型，并解决 IPD 流程与 LTC 流程的衔接问题，作为中间的桥梁衔接 IPD 流程与 LTC 流程。MTL 是一个围绕细分市场不断循环咨询的过程，具体可分为发现价值、定义价值、开发价值、传递价值几个环节。

华为从 2013 年开始启动 MTL 变革，整个项目历时 5 年多，项目组先在坂田基地华电 B1 办公楼办公，后因华电 B1 办公楼需要翻新而搬到坂田天安云谷办公，有幸成为坂田天安云谷的早期办公群体之一。整个 MTL 变革项目组分为华为公司 MTL 变革项目群、运营商 BG MTL 变革项目组与企业 BG MTL 变革项目组。笔者有幸能够在 2013 年华为运营商 BG MTL 变革初始阶段就加入运营商 BG MTL 变革项目组，全程参与了运营商 BG MTL 变革项目的前期方案开发与后期变革方案推行、实施。

运营商 BG MTL 变革的目标是助力运营商 BG 实现以下 4 个方面的转变。

1. 从管理机会点转变为创造机会点，也就是从分市场"蛋糕"转变为做大市场"蛋糕"。

2. 从经营项目转变为经营市场，实现真正的市场管理。

3. 从单产品营销转变为解决方案营销，努力成为客户商业成功的问计对象。

4. 遵从市场游戏规则转变为影响乃至制定市场游戏规则，真正地成为市场引领者。

整个 MTL 变革方案主要包括：MTL 业务方案、MTL 管理体系、MTL 角色与组织、MTL 人员技能、MTL IT 规划。

第二章
华为变革历程与几个变革项目

MTL 流程包括六大子流程：MI（Market Insight，市场洞察）、MM（Market Management，市场管理）、DG（Demand Generation，商机激发）、SCE（Seller Competence Enablement，销售赋能）、JI（Joint Innovation，联合创新）、MQA（Marketing Quality Assurance，营销质量管理），如图 2-11 所示。

L1	从市场到线索（Market to Lead）					
L2	市场洞察	市场管理	商机激发	销售赋能	联合创新	营销质量管理
L3	2.1.1 市场分析	2.2.1 细分市场选择与排序	2.3.1 构建并规划市场营销方案	2.4.1 赋能&培训		2.5.1 营销质量管理
	2.1.2 客户分析	2.2.2 产品包/解决方案的规划与开发支持	2.3.2 营销战役策划与执行			
		2.2.3 细分市场绩效管理	2.3.3 推进客户回应与线索生成			
			2.3.4 评估营销方案及战役效果			

图 2-11　MTL 流程示意图

我们简要地对各流程进行介绍。

1. 市场洞察。作为营销流程的第一步，必须进行市场洞察，掌握足够的市场信息数据，然后对其进行加工分析之后得出可用的数据信息，才能为后续的营销流程活动输入准确的决策判断信息，后续的营销活动才有精准的目标。当下很多企业由于对这方面不重视，经常导致营销决策过程中出现"拍脑袋"，决策失误之后又"拍大腿"的情况。市场洞察流程中主要包括两个重要活动：市场分析和客户分析。市场洞察通过这两个活动输出相关的分析报告来支撑后续相关工作的顺利开展。市场洞察活动的主要输出件有各类市场分析报告、竞争分析报告、颠覆性力量分析报告、客户行为分析报告、客户战略痛点分析报告等。其中某些报告按照周期（年度/季度）输出，某些报告按需触发。

2. 市场管理。这里的市场管理是对前期 IPD 流程中的市场管理的进一步升级、优化。市场管理主要活动包括细分市场理解、细分市场的选择和优先级排序、细分市场客户痛点分析、市场描述、营销要素开发、细分市场营销计划开发等。市场管理活动中的主要输出有差距分析与改进建议、营销要素（营销资料、价值主张等）、细分市场营销计划等。其中，细分市场营销计划在整个 MTL 流程中有着举足轻重的地位。很多企业的营销活动做不好就是因为缺少了细分市场营销计划或细分市场营销计划没有科学、合理地制定。

3. 商机激发。商机激发流程的主要目标是通过策划并执行营销活动进行商机激发，扩大销售线索"喇叭口"（增加销售管道中的线索数量和来源），支撑销售项目的推进等，如图 2-12 所示。

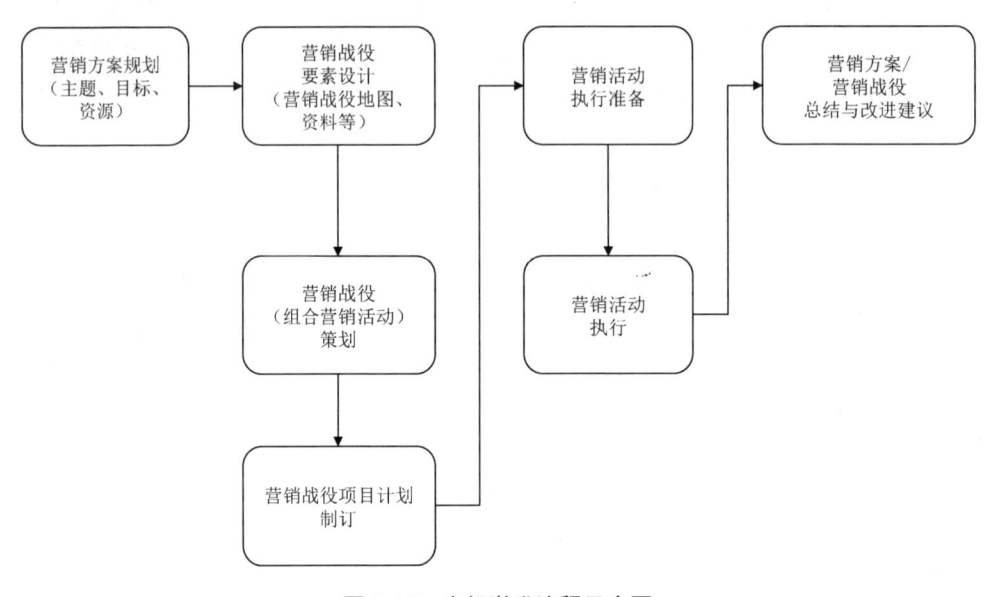

图 2-12　商机激发流程示意图

4. 销售赋能。当下很多从事 ToB 业务的企业都容易出现销售人员不熟悉企业产品解决方案的销售策略、不知道产品解决方案投入市场的进度等问题，销售赋能流程就可以有效解决这些问题。通过销售赋能流程的执行，对销售人员、市场人员进行针对性的培训赋能，可以提升销售人员与市场人员对企业产品的销售能力与销售策略执行能力。销售赋能的主要活动是制定赋能策略、赋能资料开发、执行销售赋能、赋能评估等，如图 2-13 所示。其主要输出件是赋能策略和计划、赋能资料、赋能活动的执行总结等。

5. 联合创新。联合创新是华为为加强与头部大客户的合作而采取的一种与客户深度战略合作的方式。通过联合创新，华为与客户共同研究客户长期需求，共同制定产品路标规划，最终目标是帮助客户实现商业价值。

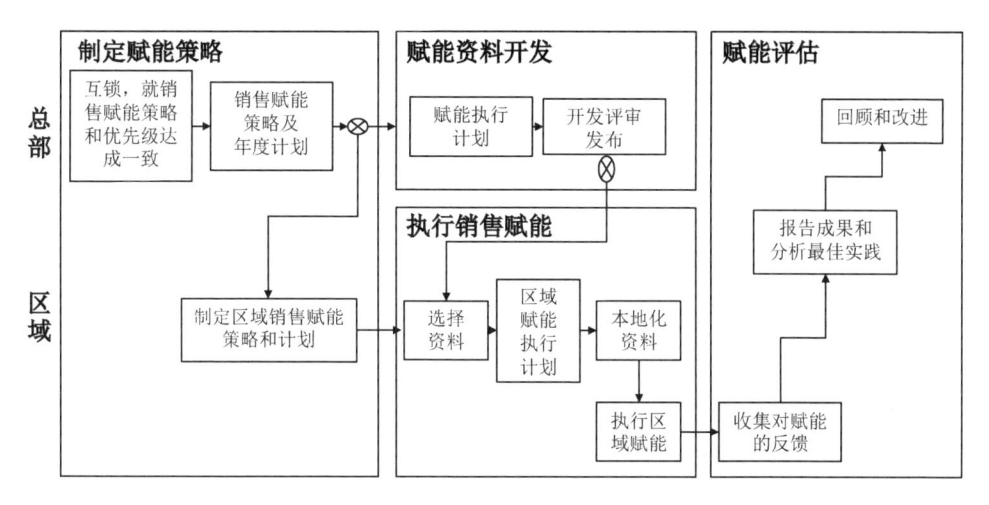

图 2-13 销售赋能流程活动示意图

6. 营销质量管理。营销质量管理是确保整个 MTL 流程能够高效运作的基础性流程。其核心是通过对营销活动过程质量的管控与营销活动绩效的管控来实现整个 MTL 流程的高效运作。

对 MTL 流程有了大致的了解之后，我们再来看看 MTL 变革给组织带来了哪些变化。

首先，通过 MTL 变革方案的设计实施，运营商 BG 下新增了市场洞察部作为整个运营商市场洞察的专家能力中心与相关工作的牵头部门，以实现承接市场洞察流程强化并建立市场洞察能力中心的相关职能。

其次，运营商 BG 市场与解决方案部的下设组织——各个产品线市场与解决方案部进行了相关的调整。其下属部门包括××市场洞察部、××市场管理部、××销售赋能部、××商机激发部与××营销质量管理部等，各部门对应执行相应的流程，从而实现了 MTL 流程各个模块都有对应的组织进行承接。

我们再来看看 MTL 项目组的运作模式。运营商 BG MTL 项目组在不同阶段的组织结构如下所述。

在项目变革方案开发阶段，项目组分为几个小组，具体包括项目管理办公室（Program Management Office，PMO）、方案总体组、市场洞察组、市场管理组（提供市场管理方案与联合创新方案等）、商机激发组、销售赋能组和营销质量管理组。各小组依据规定职责展开相应的工作，并且各个小组都有与之对应的 IBM 顾问参与。

在项目方案推行阶段，项目组的组织结构进行了调整，具体调整为 PMO（保持不变）、变革方案组（继续负责方案的开发与优化）、变革推行组（负责方案的推行、实施）。同时，各个相关部门进行了 MTL "金种子"选拔与培训，让 MTL "金种子"在所属部门协助 MTL 变革项目组共同推行、实施 MTL 变革方案。

整个 MTL 变革运作严格遵循了华为变革项目管理流程。后面我们会详细为大家介绍华为变革项目管理流程。

MTL 变革对华为的效果可以用一句话来总结：帮助企业培育市场、牵引研发、生成线索、打造品牌、促进增长。MTL 变革对华为营销体系的意义也可以用一句话来总结：使营销体系的"作战"更加系统性、全面性和有战斗力。

在目前盛行学习华为的潮流中，也有部分企业开始引入 MTL 流程，这是一个非常好的现象，说明越来越多的企业开始从更高的维度去思考如何开展营销、如何引领市场成为市场领导者。但是众企业在学习过程中切记不能生搬硬套华为 MTL 流程方案的内容，一定要在借鉴标杆 MTL 流程方案的基础上结合企业自身实际发展阶段与业务场景打造出符合自身特点的 MTL 流程。

第七节　IPD-S 变革

接下来为大家简单介绍一个大家不太熟悉，但是在华为内部非常重要的变革项目——IPD-S 变革。IPD-S 变革的"S"是 Service 的缩写，IPD-S 变革是华为针对华为运营商 BG 的服务业务，进行服务产品化，把服务当作一种特殊的产品解决方案看待和管理而产生的变革项目。

其目标主要包括建立服务产品化、服务标准化、服务基线化的服务产品

第二章 华为变革历程与几个变革项目

开发与管理体系，以提升华为运营商 BG 的服务业务的竞争力与盈利能力，助力华为将服务产业做大、做强，真正把服务当作一个产品解决方案去开发管理并进行生命周期管理。

IPD-S 项目从 2011 年开始启动，历时 4 年多。笔者有幸在 2011 年年底项目启动时就加入该变革项目，亲历并见证了该项目的 Charter 立项、变革解决方案开发、变革方案试点、变革方案全面推行。

对于 IPD-S 变革项目，华为继续选择了 IBM 作为其咨询公司。华为 IPD-S 变革项目的主要内容如下所述。

- 在原有服务产品开发团队基础上重构服务产品开发团队。
- 在原有服务产品开发流程基础上重构服务产品开发流程。
- 定义服务产品 Portfolio（组合）规划管理流程。
- 定义服务产品 Portfolio 的分层分级标准。
- 建设服务产品开发平台、开发标准。

……

根据 IPD-S 变革方案的设计，华为的服务产品一共分为 6 层：第一层服务产品线、第二层服务产品领域、第三层服务产品族、第四层服务产品、第五层服务产品组件、第六层服务特性。服务产品由服务产品组件与服务产品组件组成，或者由服务产品组件与服务特性组成。服务产品分层分级功能主要是面向内部管理使用的，用来定义服务产品的基本架构，以及支撑服务产品管理、规划和开发，为服务产品的销售、交付、盈亏计算提供基本的信息和材料。这一点是非常值得当下希望进行服务产品化的企业参考、借鉴的。

表 2-2 服务产品分层分级

层级	定义
第一层 服务产品线	能够自负盈亏的组织结构
第二层 服务产品领域	便于更细致地进行监管和控制
第三层 服务产品族	一个相对封闭的用于营销管理的主体，但不能作为一个整体进行定价或者销售
第四层 服务产品	面向客户业务场景，能够独立、持续地销售，并能解决客户一类共性需求的通用服务方案。这个层次是首选的销售层次，也是经营管理的基本单元，在该层设置独立的业务编码，可独立立项开发

续表

层级	定义
第五层 服务产品组件	面向服务生命周期的一个部件，可单独销售，也可以多个服务组件组成服务产品进行销售
第六层 服务特性	服务产品或组件的某方面功能或性能组成单位，使服务产品/服务产品组件内部的功能更加灵活、可变，适应不同的客户需求，不能被独立销售

整个 IPD-S 项目输出的方案和 IPD 变革方案在逻辑上一脉相承，但又有一些显著的不同点。第一个不同点是服务产品解决方案和传统 IPD 输出的产品解决方案在形态上的不同。服务产品解决方案向客户交付的是服务的过程，这个过程看得见但是摸不着；传统 IPD 研发输出的产品都有一个物理的载体，如 5G 基站、4G 天线，这就是一个显著的不同点。第二个不同点是服务产品解决方案的定价规则和传统硬件产品解决方案的定价规则不同。硬件可以基于产品研发成本与物料成本等进行基础的成本测算，在此基础上进行合理定价，客户也较为容易接受。但是服务产品的定价想获得客户的认可和接受就会困难很多。第三个不同点是 IPD-S 变革项目基于服务业务的特殊性，引入了区域 OM（Offering Manager，产品包经理）的概念，区域 OM、Super-PDT 经理、PDT 经理是整个 IPD-S 体系中核心的 3 个角色。

当下很多企业都存在和当时华为开展 IPD-S 变革之前一样的诉求，需要通过对服务业务的精细化管理来提升企业竞争力与盈利能力，需要对服务进行产品化的包装与管理，需要通过服务产品化减少服务产品对个别高手的依赖，需要通过服务产品化实现同一个组织不同人员面向客户提供的是标准化的服务产品。如果有企业存在类似的诉求，那么建议该企业参考、借鉴华为的 IPD-S 变革项目，同时，如果有企业学习华为的 IPD 变革，则该企业也可以借鉴华为 IPD-S 变革的思路。IPD-S 变革其实也是一个参考、借鉴 IPD 变革的过程，且是一个最终成功借鉴又没有生搬硬套或照抄的过程。

第三章

变革管理体系

"企业管理的目标是流程化组织建设。"

——任正非

第一节　管理体系对于企业的重要性

近些年来，越来越多的民营企业到了需要交接班、需要交棒给下一代接班人的时候。许多企业和企业家群体逐渐认识到企业的基业长青不能完全依赖于企业家的个人生命，老一代创业者和企业家的年岁越来越大，体力和精力都不比当年，因此摆在许多企业家面前的一个迫切的问题就是企业的接班人问题。

要解决这个问题，首先需要企业有接班人，其次需要企业的接班人能够平稳地过渡接班，让企业的队伍在交接班过程中保持足够的稳定性，使企业的经营业绩不产生大的波动，交接班之后客户和供应商依然对企业保持足够的信心等。但是，很多民营企业在过去的创造发展过程中，经常依靠企业家创业者的自身商业洞察力、敢闯敢拼的精神、个人魅力，以及在创业过程中锻炼出来的威望来管理企业，以及企业创业过程中成长起来的创业元老。部分企业在创业过程中，成长起来了一批"小山头"、骄兵悍将，这部分人只有企业的创始人可以管得住，其他人很难管住他们。企业的接班人既没有如创始人一样的威望与领导力，也没有创始人和这些元老一起打拼市场建立的深厚感情。在这个时候如何保障企业的传承与接班，如何让接班人顺利地接班，且接班之后不出大错误，能保持企业的稳定与发展，是诸多企业家、创业者都在深思的问题。

部分企业家和创业者发现，无论是国外还是国内那些传承与接班做得比较好的企业，如IBM、华为，都是有着科学、合理的管理体系支撑的。这些企业通过管理体系的支撑，实现了"铁打的营盘流水的兵"，某个部门换一个高管之后照样正常运作，某个系统换一个分管副总裁之后照样可以依据管理体系正常开展工作；分管人力资源的主管可以调岗去管理市场，分管市场的主管也可以调岗去管理研发，这些调岗并不会影响各项工作。企业的运作已经不再依靠能力出众的个人"英雄"，而是依靠科学、合理的管理体系。科学、合理的管理体系使企业的成功从偶然走向必然，企业治理不再依靠个人威望、能力和经验，而是基于企业成功的管理体系。如果一个企业没有科学、合理的管理体系，其成功基本上依靠个人能力、偶然机会，那么也许其能抓住一时的市场机遇，但是很难获得持续的成功，这是目前中国很多民营企业只风光一时，然后就在市场中逐步没落、消失的重要原因。其实这也是企业界的一种自然的"优胜劣汰，适者生存"。

接下来，我们来看看3类企业的典型特点。大家也许会发现身边的某些企业就和下面的某些类型的企业的某部分表象有类似之处。

第一类：没有建立管理体系的企业。这类企业主要依靠个人能力与经验再加上胆识、运气等不可控因素，其主要特征表现为以下几个方面。

1. 业务基础层面：员工的工作方式不一致，员工职责缺位或不清晰，员工缺乏专业化、职业化意识。

2. 业务过程层面：管理者对流程与管理体系不重视，没有流程意识或只把流程看作审批电子流，没有花费时间与精力去建设企业的相关业务流程和业务管理规则；员工没有标准化的工作指引、流程指导与管理体系支撑工作的开展，只能依赖个人的能力、经验与运气来开展工作，整体业务工作效率低下，业务过程不可控，业务过程不透明。管理者只关注业务结果，不关注支撑结果实现的业务运作过程和管理机制，如果业务成功了就归功于管理者的方向正确与领导力，如果业务失败了就归因于员工的个人能力与执行力。大家做事习惯于"拍脑袋"，脑袋一热就往前冲，业务失败之后又习惯于"拍大腿"，说"早知如此当初就不这么做了"，或者干脆拍屁股走人。

3. 业务结果层面：由于业务基础支撑的缺乏，业务过程不可控，要达成业务目标存在非常大的偶然性。达成目标也许是因为某个员工的个人能力强；也许是因为某个员工刚好有这类经验；也许是因为某个员工运气好；也许是因为整个市场环境都非常好，如同行业竞争对手同比增长了300%，但这家企业只同比增长了50%，还沾沾自喜地以为增长了50%就非常了不起；也许是因为目标制定得过低，所以达成目标难以持续。用一句话来说就是，业务目标达成与否完全不可预测，"靠天吃饭"。

这类企业的特点总结起来就是事件驱动流程，存在诸多偶然性，依赖于个人的能力和经验，业务能力不可持续。

第二类：已经开始构建管理体系、逐步开始按照管理体系开展业务、进行一些管理的企业，但其管理体系还不成熟和完善。其主要特征表现为以下几个方面。

1. 业务基础层面：管理者对管理体系的重要性有了一些认识，逐步开始建立管理体系与业务流程制度；员工在工作过程中有流程可以参考、借鉴，有相关的制度可以遵循；员工开始逐步拥有专业化、职业化意识；组织对员工的期望和员工执行的流程职责部分进行匹配。

2. 业务过程层面：虽然已经建立了部分管理体系和业务流程制度，但是员工是否遵循管理体系，是否按照流程制度开展业务活动存在诸多不确定性。部分有流程制度意识的员工也许会按照流程制度开展工作，但是部分自由散漫的员工不一定会遵循相关的流程制度；相关业务主管主要依靠事中的管理来监控员工的过程行为是否符合已经建立的管理体系、流程制度；部分业务已经开始不需要依赖个人的能力和经验。

3. 业务结果层面：由于有了一定的管理体系可以遵循，相应流程制度遵循得比较好的部分业务也许会达到预期目标，这部分业务的结果也许可以预测，但是整体业务结果的预测与达成还存在很大的不确定性。

这类企业的特点总结起来就是事中管理，部分业务可以按照管理体系、流程制度开展，业务结果部分可预测，但还存在很大的不确定性。

第三类：已经构建了比较完善的管理体系，且大部分业务都已经严格遵循管理体系开展的企业。其主要特征主要表现为以下几方面。

1. 业务基础层面：企业管理层对管理体系的重要性有着深刻的认识，认识到管理体系和劳动资本一样是企业价值创造的重要生产要素；企业的管理体系建设得比较完善，各个业务领域都有对应的管理体系与流程制度；员工做各项工作都有管理体系、流程制度可遵循；员工专业化、职业化程度都较高；部分高频工作还有相关的 IT 工具支撑，以便让工作效率更高。

2. 业务过程层面：员工根据管理体系、流程制度开展工作；企业的各项业务过程处于比较稳定、可控的状态；相关业务的标准业务流程、工具、模板等得到全面推行与适配；高重复性的业务运作由于实现了流程化、IT 化，整体运作效率较高；在业务运作过程中，部分过程能力可以随业务场景进行改变；关键业务过程不再依赖于个人的能力和经验，个人的能力和经验已被固化到组织及流程中。

3. 业务结果层面：由于管理体系和流程制度已经比较完备，大部分部分业务已经达到事前规划的目标，大部分业务结果处于稳定状态，业务结果可预测，业务运作效率有效支撑企业的商业目标的达成。

这类企业的特点总结起来就是事前规划，组织按照管理体系、流程制度开展业务，结果可预测，组织已经从偶然成功走向必然成功。

从以上 3 类企业的典型特点，大家也不难发现，管理体系是企业实现从一个成功走向下一个成功的重要支撑、保障。没有管理体系的企业，在市场环境较好的时候，可以跟随市场大趋势有所发展，一旦市场环境较差，需要在更高层面进行竞争时，企业的发展就会受限，很难将发展势头继续保持下去，市场应变能力较差；有部分管理体系的企业，在市场环境较好的时候，可以把握住市场机会迅速成长，在市场竞争更激烈的时候，相对于没有管理体系的企业有一些竞争力，但是相对于管理体系完备的企业竞争力又弱一些，因此其成功介于偶然与必然之间，成功部分可以复制；有完备管理体系

第三章
变革管理体系

的企业，在市场环境较好的时候，可以抓住机会做大做强，在市场竞争激烈的时候，能够战胜那些普通的对手，获取更多的市场份额，进一步做大、做强，成为市场龙头，其多数成功属于必然，大部分成功可以复制。

因此，越来越多的企业家群体认识到，加强管理体系建设是帮助企业在激烈的市场竞争中活下去，以及做大、做强的必要条件，是企业实现基业长青的重要保障。

此外，自改革开放以来，在激烈的市场竞争中，我国涌现出一大批杰出的、阶段性比较成功的企业。其中很多企业在提高市场竞争力的同时，也在不断提升管理基础、强化管理体系建设，并取得了一定的成效。但与世界一流企业相比，许多企业仍存在管理制度不完备、管理体系不健全等问题，在一定程度上影响了企业的长远发展及参与全球市场的竞争力。特别是近年来，受全球新冠肺炎疫情的冲击，世界经济增长低迷，各种不确定、不稳定因素增多。面对日益严峻的形势和挑战，各企业都需要苦练"内功"，夯实管理体系，通过降本、提质、增效提升企业的市场竞争力，让企业更好地活下去。

因此，越来越多的企业把苦练"内功"、建设管理体系、提升企业软实力提到了企业更高的层面，许多企业也启动了相关的管理体系建设项目。但是，由于各个企业的发展状态、行业特点、业务形态、人员素质等的差异性，开展哪些管理体系建设项目，如何科学、合理地开展管理体系建设项目，如何让企业的变革管理工作顺利地开展，并在开展变革的过程中做到平稳、有序，都是各个企业不得不面对的问题。

解决上面这些问题的一个比较好的办法就是逐步建立起适合企业自身的变革管理体系，通过科学、合理的变革管理体系支撑各个管理体系建设项目的开展。但是怎样建设变革管理体系又成为企业的新问题。

而华为刚好在解决这些问题上做了一些探索，为中国企业的管理体系建设累积了一些经验。

在华为看来，人的生命是有限的，但管理体系的生命却是无限的，管理体系不会因为人的变化而变化。管理体系可以帮助企业从偶然成功走向必然成功。企业最终能流传下去的，最有价值的东西就是企业的管理体系和企业文化。

管理进步的标准就是企业核心竞争力的提升，核心竞争力的提升最终体现在人均效益的提升上，从而促进企业的生存能力的增强，让企业可以更长久、更高质量地活下去。因此，华为强调华为变革的目的就是建立流程化的组织、构筑基业长青的管理体系。

为什么华为会这么重视变革管理体系呢？因为在华为看来，华为最宝贵的就是无生命的管理体系，华为要以规则、制度的确定性来应对市场与结果的不确定性，争取大数据流量时代的胜利。

在华为，管理体系就像"基本法"一样，其框架和决策规则不会受任何个人和流程变更的影响。它是使企业的整体效能大于各部分之和叠加的基础。通过管理体系建设，让企业的成功不再依靠"牛人"、强人和运气，把能力沉淀到组织上、体系上，任何关键角色的突然变动都不会给企业的业务开展带来巨大的损失。例如，2018年12月1日，华为时任CFO（首席财务官）的孟晚舟女士在加拿大温哥华被当地警方扣留，并被美国要求从加拿大引渡至美国，直至2021年9月从加拿大回国。在此期间，她一直被限制人身自由，只能待在加拿大温哥华的公寓中，但这并没有给华为的财务体系工作和业务开展工作带来重大波动，华为的各项工作依然有条不紊地开展着。这就是在突发事件中，华为管理体系发挥的作用。

同时，华为还认识到，在现代快步前进、技术驱动的环境中，随时发生着变化，所以华为管理体系不是一成不变的，它会随着时代发展技术进步而逐步迭代、进步。正因如此，有人曾经评价华为的成功就是华为管理体系的成功。

华为在企业管理的各个重要领域都建立了对应的管理体系，如人力资源管理体系、市场营销管理体系、IPD管理体系、项目管理体系等。同样作为企业管理的重要领域之一的变革管理，也就自然有着其对应的变革管理体系。变革管理体系就是华为开展变革的"基本法"，所有变革项目、变革活动的开展都必须严格遵循变革管理体系的要求。

第三章

变革管理体系

有些读者可能说:"我都不懂什么叫管理体系,你就给我讲变革管理体系,我更听不懂。"那么,在介绍变革管理体系之前我们先来了解一下什么是管理体系。

一个完整的管理体系示意图如图 3-1 所示。

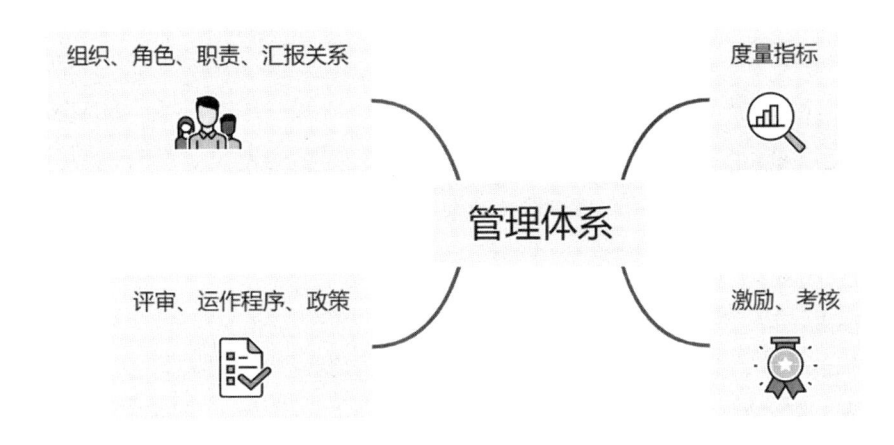

图 3-1　管理体系示意图

从图 3-1 中可以看到,一个完整的管理体系一般包括 4 部分,如下所述。

第一部分:组织、角色、职责、汇报关系。管理体系中必须有组织去匹配、去承接,组织内必须有相应的岗位角色,有了角色就必须有角色的职责,组织管理中还涉及汇报关系。在一个完整的管理体系中,通过清晰、明确的组织、角色的职责与汇报关系,可以让大家清清楚楚地了解如何各司其职,避免了组织、角色、职责的错位。当我们设计管理体系时,无论是组织、角色、职责还是汇报关系,都是必须考虑的点,其中任何一点有问题,都会导致管理体系的低效运作,乃至无效运作。当前很多企业内部往往由于管理体系中没有清晰地定义与界定好组织、角色、职责、汇报的关系,种种问题不断发生。曾经某一家企业因为感受到了市场销售的压力,所以希望进行销售业务变革来缓解颓势、扭转局面。但是这家企业的销售变革方案,只设计了一套看起来非常美好的销售流程,没有对销售流程与组织、角色、职责进行相应的匹配,销售流程与销售组织变成两张"皮","各玩各的",从而导致设计的销售流程根本无法真正落地实施,花费了大量资源设计的销售流程只能变成一堆存放在电脑中的流程文件,销售变革最终不了了之。

第二部分:评审、运作程序、政策。一套完整的管理体系还必须包括对应的评审机制、运作程序及相应的管理政策。有了这部分内容,组织内的各组织成员才能清晰地知道如何开展工作,才知道哪些是需要进行评审的流程的关键节点,才知道哪些是组织必须遵守的管理政策。这部分内容设计好了,组织内的成员才不会出现"打乱仗""好心办坏事"的情况。经常见到一些企业为了提升客户关系,希望建立类似华为的一线"呼唤炮火"的铁三角组织。但是某些企业只公布了一纸有关销售组织调整的发文,没有对其进行相应的、配套的铁三角流程、评审、决策与授权机制设计。很多干部、员工看见这个发文之后,字面意思都能看懂,但不知道具体怎么操作落地,只能原来该怎么做现在就继续怎么做,因为授权、决策、评审都没有改变。

第三部分:度量指标。管理体系必须有自己的度量指标,才能确保管理的实现。曾经有一位大师讲过一句管理名言:"如果你不能描述,你就不能衡量;如果你不能衡量,你就不能管理;如果你不能管理,你就不能实现。"这很好地说明了度量的重要性。变革管理体系也不例外,其必须建立自己的度量指标,才能合理地度量变革项目。当前很多企业在开展变革的时候,要么没有度量指标,要么度量指标不合理。比如,某企业希望通过建立一线"呼唤炮火"的铁三角流程机制,实现一年销售业绩翻番的目标,但是由于该企业业务复杂、项目运作周期长、组织人员复杂,这种通过一个变革项目就直接实现当年业绩翻番的目标基本上就是"拍脑袋"的行为。所以,我们在制定变革项目的度量指标时,一定要考虑可行性,确保此指标是在变革项目组的资源和权限范围内可以达成的。如果制定的度量指标不切实际,那么这个指标就变得毫无意义。

第四部分:激励、考核。管理体系中的组织和角色基于想要运作的程序与政策开展运作,那么有了度量指标是不是就万事大吉了呢?答案是否定的。因为有了度量指标还需要基于度量结果进行激励与考核,这样才能牵引组织内的成员持续地围绕组织目标、遵循组织管理体系开展相关工作,这样才能实现管理体系的闭环管理。当前有一些企业的各项变革工作都安排得很好、很系统、很完整，但是缺乏与变革相关的激励与考核，导致全员都没有积极性，即使有积极性的部分员工，其积极性也慢慢地被消磨掉了，所以变革始终不能有效开展，大家都是在开会的时候喊喊口号、讲讲套话和空话，会议结束之后，大家原来怎么干，还是继续怎么干。这就是缺乏"激励、考核"带来的一种负面效应。所以我们在开展变革工作时一定要建立相应的激励与考核制度，这样才能保障变革项目团队人员的工作积极性。

第二节　变革指导原则

一、变革指导原则的必要性

当下，虽然很多企业认识到变革的重要性，也认识到企业管理中相关指导原则的必要性，如很多企业都非常重视财务指导原则与人事管理原则，但是认识到变革指导原则的重要性的企业却不多。其实，各个企业在开展变革项目、变革活动时，都应该多思考一下，多想想以下几个问题。

1. 有没有变革原则？
2. 如果有，变革指导原则是什么？
3. 如果有，变革指导原则是否清晰？
4. 如果有，变革指导原则是否在组织内部达成了共识？
5. 如果没有，现在能否研讨并形成一个达成共识的变革指导原则？

在一家企业中，如果没有清晰且达成共识的变革指导原则的指导，则在变革执行过程中一旦遇到变革阻力或变革阵痛期，就容易出现变革方向的摇摆不定、变革进展的后退，乃至越变革企业效益越差、越变革企业组织越臃肿等各种问题，这也是为什么变革圈有一句话叫作"不变革是等死，变革是找死"。这句话有着一定的合理性，但如果换一个说法，即"不变革是等死，没有指导原则的变革是找死"，则会更准确些。

某企业在创业初期，由于创始人的商业洞察力与敢打敢拼的精神，选对

活下去
华为变革之道

了一个非常好的细分市场，该企业伴随着该市场的成长而快速成长。但是在企业的成长过程中，也累积了各种各样的问题，其中一个典型的问题就是在传统职能制度下，"部门墙"严重，各个部门存在严重的"山头"主义与本位主义，研发部门觉得企业这些年发展得好是因为研发厉害，销售部觉得企业这些年发展得好是因为销售厉害，研发部门和销售部门互相看不上。在客户层面，客户响应慢，订单交付不及时，产品交付错误时有发生，产品事故频发，客户满意度越来越低，虽然销售人员努力地想通过维护客户关系来解决问题，但都无济于事。销售人员曾经说过这样一句话："和客户签单之前，（企业）和客户的关系就像亲兄弟一样；和客户签单之后，一旦进入项目交付环节，客户关系就不断恶化，有的都快恶化到仇人的地步了。"这也直接导致了价值客户流失、回款难、回款周期越来越长等问题。由于回款难、现金流紧张，然后在该企业财务的主导下就把所有压力都加倍传递给供应商，一边拖欠供应商款项，一边要求供应商同意按照约定合同价格降点支付供应商款项，结果导致主流供应商逐渐不与这家企业继续合作，小供应商提供的部件质量也越来越差，部件供货及时性也完全不可控。在内部员工层面，由于企业内"山头"主义和官僚主义盛行、沟通困难，基层员工和骨干员工的发展受限，大量核心员工流失。总结起来就是"三低三高"，即客户满意度低、供应商满意度低、员工满意度低，以及价值客户流失率高、存货周转天数高、骨干员工流失率高。

在该企业面临生死存亡之际，企业的老板换掉了之前的总裁，希望由新上任的总裁解决该企业存在的各项问题，救该企业于"水火"之中。新总裁到位之后深刻地认识到，该企业必须开展一系列以客户为中心的变革，通过变革来解决前面提到的问题。该企业随后在新总裁的牵头下成立了相应的变革领导小组，变革领导小组希望通过流程梳理、组织变革来打通企业内部厚重的"部门墙"，解决企业面临的种种困境，让企业可以渡过难关。但是该企业在组织变革执行过程中，由于没有清晰地达成一致的变革指导原则，许多部门面临变革都打着自己的"小算盘"，以变革之名把部门所负责的流程越搞越复杂，借机扩充人员编制让自己的"山头"更大、更稳固，结果组织更加臃肿不堪。更有甚者，今天财务总监想扩大自身在企业的权限和影响力，就让财务部门草拟并发布一个财务管理的红头文件,打着变革的旗号列出其他部门必须满足的各种要求。过了几天,其他部门发现财务部发布了新的管理文件,私下"炸开了锅"。然后总裁办立马跟进,也组织人员草拟并发布了一个总裁办的红头文件,打着变革的旗号列出对其他部门的要求,特别是对财务部门的反制要求。类似事情时有发生。

每当开企业高层会议时,面对各种业务问题、管理问题,各部门负责人都不断强调自己部门非常努力又辛苦,从不在自我角度找问题,都说自己部门是为了企业好,是在积极拥抱变革、推动变革,反而是企业的其他部门在阻碍自己部门的变革,企业的问题都是其他部门的问题,大谈空话、废话。比如,在企业的经营分析会上,总裁问责销售回款没有达成的问题,让销售部门分析原因,销售部门把客户不愿意回款的问题归因于交付不及时,交付部门把交付不及时的问题归因于制造部门的生产进度慢,制造部门又把生产进度慢的问题归因于采购部门的采购齐套性不佳,采购部门又将采购齐套性问题归因于财务部门不及时向供应商付款,财务部门最后又说财务不给供应商付款是因为销售回款不佳影响了企业的现金流。各种问题兜了一圈之后,最后销售回款没有达成的原因居然变成了销售没有按时回款,真是让人哭笑不得。

变革领导小组组织的几次变革相关高层会议,都在这样的氛围中不了了之。当初口号喊得最响亮,说要坚决变革、拥抱变革的营销副总裁,在变革解决了部分营销问题、客户界面问题,且感到自己的地位保住了之后,立马对需要基于流程进行授权的营销变革深化方案进行全盘否定。他一边抢占变革的成果,一边指使其团伙攻击变革小组成员,把营销系统所有的问题都归到变革小组头上。最终,在营销副总裁和其他几位实权派副总裁的合力阻碍下,该企业的相关变革工作不了了之。

这在一定程度上就是企业层面没有清晰的变革指导原则造成的。企业内部的争权夺利套上了变革的旗帜,反而变得更加肆无忌惮。

如果该企业在刚开始变革时,就从高层层面对变革指导原则进行深入的研讨并达成清晰、一致的意见,也许在后面的执行过程中,那些实权派的副总裁就不一定会那么抵制、否定变革了。

活下去
华为变革之道

当然，变革指导原则的研讨不是一两次就能完成的，研讨过程中的会议组织也非常的关键，如何组织好变革指导原则的研讨会也是一门科学与艺术。有时变革指导原则在没有清晰地讨论出来并达成共识之前，变革动作宁可慢点，也比大干、快干要好。

二、华为的变革指导原则

通过前面的内容，大家对变革指导原则的必要性已经有了一定的认识。接下来，我们再来看看华为的变革指导原则是什么。通过华为多年的变革管理实践，可以精炼提取出如下的变革原则。

（一）业务变革必须坚持以客户为中心，做到从客户中来、到客户中去

这是华为所有变革的第一原则。为什么这会成为华为变革的第一原则呢？因为华为的核心价值观坚持以客户为中心、为客户创造价值，华为深知变革必须对准为客户创造价值，这是进行任何变革项目都必须首先考虑的问题。华为的每一个变革项目都必须实现直接为客户创造价值，或者间接支撑实现为客户创造价值。比如，华为的 IPD 变革、ISC 变革、LTC 变革、ISD 变革等，都是为了直接、更好地为客户创造价值、服务客户、成就客户，华为的人力资源变革等都是为了支撑好各个主要业务流程、为客户创造价值，这些变革的终极目标都是对准客户的。而且华为在多年的创业过程中，通过以客户为中心的核心价值观，让全员都达成了变革必须是坚持以客户为中心、为客户创造价值，以及从客户中来、到客户中去的原则的共识。大家都知道变革不是为了争权夺利，不是派系斗争，也不是基于其他特殊目的的，就是为了更好地服务客户、提升企业活下去的能力、让企业更好地活下去。华为变革的目的清晰且单纯，不带其他杂念。

所以，华为在变革项目立项过程中就会对变革项目的目标进行评审，以确保变革项目的目标是对准直接或间接为客户创造价值的、是提升企业为客户创造价值的能力的、是提升企业运作效率的、是激发组织活力的。华为在变革项目立项的源头处就对变革项目进行了筛选，有效地避免了那种打着变

革的旗号，为个人或某些小团队谋私利的情况的发生。

（二）关于业务流程变革项目团队的组成，必须以具备成功业务实践经验的一线干部为主，以流程专家、变革专家为辅，聚焦主要业务流程与作战场景

华为深知，只有具备成功业务实践经验的一线干部才最熟悉一线真实的业务流程与作战场景，因为他们最熟悉业务的本质、最了解业务的痛点在哪里、最清楚业务对变革的诉求是什么。只有以他们为主的变革项目团队才能设计出符合业务本质、符合业务规律的变革项目方案。但是，因为业务干部对流程管理、变革管理不熟悉，如果只依靠他们开展变革，很容易因为他们缺乏专业的变革管理经验与知识及专业的流程管理经验与知识，造成变革项目运作不顺畅、输出的变革项目方案不符合管理体系的标准、无法真正实现管理体系的建设。因此，必须以一线干部为主，在流程专家与变革专家的辅助下组成变革项目的核心团队，让三者结合起来、互相配合，这样既确保了变革符合业务本质，又确保了变革符合流程变革规范。

大家不难发现，很多企业之所以变革失败，要么是因为只依靠不熟悉企业真实业务场景的外部咨询顾问或流程专家与变革专家设计一个"药方"，制定出一个不可落地的咨询项目方案或变革项目方案；要么是因为没有专业的流程专家与变革专家的参与，仅由业务部门根据自身的理解去设计一个不符合流程规范、漏洞百出的变革项目方案。比如，某企业的营销系统需要变革，然后该企业就安排营销系统下面的营销支持中心进行了营销业务流程的设计，但营销支持中心花了半个月只画出一个流程图，流程图中还缺少了几个关键要素，而且没有设计出相应的流程指导书与模板。当销售人员拿到营销支持中心发布的流程，还是不知道怎么去执行，只能原来怎么做就继续怎么做。这就是变革项目中缺乏流程专家与变革专家导致的。还有一个案例，某企业希望进行研发体系变革，就从外面请了咨询顾问来设计研发流程，但这个项目中请的咨询顾问没有实际研发管理工作的经验，还觉得该企业的研发干部都不懂管理，所以"洗脑"了该企业的老板，由咨询顾问全权输出该企业的研发体系变革方案。结果，由于这群咨询顾问不熟悉业务，该项目又没有研发干部的深度参与，设计出了一个完全无法落地的研发体系变革方案，成为一个典型的失败变革案例。这就是变革项目团队忽视业务干部团队

的参与,从心理上觉得业务团队的水平低、瞧不起业务团队造成的。如果案例中的这两个变革项目,采取以业务干部为主、以流程专家、变革专家为辅的团队搭配方式,也许变革失败的概率就会小很多。

另外,由于任何企业的资源都是有限的,所以变革必须聚焦主业务流程与作战场景,把有限的资源用在刀刃上,这样才能实现最大的变革收益。比如,一家企业的营销系统和内部的综合管理都需要进行变革,那么承担主业务流的营销系统变革项目就需要排在内部的综合管理变革项目的前面,相关资源就应该优先提供给营销系统变革项目。

(三)变革七反对原则

1. 坚决反对完美主义。
2. 坚决反对烦琐哲学。
3. 坚决反对盲目创新。
4. 坚决反对没有全局效益提升的局部优化。
5. 坚决反对没有全局观的干部主导变革。
6. 坚决反对没有业务实践经验的人参加变革。
7. 坚决反对没有充分论证的流程进入使用。

关于变革七反对原则,任正非曾经在华为公司内部讲话上对其进行了诠释。该讲话的核心要点如下。

第一,华为要坚决反对完美主义。练是为了干而不是为了看,华为的变革体系中一定要搞清楚这个原则。华为是一家务实的企业,而不是一家务虚的企业,华为不能搞中看不中用的"花架子"管理体系和流程。华为不是管理学的学术研究机构,所以要坚决反对完美主义,坚决反对画蛇添足,因为每一个管理动作都是需要成本的,越追求完美主义的管理方案,其管理动作也就越多,其成本也就越高,因此追求完美主义的方案会造成业务的高成本。业务的高成本要么由华为承担,要么被转嫁给客户,如果华为承担了这个高成本则会影响华为的利润、影响华为更好地活下去;如果让客户承担了这个高成本,那么在后续的项目中客户就不一定会再选择华为,如果客户不选择

第三章
变革管理体系

华为,那么华为活下去就会成为问题。所以,企业在变革中一定不要追求完美主义,变革需要的是适合企业的方案。

在这里可以分享一个案例,某企业由于感到自身研发存在各种问题急需改进,刚好又听说了华为的 IPD 流程体系,便决定引入 IPD 流程体系。但是他们请的咨询顾问虽然熟悉华为的那套 IPD 模式,但不懂华为到底是怎么进行 IPD 变革的,也不熟悉该企业的业务,没有把华为的 IPD 流程体系与该企业的业务相结合,生搬硬套地把华为的 IPD 流程体系照抄到该企业,弄了一套看起来很美好、很完整的 IPD 流程体系,但是由于这套 IPD 流程体系过于复杂,对组织的管理水平要求过高,在该企业根本无法落地。

第二,华为要坚决反对烦琐哲学。由于华为的许多工程师都是理工科出身,其中部分人可能心气比较高,总想着通过把流程做得更加复杂来凸显自己的能力,从而显得该项目组比其他变革项目组更加厉害,但是由于他把简单的事情复杂化了,反而降低了企业的运作效率,影响了企业活下去的竞争力。所以,不能因为谁有意或无意地想证明自己的特殊能耐,就搞出一堆烦琐的方案,华为对这种烦琐哲学是零容忍的。

在这里也分享一个案例,某企业由于准备抓精细化管理,就由财务系统负责主导开发了一套供销售体系使用的销售业务系统。在该系统的设计过程中,财务人员为了达到所谓的财务要求,把各个环节设计得非常烦琐、复杂,即使业务部门的同一个订单信息,也需要反复根据财务不同模块的要求在系统中填写、录入,极大地降低了一线销售的工作效率,受到了全体销售人员的极力抵制,最终大家都不愿意使用该系统,原来怎么做现在还是怎么做,根本没有达到系统设计的初衷。所以说,烦琐哲学无论是在华为还是在其他企业,都是应该被反对的。

第三,华为要坚决反对盲目创新。不能由于个体或组织的冲动进行盲目创新,所有的变革项目方案都必须在立项期间进行论证,在推行、实施前进行试点/验证,盲目创新容易带来很多组织无法承受的破坏性影响。变革项目团队不能为了创新而创新,变革要尽可能地借鉴其他组织的成功实践经验和先进理论,站在巨人的肩膀上前进。这也是华为在进行变革时坚持聘请外部咨询公司的原因。华为请的咨询公司都有着丰富的业务实践经验或变革实践经验，可以帮助华为避免盲目创新。

第四，华为要坚决反对没有全局效益提升的局部优化，对全局无益的不去优化。对于没有对最终产出做出贡献的流程，华为主张保持稳定，不去修改它，因为增加了改进的工作量与周边协调的工作量，这也需要成本。

在这里给大家分享一个案例，曾经某企业在面临经营压力时，提出了一个降本增效的目标，研发人员希望通过自身的努力来为企业降低成本，选择了通过研发力所能及的方向来降低产品设计成本，研发团队夜以继日地努力修改设计方案，从产品配置上降低了部分产品成本，但是由于没很好地和企业的生产制造部门进行沟通，研发配置的成本虽然降低了一点点，生产制造的成本却大幅增加，从而导致了该产品最终的成本大幅提高。这就是没有考虑全局效益的局部优化导致的。

第五，华为要坚决反对没有全局观的干部主导变革。因为没有全局观的干部，就没有全局利益意识，这样的人主导变革工作，也许会把小部门、小团队的利益诉求夹带进变革项目方案，变革项目方案设计的合理性就难以保障。同时，一旦变革项目出现和他自身利益冲突的情况时，没有全局观的干部也很难保证其客观性。另外，由于变革项目过程中需要进行大量的利益关系人管理、沟通乃至基于变革目标的适当妥协，没有全局观的干部很难做到这一点。因此，没有全局观的干部主导变革时，在变革中犯错的可能性就会很大，所以没有全局观的干部一定不能主导变革。用一句话总结就是，反对没有全局观的干部主导变革，这既是对变革项目的重视与负责，也是对没有全局观的干部的爱护。

第六，华为要坚决反对没有业务实践经验的人参与变革。因为没有参加过业务实践的人对业务的理解不够深刻，而对业务理解得不够深刻，他就不知道业务到底需要什么。这类人设计出来的变革项目方案就容易变成"不要你觉得，我要我觉得"的"霸道总裁"式的方案。用一句话总结就是，华为的变革项目团队不允许纸上谈兵，没有调查就没有发言权。

第七，华为要坚决反对未经过充分认证的流程进入使用。华为在流程的使用上是非常慎重的，这是为了避免本来希望通过流程来解决一个问题，结果引入没有充分认证的方案，不仅原来需要解决的问题没有解决，还额外带来了新的问题，这就得不偿失了。所以，华为的变革项目方案都必须经过试点/验证，并基于试点/验证进行进一步修正，之后才能基于变革项目方案实施推行计划。这样才能避免不必要的变革损失，降低变革失败的概率。

（四）先僵化，后优化，再固化

"先僵化、后优化、再固化"，这3条是华为的基本管理方针，由于3个阶段有着明显的先后逻辑顺序，所以这3个阶段又被称为"管理进步三部曲"。

这应怎么理解呢？那就是要站在巨人的肩膀上前进，要广泛吸收人类文明中的先进管理经验，特别是要以空杯心态去学习和吸收。有些人可能对先进的管理方案没有足够的了解，那么就在僵化的执行过程中去理解，多执行几次才能慢慢理解其内部深刻的含义与设计。所以华为早年变革时特别强调脱下华为的"草鞋"，换上一双"美国鞋"，先"削足适履"，因为这双"美国鞋"是很多世界领先企业在多年实践中得出来的，我们的历史没那些世界领先企业的历史长，我们的管理方法也没有那些企业先进，所以第一步就必须先僵化地学习、理解，理解了要执行，不理解那就在僵化的学习过程中去理解。这一阶段对于引进的领先的管理实践，以消化吸收为主，必须认真、系统、全面地学习。当然，僵化的学习过程也是一个痛苦过程，所以在这个阶段必须坚持住，必须能够承受这个阶段带来的阵痛，如果承受不住，就容易半途而废。

在僵化地学习与吸收、理解一定的时间之后，相关人员对领先实践就有了足够深刻的认识，这时就可以基于僵化实践过程中的经验、教训对相关方案进行优化。优化完成之后，就可以逐步将方案固化下来，形成最终的体系方案。在整个"先僵化、后优化、再固化"的过程中，最困难、最痛苦的莫过于第一步"僵化"。各企业如果要借鉴、学习相关领先管理实践，需要特别关注"僵化"这一阶段，这一阶段是完成后面"优化"和"固化"这两步的基础。

（五）小改进、大奖励，大建议、只鼓励

华为认为企业管理进步是一个循序渐进的过程，华为希望全体员工都对

管理进行改进。首先要聚焦本职岗位工作,从本职工作的点滴进步开始,通过每一个在岗位上的点滴进步形成整个组织的进步。所以,华为提倡"小改进、大奖励"的政策。华为既不提倡大刀阔斧的、突变式的变革,也不提倡书生式的、理想式的空头建议。在任正非看来,一个人都没去世界各地看过、体验过,怎么能有一个足够完善、完整的世界观呢?所以,华为提倡"大建议、只鼓励",这也是华为的务实主义的体现。

第三节　业务变革管理框架

华为业务变革管理框架主要包括架构管控、变革战略规划、变革年度规划、流程IT需求管理、TPM评估、PMOP（Program Management Operations Process，变革项目管理运作流程）和变革项目团队,如图3-2所示。

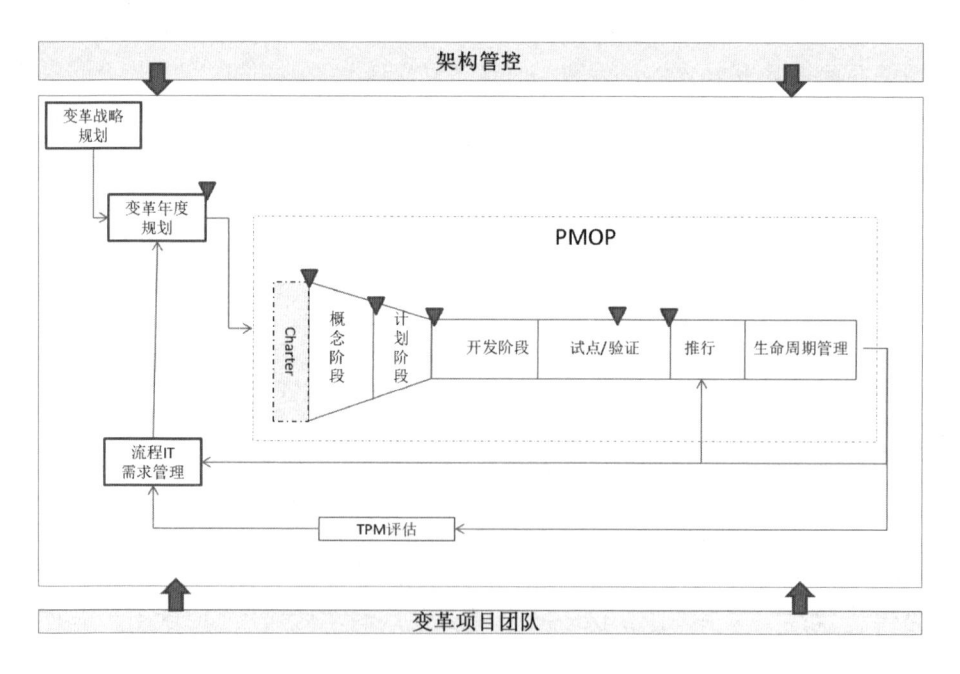

图3-2　业务变革管理框架示意图

变革管理框架上承企业架构管控、下接变革项目团队,是华为变革管理体系的核心精髓。

1. 架构管控。华为变革管理框架必须遵循华为的企业架构管控。提到华为的企业架构管控就不得不提电信管理论坛制定的 eTOM（enhanced Telecom Operations Map，增强电信运营图）业务流程框架，如图 3-3 所示。很多通信服务业务企业都采取了 eTOM 业务流程框架作为企业架构的重要参考架构。华为作为电信管理论坛的成员之一，其企业架构自然也就参考了 eTOM 相关标准。

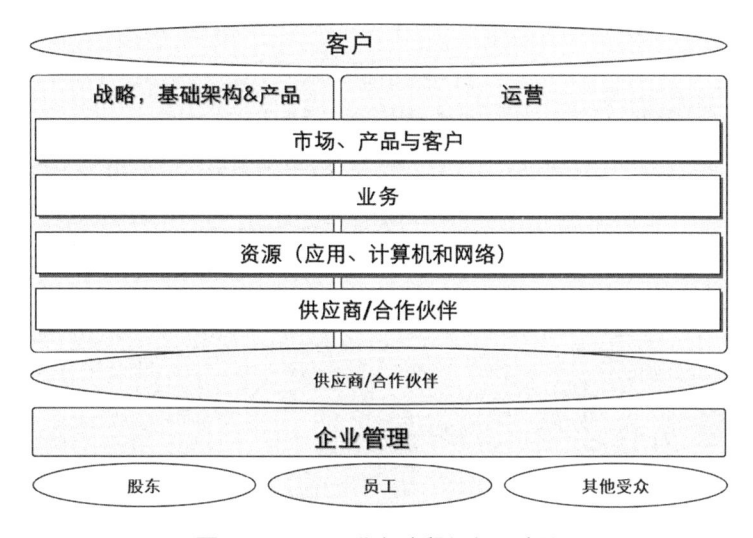

图 3-3　eTOM 业务流程框架示意图

除此之外，关于华为的企业架构，还必须提一下 TOGAF（The Open Group Architecture Framework，开放群组架构框架）。根据该框架的标准定义，企业架构具体包括业务架构、应用架构、数据架构和技术架构。TOGAF 是很多企业在设计企业架构时会参考、借鉴的重要标准。

对 eTOM 框架或 TOGAF 感兴趣的读者可以自行通过网上搜索或购买相关书籍资料了解更多的信息。

2. 变革战略规划。大家也许听说过很多类型的战略规划，如营销战略规划、人力资源战略规划等，但很少听说过变革战略规划吧？那么，华为变革战略规划是什么呢？华为变革战略规划就是把变革作为一类业务，按照华为的战略规划的方法与工具进行变革的战略取舍、决策，对未来 3～5 年的变革战略进行洞察、梳理与优先级排序，确定变革的 3～5 年计划，并进行相关的资源协调、准备，从而在战略层面掌握企业的变革节奏，把有限的资源有序地投入各项变革中，避免出现胡乱变革，或者出现某一时间段多个变革项目互相冲突与抢夺变革资源等情况。

在这里简单介绍一下华为是怎么做战略规划的。华为战略规划是华为战略管理流程的重要组成部分。华为做战略规划的目的是进行战略制定。华为的产品线、区域、全球技术服务、供应链、变革等业务领域或经营单元都必须做战略规划。战略规划的理念是规划未来，时间为未来3～5年。华为战略规划可分为四大工作模块，具体是战略洞察、战略制定、战略解码、战略执行与评估。其中，战略洞察主要是指进行环境与价值链分析，包括看行业/趋势、看市场/客户、看竞争、看自己、看机会，也就是华为内部所说的"五看"，这一环节需要输出战略机会点和机会窗机会点。完成战略洞察工作后，进入下一阶段开展战略制定工作，主要包括定战略控制点、定目标、定策略，也就是华为内部所说的"三定"，这和前面的"五看"结合起来就是华为战略管理五看三定模型（见图3-4）。通过变革战略规划来确保变革方向的正确性和前瞻性。

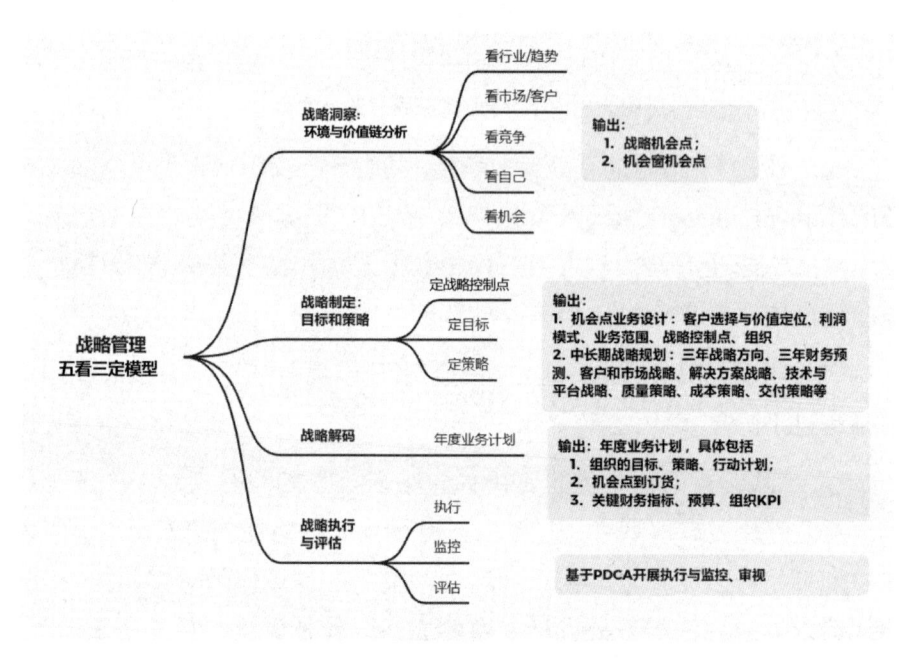

图3-4 华为战略管理五看三定模型示意图

3. 变革年度规划。华为变革管理框架中的华为变革年度规划严格遵循华为年度规划工作要求，以变革战略规划中下一年战略规划部分为输入源头，进行详细的战略展开，具体包括下一年的变革目标、变革预算、变革整体策略、重大项目变革策略、变革推行与实施策略等内容，是下一年的工作作战方案。很多企业在年初开展业务规划时都会忽略变革年度规划，既没有为变革储备相关的预算与资源，也没有确定变革相关的策略，因此在后续的变革项目开展过程中会出现各项受阻的情况。

4. 流程 IT 需求管理。通过多年的变革经验，华为发现变革方案需要通过流程 IT 来实现变革项目的落地与固化。没有 IT 系统支撑的变革项目，只靠人的自觉性，是很难固化、落地的。IT 系统还有助于相关业务流程效率与管控决策效率的提高，所以华为把流程 IT 需求管理纳入了变革管理框架中。变革管理框架中的流程 IT 需求管理和 IPD 需求管理有着许多类似的逻辑，在第二章中我们已经对 IPD 需求管理流程进行了比较详细的介绍，因此这里就不再展开描述。

5. TPM 评估。TPM 评估是帮助企业评估变革进度的重要评估手段，我们在第二章中已经对其进行了讲解，因此这里不再进行介绍。

6. PMOP。变革项目管理是变革管理的核心内容，由于内容较多、篇幅较大，我们将在后续的章节中进行详细讲解。

7. 变革项目团队。我们将在本章第四节对变革项目团队进行讲解、说明。

第四节　业务变革组织及运作

一、变革项目团队

变革项目团队主要包括变革管理团队和变革执行团队。这里主要介绍变革项目团队中的变革管理团队。变革管理团队是变革管理框架体系中重要的基石，华为通过变革管理团队的运作保障了变革规划、变革决策、变革执行等各个变革关键的顺利开展。很多企业变革项目失败的重要原因就是缺乏对变革管理团队的统一管理、指挥、协调。华为的变革管理团队主要包括：变革决策团队（变革需求指导委员会、公司业务变革和IT管理团队）、技术评审及架构管理团队（企业架构委员会、架构专家组）、变革项目组（既属于变革执行团队，又在一定程度上属于变革管理团队）等团队，如图3-5所示。

```
                    ┌─────────────────┐
                    │ 变革需求指导委员会 │
                    │      RSC        │
                    └────────┬────────┘
                             │
                  ┌──────────┴──────────┐
                  │ 公司业务变革和IT管理团队 │
                  │        C-3T         │
                  └──────────┬──────────┘
                             │
                       ┌─────┴─────┐
                       │ 企业架构委员会 │
                       ├───────────┤
                       │  架构专家组  │
                       └───────────┘
    ┌────────┬────────┬────────┬────────┐
 ┌──┴──┐  ┌──┴──┐  ┌──┴──┐  ┌──┴──┐  ┌──┴──┐
 │IPD 3T│  │LTC 3T│  │ITR 3T│  │HR 3T │  │XX 3T │
 └──┬──┘  └──┬──┘  └──┬──┘  └──┬──┘  └──┬──┘
┌───┴────┐   │        │        │        │
│战略级、 │   │        │        │        │
│公司级变 │   │        │        │        │
│革项目  │   │        │        │        │
└────────┘   │        │        │        │
 ┌──┴──┐  ┌──┴──┐  ┌──┴──┐  ┌──┴──┐  ┌──┴──┐
 │…优化 │  │…优化 │  │…优化 │  │…优化 │  │…优化 │
 │ 项目 │  │ 项目 │  │ 项目 │  │ 项目 │  │ 项目 │
 └─────┘  └─────┘  └─────┘  └─────┘  └─────┘
```

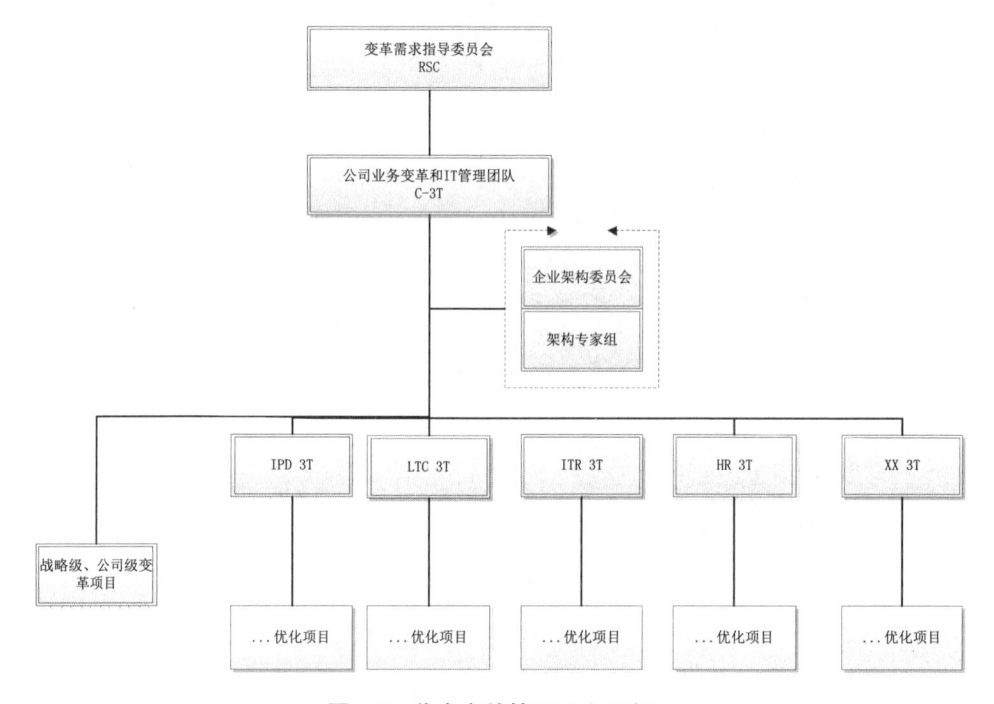

图 3-5　华为变革管理团队示意图

图 3-5 中的各个团队分别根据授权进行相关的变革需求、变革战略、变革策略、变革规划、变革执行、变革落地实施、变革优化改进等的管理与执行。

这里特别需要说明的是，对于战略级、公司级变革项目，都是由变革管理职能线、流程管理职能线、业务部门等多方联合组建项目组的。有的变革项目中基于需要还会在项目组中增加人力资源与财经领域相关的代表，各个部门派到变革项目组的成员都必须是部门内的业绩优秀人员、精通部门业务的骨干专家，这样才能确保变革项目组是一个精通业务、善于变革流程、专业的团队，这样，其输出的方案才能既符合业务逻辑、业务场景，也符合变革规范与流程规范。

一个典型的变革项目组的成员包括：项目赞助人、项目经理、项目管理

第三章 变革管理体系

办公室、各个业务部门代表、流程代表、IT代表、数据代表、架构师等。各成员简要职责如下：项目赞助人负责对项目方向进行把控与指导，为项目资源提供保障；项目经理负责项目管理，对项目的成功负责；项目管理办公室负责协助项目经理进行项目计划管理、项目资源管理、项目沟通管理等项目日常管理工作；业务部门代表负责基于业务实践参与变革项目的方案开发、试点与推行工作；流程代表负责保证项目输出方案符合公司流程管控架构与文档管理规范等工作；IT代表负责变革方案的IT化的需求管理与IT模型设计等工作。具体项目组中成员的岗位职责根据项目组的特点、项目组的不同阶段进行具体适配。比如，某变革项目组处于方案开发阶段，笔者作为业务部门代表在方案开发组中承担相关职责。在项目进入推行阶段之后，笔者又从方案开发角色转变为变革方案推行角色，负责某区域的变革方案推行与实施。各企业在开展变革项目的过程中，变革小组的角色与职责可根据本企业的变革需求结合本企业的管理模式进行适配。但是变革项目组职责必须清晰、可衡量，千万要避免职责模糊不清的情况，一旦职责模糊不清，后面工作开展就难以得到保障。

笔者在这里提一点小建议，如果有读者的企业或客户要组建变革项目组，那么参与变革项目组的成员一定要经过选拔，尽量确保参与人员的质量。笔者曾经见过一些企业在开展变革的过程中，因缺乏对变革项目组人员入口的把关，业务部门都不愿意把骨干投入变革，然后把业务部门里面不被认可的人输送到变革项目组，这是一种对变革极其不负责任的行为，一定要避免出现。华为对变革项目组人员就有着严格的把关要求，笔者当年曾有幸参与了某公司级的变革项目，所有参与变革项目的人员都需要经过变革项目组面试才能加入，加入项目组之后还必须完成IPD考试才能算作项目组的合格成员。通过IPD考试与学习，项目组成员系统地学习了IPD流程与管理体系等华为内部的成功变革实践经验，从而为后续变革项目的顺利开展奠定了良好的基础。

华为变革项目人员选拔与考试这一点对当前很多学习华为开展变革的企业都非常值得借鉴、参考，参与变革的相关人员必须是业务部门的优秀骨干，同时需要掌握必备的变革管理流程管理技能，这样的变革管理团队在开展工作时也会顺利很多。

华为的顶层变革决策团队"变革需求指导委员会"的主要职责如下。

1. 指导公司变革需求。
2. 确定公司变革战略与变革策略。
3. 决策公司的管理架构。
4. 决策公司的各类管理体系等。

除了上面提到的变革管理相关团队,华为变革管理还有一个非常重要的变革支撑团队,即变革项目管理办公室。这个团队的存在有力地支撑了华为各个变革项目的顺利开展。很多企业就是因为缺乏这样专业的变革管理团队支撑高层、指导业务部门开展变革,所以产生了一种变革无力感。这个团队的职责划分和运作模式非常值得当前需要借鉴华为变革模式的企业和团队学习、参考。

该团队在不同的阶段分别使用过变革项目管理部或变革项目管理办公室等部门名称。各个阶段定位与职责略有不同,如某一阶段的变革项目管理部的主要职责如下。

1. 关注和管理变革过程中与人相关的因素,营造支撑变革工作开展的文化氛围,培养员工的变革意识和能力,为变革推行成功提供支撑和保障。
2. 承担与公司人力资源、宣传等相关职能体系协调的角色,整合相关资源,通过宣贯、沟通和培训等活动,支撑变革推行落地。
3. 参与业务变革、流程优化相关业务领域的组织设计和团队建设,协助相关团队的变革工作合理开展。
4. 从全公司变革能力与变革文化角度出发,评估、监控并提升业务变革项目的变革准备度。
5. 主导业务变革与流程优化项目的知识管理,包括工作方法、标准与模板、案例的总结与推广。
6. 培育组织设计、变革文化与变革管理的基础能力。

另一阶段的变革项目管理办公室的主要职责如下。

第三章
变革管理体系

1. 统一管理公司业务变革项目及其进展，协调重大项目和公共项目关键决策点的运作，识别、管理各个重大变革项目之间的关联问题、风险及依赖关系，输出进展状态报告。

2. 设计和维护公司总体流程架构。

3. 制定、维护公司所有流程清单，确保所有流程都有流程负责人，并确保所有流程都在业务流程管理部或功能领域流程管理部的管理下进行优化或整合。

4. 提供通用的管理流程方法和标准，用于指导流程的开发设计、维护、整合及变更管理。

5. 负责制定流程文件管理的相关制度，负责评审公司级流程文件，监控流程文件的规范性，保证流程文件受控、受管理。

6. 进行管理体系指导：包括集成管理体系的持续改进与推行、公司组织结构及职责的优化、完善与维护等。

7. 制订变革管理的总体沟通和培训计划，协调变革管理与公司的沟通、培训活动，确保其一致性。

8. 设定变革进展度年度基线目标，制订变革进展度评估计划，执行阶段性评估。

由上可以看出，不同阶段的变革管理办公室或变革项目管理部的职责是不同的。企业在变革中如果要设计类似的组织，一定要结合企业的变革工作开展阶段、变革文化、变革管理能力等特点去匹配性地设计，千万不要将某一个标准生搬硬套到职责模型中。

正是由于华为有着系统性的变革管理团队在顶层进行变革规划管理与决策，为下面的执行层开展变革提供了有力的变革决策与领导团队。

企业在变革过程中可以参考华为模式，结合企业自身的特点、管理模式等设置一个高效、敏捷的变革决策团队来支撑变革工作的顺利开展。例如，某企业在开展变革的过程中，因地制宜地设置了变革领导小组这个组织来承担变革决策团队的相关职能，同时成立了简化的变革执行小组来承担变革项目中具体的执行工作。在变革领导小组与变革执行小组的搭配运作下，整个变革运作一直比较顺畅，取得了比较好的变革效果。

二、分层分级与授权

虽然都说变革是"一把手"工程，需要"一把手"的参与和支持，但是在开展变革过程中也需要做到合理地分层管理与授权，不能事事都由"一把手"出面或参与，否则"一把手"的时间将全部被变革工作占据，抽不出时间来从事业务相关的工作。

华为在变革中根据变革项目的重要性与变革涉及的业务范围等因素，将变革项目分为战略级变革项目、公司级变革项目、BG级变革项目、业务优化类项目等。公司级变革项目由公司"一把手"参与和关注，BG级变革项目则由公司授权的BG"一把手"负责。不同的项目的决策与授权都由不同层级的团队负责，从而让变革管理更加有序、合理。

其他企业在开展变革时也可以借鉴、参考华为的这种模式，建立相关的分层分级的变革授权机制，以便变革工作更加高效地运转。例如，某公司在开展变革项目的时候，变革管理办公室就制定了变革项目分级标准，具体分为公司级变革项目、跨体系级变革项目、体系级变革项目、一般变革项目4个等级，分别由公司变革领导小组、跨体系联合变革领导小组、体系变革领导小组、体系内分领域变革领导小组进行决策和管理。相关决策点的评审与运作，全程由变革管理办公室负责把关，这样既保证了变革运作的效率，又保障了变革运作的质量。

三、变革激励与考核

变革激励与考核是管理体系中的重要组成部分，华为的变革激励遵从华为整体的激励体系。同时，由于变革工作的特殊性，华为对变革项目组人员采取了更多的激励方式，如华为在某一年曾经就对当年所有参加变革工作的人员发了一笔特别奖金，以奖励各个变革项目组工作人员对华为的贡献。华为对于变革项目成员的激励除了华为通用的激励，还包括评选优秀变革项目经理、优秀流程经理、优秀变革个人、优秀变革项目团队、优秀变革项目管理办公室等激励方式。华为为了激励业务部门相关人员对变革的参与度、支持度，偶尔还会采用变革支撑奖、优秀变革推行团队奖、优秀变革金种子等激励方式。

华为对于变革也是有着严格的考核要求的。变革项目在立项时会设置相应的变革考核指标，在项目运作过程中根据项目立项中承诺的进度和交付件完成情况对变革项目组进行考核，具体指标包括项目及时完成率、项目预算偏差率、变革收益达成率、项目重要沟通完成率等，如表3-1所示。

表3-1 变革考核指标示例

序号	考核指标	权重	全年目标		
			底线值	达标值	挑战值
			60%	100%	120%
1	项目及时完成率	20%	…	…	…
2	项目预算偏差率	20%	…	…	…
3	变革收益达成率	30%	…	…	…
4	项目流程遵从度	10%	…	…	…
5	项目重要沟通完成率	20%	…	…	…

每个不同的项目的考核指标都根据其项目特点进行适配，各自指标的权重也可以有差异，以确保不同变革项目的考核导向。每个指标设置底线值、达标值、挑战值，将底线值作为必须达到的底线目标，将挑战值作为挑战目标，对变革项目团队进行相应的目标牵引，既避免变革项目团队目标制定太高或永远无法达成的目标而失去目标的作用，又避免目标太低无法给予相应的工作压力。

有一点特别需要强调是变革项目组成员的考核，变革项目组成员一旦从业务部门调入变革项目组，则由变革项目组对其进行考评，根据其投入度确定其考核权重占比。比如，如果小明全职调入变革项目组，那么小明考核的100%权重都属于变革项目组；如果小强由其部门指派50%的工作时间投入变革项目组，那么变革项目组就拥有小强50%的考核权限。通过考核权的牵引，确保项目相关人员能够积极地投入变革项目组的工作中。当前很多企业在变革运作过程中也会成立变革项目组，变革项目组也是由各个部门成员组成的，其中变革项目组运作得不是很好的一个重要因素就是这些被派到变革项目组的人员的考核一直在其原部门，他们对变革工作的投入度是非常难以保障的，一旦其本职工作和变革工作在时间上产生冲突，变革工作就会让位给本职工作，从而导致他们对变革工作的投入度不足。这种团队成员对变革工作投入度不足的项目，很难按照项目计划顺利开展，往往以失败而告终。

四、变革知识管理

在华为看来，知识管理就是通过对显性知识、经验及想法进行管理，提升业务运作效率、产品/服务质量，打造能使企业获得持久竞争力的活动，是帮助企业实现学习型组织的重要一环，是把能力与经验固化到流程上与组织上的重要保障。知识管理具备如下几个特征。

1. 知识管理是一套管理体系，涉及人、流程、技术、管控等管理要素。
2. 知识管理是企业的一种管理视角和解决方案。
3. 知识管理是一种提高组织能力和竞争力的综合实践。
4. 知识管理是关于人的，而不是关于技术的。
5. 知识管理不是简单地把知识收集起来，而是重点关注知识的分享、传承和重复利用。

知识管理的重点是提升销量与服务质量，助力企业打造企业的竞争力，让企业更好地活下去。

由于华为深知知识管理的重要性，所以其建立了许多知识管理领域的网络知识社区。华为变革领域也设立了专门的变革知识网络社区，在社区上各个变革项目会开辟各自的专栏，各变革领域、流程领域也会开辟对应的专栏，以供相关团队和人员分享、参考与学习。

比如，笔者曾经参加过的某个变革项目组就非常重视知识社区相关工作，专门安排了项目组项目办公室的一位同事进行知识社区工作的管理。该同事制定了知识社区发帖分享与点评激励等相关激励措施，通过发帖数量、发帖质量、阅读数量、点评数量、点评质量等多个维度进行评比。通过该知识社区的运作，既达到了知识管理知识分享的目的，又收集到了业务部门对变革方案的意见与建议,还起到了变革方案的"松土"与宣传作用,可谓一举多得。当下在开展变革项目的企业,也可以考虑使用移动互联网平台逐步建立一些高效、便捷的变革知识管理社区平台,帮助变革项目更好地开展。

第五节　华为流程管理简介

华为变革的目标就是建立流程化的组织,构筑基业长青的管理体系。因此,讲到华为的变革管理,就不得不讲华为的流程管理体系,这两者是紧密联系在一起的。

华为的流程管理体系中有着以下共识。

1. 流程汇集最佳实践和承载业务管控要求,具体包括流程要把过去好的方法固化下来并推广出去、提高效率和质量、降低业务风险。

2. 流程要提供多路径和方法,使业务人员能够根据不同业务场景进行灵活适配;流程要控制作业过程,保证结果可控和满足相关要求。

3. 流程必须承载公司政策、内控管理、质量管理等管控要求,保证安全运营。

4. 流程要聚焦于为客户创造价值、成就客户,通过一系列可重复、有逻辑顺序的活动与任务,将一个或多个输入转化成明确的、可衡量的输出。

5. 流程只是对业务流的一种表现方式,从本质上说,流程就是业务,有业务的地方就有流程的存在。

6. 业务流是客观天然存在的,越符合业务流本质的流程越高效,越不符合业务流本质的流程越低效。

7. 流程就是组织创造价值的机制。

华为进行流程管理的基本思想是主干简洁,末端灵活,解决业务运营的问题。华为最担心的流程问题是效率低下、流程僵化、简单的事情复杂化,不能做到主干简洁、末端灵活。

活下去
华为变革之道

华为在流程管理中，反复强调要避免如下问题与现象。

1. 功能领域流程，只做到了段到段。这种问题出现的原因是过去流程开发的普遍模式是各个部门自己画自己的流程图，没有集成、没有端到端的更高层面的统一规划，这种模式导致流程像铁路警察一样各管一段，流程又多又复杂。很多企业当前的流程现状就和这个非常类似。

2. 流程设计与业务场景不匹配。设计流程的人不熟悉业务，想当然地设计出一套流程，最终与业务不匹配。这种场景常见于某些企业请水平比较低的咨询公司进行流程设计时，因为这些低水平的咨询公司不熟悉流程设计的原理，只是为了设计一套方案交给客户，根本就没有深入地理解客户的业务场景，所以设计出来的流程的可操作性差。

3. 过度管控。进行流程设计的人不能把自己部门想管控的内容全部增加到流程里面，只为了把自己做简单，而把周边部门做复杂。曾经某家企业的财务就为了自身降低责任与风险，把各种财务内部的评审点、风险点要求全部加到业务的流程与 IT 系统中，导致业务人员苦不堪言，效率低下，然后被全体业务人员抵制。

4. 流程和组织不适配。华为特别强调流程一定要与组织匹配，不能流程和组织两张"皮"，各跑各的。

基于华为的流程管理思想与指导原则，华为要求业务场景决定业务流程的设计、业务流程的设计决定岗位与角色的设计、业务流程绩效与流程关键点的设计决定岗位考核指标体系，而流程、角色、岗位与指标体系最终决定并影响管理体系。

正是由于华为变革项目中要求基于业务场景先有业务流程再有岗位的体系，从而保障了体系内的组织都是能存在于流程中的、能在业务流程中创造价值的，不会出现流程与组织不匹配、流程与业务不匹配的情况。反观当前某些企业组织架构设计与岗位设计的一种"怪象"：先设计了组织部门再去给组织部门找事情做、先给人设计了岗位再去给人找事情做，孰优孰劣，大家自然也就清楚了。

华为基于以上流程管理思想，通过多年的持续变革建立了业界领先的企业架构与流程管理体系。图 3-6 所示为华为一级流程架构示意图，这个一级流程架构也是跟随华为的业务发展的变化逐步迭代的，早些年就只有 15 个一级流程，后来由于消费者业务的逐步做大、做强，从而增加了第十六个一级流程"零售"。

Operating（执行类）	IPD（集成产品开发）
	Market to Lead（从市场到线索）
	Lead to Cash（从线索到回款）
	Chanel Sales（渠道销售）
	Retail（零售）
	Issue to Resolution（从问题到解决）
Enabling（使能类）	Develop Strategy to Execute（从开发战略到执行）
	Manage Client Relationships（管理客户关系）
	Service Delivery（服务交付）
	Supply（供应链）
	Procurement（采购）
	Manage Capital Investment（管理资本运作）
Supporting（支撑类）	Manage HR（人力资源管理）
	Manage Finances（财务管理）
	Manage BT&IT（业务变革&信息技术管理）
	Manage Business Support（基础支持管理）

图 3-6 华为一级流程架构示意图

如图 3-6 所示，华为的流程分为三大类。

1. 执行类流程：这是客户价值创造流程，端到端的定义为完成对客户的价值交付所需的业务活动（What to do），并向其他流程提出需求。用一句通俗话来说，执行类流程是直接面向客户、为客户创造价值的流程。

不同企业的业务模式不同，从而不同企业的执行类流程也不同。同一个企业不同经营单元或不同分/子公司因为业务场景的差异也可能产生不同。所以各企业在学习华为流程变革的过程中，关于这类执行类流程，一定要结合自身业务，千万不能生搬硬套。笔者就见过一个不适合进行 IPD 的企业，非要推行 IPD 流程，结果可想而知。

2. 使能类流程：这是响应执行类流程的需求，用以支撑执行类流程的价值实现的流程。用一句通俗的话来说，使能类流程就是支撑执行类流程运作的流程。使能类流程是和公司的执行类流程即价值创造流程相匹配的。

3. 支撑类流程：这是企业的基础性流程，为使整个企业能够持续、高效、低风险运作而存在。用一句通俗的话来说，支撑类流程就是大多数企业必备的基础性流程，如人力、财务、IT、行政支撑流程等。这些流程的服务对象是全企业，而非单个业务、单个部门、单个流程。

说完这三大类流程，那么到底什么是流程呢？流程的定义是聚焦于客户价值实现，通过一系列可重复、有逻辑顺序的活动，将一个或多个输入转化成明确的、可衡量的输出。

华为的轮值董事长徐直军曾说："流程是对业务流的一种表现方式，是优秀作业实践的总结和固化，目的是使不同团队在执行流程时获得成功的可复制性。越符合业务流的流程就越顺畅。"用一句话来说，流程就是执行业务的规则和路径。从本质上说，流程是组织价值创造的机制。

关于流程，华为内部还有着这样的共识，即流程是金钱和教训换来的优秀实践、不断积攒和持续经营的企业核心战略资产。

其他企业在学习华为流程变革时，需要认识并深刻地理解流程是针对业务流的一种表现方式。业务流是客观存在的，任何一家想要变革的企业在设计流程时都要想办法要找到真实的业务流，并去适配这个业务流。

华为的流程建设、流程变革中经常会提到一个名称——"流程管理体系"，所以这里也必须对流程管理体系进行一些说明。华为对流程管理体系的定义是借鉴业界领先实践经验和总结自身流程运作管理经验而整理的一套全球流程管理规则和制度。

华为在变革中充分认识到了流程管理体系的价值，具体包括以下内容。

1. 有序管理的业务流程。
2. 降低流程运作成本和风险。
3. 持续提高流程运作效率和质量。

基于这样的认识和要求，华为每一个业务流程变革项目都输出了一套符合华为对应业务场景的流程管理体系，而不仅是一个流程。这也是华为变革

第三章
变革管理体系

和某些企业变革的根本区别，某些企业在变革过程中有的只输出了一个政策文件，有的只输出了一个流程文件，有的只进行了组织调整，但是缺乏管理体系去支撑与配套，从而使流程变成了一堆悬在空中不可落地的文件。

华为通过变革项目输出的业务流程，一般都会细化到可执行的程度。同时，华为对流程进行了详细的分层分级，具体如图 3-7 所示。

金字塔层级（从上到下）：
- Level 1 流程分类
- Level 2 流程组
- Level 3 流程
- Level 4 子流程
- Level 5 活动
- Level 6 任务

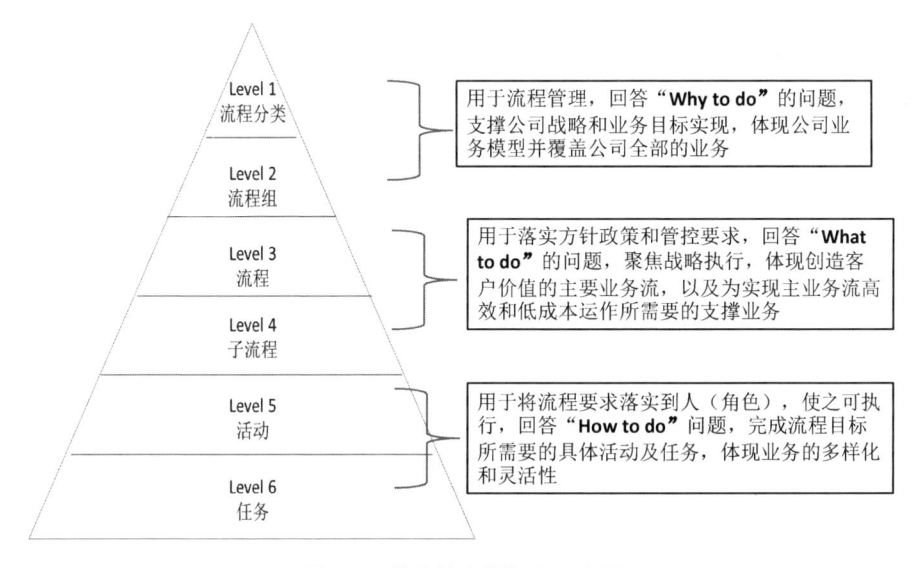

说明：
- Level 1、Level 2：用于流程管理，回答"Why to do"的问题，支撑公司战略和业务目标实现，体现公司业务模型并覆盖公司全部的业务
- Level 3、Level 4：用于落实方针政策和管控要求，回答"What to do"的问题，聚焦战略执行，体现创造客户价值的主要业务流，以及为实现主业务流高效和低成本运作所需要的支撑业务
- Level 5、Level 6：用于将流程要求落实到人（角色），使之可执行，回答"How to do"问题，完成流程目标所需要的具体活动及任务，体现业务的多样化和灵活性

图 3-7 华为的流程深度示意图

通过流程顶层架构设计的流程 Level 1 和 Level 2 来回答"Why to do"的问题，也就是公司高层把控战略与方向；流程 Level 3 和 Level 4 来回答"What to do"的问题，也就是公司中层来解决方向战略的如何实现；流程 Level 5 和 Level 6 回答"How to do"问题，也就是公司基层员工基于方向与问题解决思路具体操作执行，从而实现公司中不同层级聚焦与关注不同的流程层级。

华为流程管理体系建设与运营可分为 4 个阶段，分别是流程规划阶段、流程建设阶段、流程推行阶段、流程运营与优化阶段。

第一阶段：流程规划，主要职责包括流程需求管理、流程版本管理、流程规划等。

第二阶段：流程建设，主要职责包括流程需求分析、流程方案设计、流程文档开发、流程集成验证、流程试点确认等。

第三阶段：流程推行，主要职责包括流程与业务场景适配、流程与组织适配、流程推行与赋能等。

第四阶段：流程运营与优化，主要职责包括流程成熟度评估、流程绩效管理、流程过程执行保证、流程优化及流程再造等。

这里需要特别关注的一点就是流程建设阶段中的流程方案设计。华为的流程方案设计包括以下八大要素。

1. 流程目的：任何一个流程都必须有一个清晰的目的，流程目的越清晰，流程设计才会越准确、越高效。

2. 活动（业务规则）：任何一个流程都能被细化为流程活动，不同企业可以对活动的颗粒度有不同的要求，但是至少要细化到活动层级。比如，在某些企业的销售流程中，编写投标书就是一个活动，但是其他企业又可以把编写投标书设计为一个子流程。这个活动是根据企业自身的管理特点、业务特性等多种因素来确定的，各企业在学习华为的相关流程变革经验时，千万要注意不能生搬硬套华为的相关流程活动。

3. 角色：任何一个流程都必须由对应的流程角色来执行，这些角色可能是某一个人或某一个团队或某几个团队。一个标准的流程必须有角色，且角色要能在组织中找到对应的承接岗位，如果一个流程角色在现实组织中找不到岗位来承接，那么这个流程就毫无意义且无法真正运作。

4. 流程起点/终点：任何流程都必须有相应的起点或触发点，以及相应的终点，这样才是一个完整的流程。

5. 输入/输出（数据）：流程中还需要有输入，这个输入既可以是文档，也可以是某个事件，还可以是一个通知。输出就是流程活动交付，既可以是文档，也可以是数据，还可以是实物，具体输出根据流程设计而定。

6. 关键控制点（KCP）：流程的关键控制点是为了更好地控制流程效率和政策遵从性而设置的。比如，华为管理机会点流程中的关键控制点包括销售项目立项决策、合同关闭决策等。

7. 流程绩效指标：流程绩效指标主要包括业务指标和流程效率指标。

8. 流程文件控制信息：流程文件控制信息主要是为了方便进行流程文件管理，使流程管理更加规范、专业和高效。目前部分企业在开展流程设计或流程优化项目时对流程文件控制缺乏足够的认识，这会给后续的流程运营带来很多问题，需要特别关注。流程文件控制信息模板示例如图 3-8 所示。

文档名称：XX指导书	
文件名称：	文件编码：
版本：	业务类别：
生效日期：	业务模块：
拟制责任人：	业务小类：
审核人：	操作指导责任人：
角色 Role：	涉及部门：
涉及的 IT 系统：	

对应的上一层流程

流程编号	流程名称

操作指导概述
概述：

操作指导说明

流程过程

角色、职责及特殊技能

角色名称	职责	特殊技能要求

辅助文档（如表格、模板、记录）

文档编号	文档名称	文档描述	附件

文档历史

版本号	拟制/修改责任人	拟制/修改日期	修改内容/理由	批准者

图 3-8　流程文件控制信息模板示例

当前各企业在开展变革项目的过程中，可以适当地借鉴、参考以上流程管理、流程体系建设与运营的相关思路，站在巨人的肩膀上前进。

除了上面介绍的内容，以下有关华为流程管理的经验也值得企业参考、借鉴。

1. 企业内必须有端到端的流程负责人，由其负责主干流程规划、流程建设、流程管理及流程运营,对于流程规划与建设要抓住关键点。按照这个经验,企业里面的研发流程负责人就是研发体系"一把手",而不是某个流程部门,这是许多企业都容易出现的问题,它们把流程管理部门当成了流程的负责人,而流程管理部门又对业务没有任何管控权限,因此它们设计出来的流程和业务就容易各搞各的,容易互相指责、推诿扯皮。

2. 企业内的流程管理部门需要对业务部门的流程设计提供专业的指导,输出相关的流程设计流程文档控制模板指导书。

3. 企业的主干流程或企业的一级流程,必须由企业高层负责决策。

4. 流程一定要与组织相匹配,既不能出现没有组织承载的流程,也不能出现那种不承载如何流程的组织。如果组织没有承载流程,则需要找到其对应的流程,否则就应该裁撤掉该组织;如果流程没有组织承载,则必须找到其对应承载组织或设计出相应的组织,如果既找不到对应组织,也没有设计相应组织的必要,那么这个流程就是多余的,就需要去掉。

5. 要有相关的组织监督、管理流程的执行情况,评估流程效率,推动企业的流程优化与改进,不能放任自流。

第四章

变革项目管理

"我们应该有一个严格有序的规则、制度，同时这个规则、制度是进取的。这个规则、制度的重要性就是确定性，这是我们对市场规律和公司运作规律的认识，规律的变化是缓慢的，所以，我们是以确定性来应对任何不确定性的。"

——任正非

第一节　项目管理的基本概念

当前，越来越多的企业在经营管理过程中把各类项目当成了企业管理的重要基础单元，项目管理的重要性也得到了众多企业的空前重视。某些企业在招聘一些岗位时就会明确要求应聘者必须具备多少年关于某行业的项目经验、获得过某一类项目管理认证或独立负责过多少个某类型的项目。大家在日常工作与生活中也会经常听到各类项目，如楼盘建设项目、卫星发射项目、新能源汽车研发项目、地铁隧道项目等。虽然大家经常听说项目，但是很多人还是不清楚到底什么是项目。我们在这里就给大家简单介绍一下到底什么是项目。

通常情况下，项目就是为了创造独特的产品、服务或成果而进行的临时性工作。从这句话我们可以看出，项目首先是有明确目标的，其次是有时间

活下去
华为变革之道

要求的，必须满足这两点才可能是一个项目。例如，某团队计划在一年之内开发出一部5G手机，也就是说创造一部独特的手机、一种有型的产品可以当作一个项目。当手机开发成功之后，项目就会结束；或者因为项目资金链断裂、手机开发需求取消等原因而终止项目，项目也会结束。对于这样解释也许还是有人会问，是不是所有的日常工作都可以算作项目呢？答案是否定的。虽然我们日常生活中围绕着很多项目，但并不是所有的日常工作都是项目，因为项目具有唯一性和临时性，在达成目标时就会关闭。比如，你在这个月底要组织一个生日聚会，这个生日聚会在当前就具备唯一性和临时性，一旦举办完就会关闭，所以这个生日聚会可以看作一个项目。但是如果是一件连续性、重复性、持续保持业务运作的活动，则其不是一个项目。比如，一个人每天早上起床都要洗脸、刷牙，然后出门，因为这是每天连续且重复的活动，所以这些活动并不是项目，也就没有必要按照项目管理方法来管理早上的洗脸、刷牙活动。

既然有了项目，我们就需要对项目进行管理，自然而然也就有了项目管理的概念。项目管理又是什么呢？项目管理就是将知识、技能、工具和技术用于项目活动，以满足对项目的要求。项目管理既是一种管理工具/方法，也是一种业务运作思想文化。项目管理已经成为很多成功企业中常用的业务运作方式，项目管理文化也逐步深入众多企业。越来越多的职场人认识到懂项目管理对自身未来的职业发展具有重大的帮助。不同的企业内也开始进行各类项目管理体系建设，引入了各类项目管理概念，如很多企业都有的销售项目管理、研发项目管理、生产项目管理、采购项目管理、物流运输项目管理、交付项目管理、基建项目管理、投融资项目管理等。企业的项目管理都是要对准项目目标与范围的，都是有规定的时间期限的。比如，某企业计划在2023年1月1日发布一款新能源豪华汽车，那么其项目目标与范围都是已经定好的、必须完成的，但是由于企业的资源是有限的，不能给予项目无限的资源与资金，所以项目的成本和预算就是有限的。因此，项目管理也可以理解为使用合理的方法与工具，基于有限的资源去完成限定时间的特定目标。这里就出现了项目中的三重制约关系，如图4-1所示。

第四章

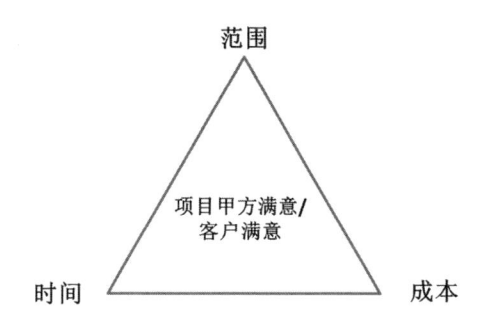

变革项目管理

图 4-1 项目三重制约关系示意图

在项目管理过程中，范围、时间与成本三者之间的三重制约关系是绕不开的话题。如果某个项目的范围扩大，则必须延长项目时间或增加项目成本投入；如果要压缩项目时间进度，则必须缩小项目范围或加大项目成本（资源和资金等）的投入；如果要缩小项目成本投入，则必须缩小项目范围或延长项目时间。必须在这三者之间进行合理的取舍与平衡，用一句俗话来说就是"甘蔗没有两头甜"。

这样说起来可能还是不太好理解，我们用一个形象的例子来解释。比如，小强由于自己过于肥胖，制订了一个通过 3 个月减重 20 斤的健身计划，他还为此办理了一张某健身房的会员卡。假如出现 A 情况，小强突然在一个月之后要参加一场重要的会议，因此必须在一个月内实现减重 20 斤的目标，除了正常的健身，小强还必须请私人健身教练帮助制订更加详细、精准、可以在一个月内实现目标的健身计划且按照计划执行，额外请私人健身教练就增加了小强在减肥这个项目上的成本。假如出现 B 情况，小强的资金出现了困难，不得已把健身房的会员卡转让了出去，那么小强在没有健身房的环境下要实现原定的减肥目标就比较困难了，他需要花费更多的时间去实现目标或降低目标。假如出现 C 情况，小强认识到只减重 20 斤不行，需要减重 50 斤才行，那么小强就必须把原来的 3 个月改成更长的时间，或者聘请更加高端的、资深的私人健身教练为其制定一个 3 个月减重 50 斤的详细方案，聘请这样的高端健身顾问自然会花费更多的成本。因此，从项目管理的范围、时间和成本三者之间的协同与控制就能看出一个项目的管理水平的高低。

那么，项目管理具体包含哪些内容呢？

> 活下去
> 华为变革之道

首先,从项目管理的过程维度来看,项目管理一般可以分为以下几个阶段:项目启动阶段、项目规划阶段、项目执行阶段、项目监控阶段、项目收尾阶段。不同企业在不同业务场景下的项目管理,可以适配更加适合自身业务场景的阶段划分,不必完全拘泥于这里的划分。

其次,从项目管理涉及的知识域来看,可以划分为项目范围管理、项目时间管理、项目成本管理、项目质量管理、项目人力资源管理、项目沟通管理、项目风险管理、项目采购管理、项目利益关系人管理等知识域。在具体执行过程中,不同类型的项目对各个知识域的要求也有所不同。

在现实工作中,由于部分企业对项目管理的认知还比较缺乏或项目管理方法比较落后,因此在项目管理中常常出现以下误区。

误区1:三边工程,即边计划、边实施、边修改。大家经常会见到一些项目,在项目初期没有制订合理的项目实施计划,甚至在项目启动和规划时根本就没有项目实施计划,在项目执行过程中,一边实施项目,一边根据实施情况做计划,然后又不断地根据出现的新情况修改计划,因此被称为三边工程。出现这种情况的主要原因是工作人员在项目目标不清楚、职责不明确的情况下就仓促地开始了具体的执行工作,结果就会经常出现一些因为小问题而导致项目不断地被打乱与拖延,即使最终勉强完成了项目,也必然会花费大量不必要的时间与成本。

误区2:六拍运动,即"拍脑袋""拍肩膀""拍胸脯""拍桌子""拍屁股""拍大腿"。比如,某公司在看到各种自媒体中宣传华为LTC变革对华为销售业绩提升带来的好处之后,老板就"拍脑袋"说:"LTC流程是个好东西,我们要学华为搞LTC变革,让我们的销售业绩翻几番。"老板"拍脑袋"定的这个目标,完全没有考虑该公司的各种具体情况是否适合引进LTC流程、变革准备度如何。然后,老板就对销售副总裁说:"LTC变革这件事交给你了,好好干,做出成绩来,我相信你可以的!"同时,他"拍肩膀"——拍了拍销售副总裁的肩膀以示鼓励。接下来,销售副总裁由于不敢直接否定老板的提议,也不知道LTC变革的水深水浅,便不假思索地答应了老板,并"拍胸脯"说:"老板你放心,这事我一定办好,让LTC流程也给我们公司带来好处和收益。"由于销售副总裁不专业、不懂得如何开展 LTC 变革，想当然地从网上找了些资料，就让下属设计了一套所谓的 LTC 流程开始推行使用。在 LTC 变革实施一段时间之后，老板发现大量一线销售人员抱怨 LTC 流程的问题，且销售业绩有些下滑，因此老板找到销售副总裁，"拍桌子"说："这么简单的 LTC 变革，公司给你投入了这么多资源、这么多成本，又有现成经验可以学习，你还没办好！"他把销售副总裁狠狠地批评了一番。销售副总裁回过头一想，当初是你自己"拍脑袋"让我搞的，你拍脑袋的时候谁敢反对，现在又怪我，LTC 变革这事水太深、坑太多。销售副总裁开始消极地实施 LTC 变革，过了一段时间干脆"拍屁股"走人了，最终 LTC 变革不了了之。然后，老板又"拍大腿"说："早知道这样，我们还不如不搞 LTC 变革，浪费了这么多资源和成本。"这就是一个典型的项目管理中的六拍运动，产生这种六拍运动的重要原因就是这类项目团队没有严格按照项目管理的方法、工具来开展工作。

综上所述，我们在实施项目的过程中需要遵循项目管理的方法、工具、思路来开展相应的项目管理工作，尽量避免项目管理中"三边""六拍"等误区的出现，真正实现项目管理的价值。

第二节　华为变革项目管理简介

一、华为项目管理简介

"项目管理是公司管理进步的基础细胞，要把项目管理作为华为公司最重要的一种管理往前推。"

——任正非

华为早期的项目管理主要是服务交付领域的交付项目管理与产品研发领域的研发项目管理，后来随着华为在这两个领域中累积的项目经验在华为公司内部的传播与其他领域的项目管理意识的加强，各个业务领域也制定了各自领域的项目管理规范和制度，如销售项目管理、基建项目管理、融资项目管理等。在华为，通过多年的项目管理探索和经验积累，项目管理已经被当成了企业的一种基础竞争力来看待，项目管理思想和项目文化广泛存在于华为的各种业务体系之中。

针对各种项目管理，华为探索出了一些项目管理实施开展的工作方法，比较著名的有"项目管理六步一法"，如下所述。

项目第一步，需要明确项目目标并进行项目范围确认，很多失败的项目就是在项目目标阶段没有进行目标明确、项目范围模糊不清导致的。

项目第二步，需要提前确认项目的关键里程碑节点，通过对关键节点的把控来确保项目整体目标的达成、可控。比如，要给客户交付一个区域的无线通信网络，那么就可以把整个项目进度划分出几个关键里程碑，只要关键里程碑按时完成了，项目自然而然就完成了。

项目第三步，要进行项目活动分解。因为项目活分解及其工作计划做得详细的项目，其实施性会更好，很多"三边""六拍"的项目往往就是项目前期没有进行项目活动的分解，项目计划过于模糊。

项目第四步，需要制定相应的项目质量控制实施指导书，以便在项目实施过程中有相应的指导书可以参考执行，避免了不同人在项目中因为人的经验知识造成的差异，从而做到项目实施的高质量，以及项目过程中的可动态监控。

项目第五步，要有项目进度计划，因为华为发现只有关键里程碑，但是缺乏进度计划的项目，在项目实施过程中，项目关键里程碑的达成具有很大的偶然性，要把偶然变成必然就必须有相应的进度计划去保障关键里程碑的达成。

项目第六步，一个项目可分解为若干分项目，分项目组运作，以便更好地开展相应的项目管理工作，通过若干分项目的完成来实现整个项目的完成。

"项目管理六步一法"中的"一法"是指项目需要有有效的项目沟通策略，因为华为发现很多项目中的问题都是沟通不当导致的，所以项目沟通策略在项目管理中占据了重要的地位。

为了衡量项目管理成熟度，华为基于多种管理模型工具，制定了项目管

第四章
变革项目管理

理成熟度的相关标准,具体可分为5个层级,每个层级的典型特征如下。

1. 初始级:组织内不具备或未使用项目管理技能。

2. 推行级:组织内开始推行项目管理,有基本的项目管理技能,偶尔使用。

3. 运行级:项目管理已经完成推行,项目管理机能健全并全面运行,具有标准、统一的项目管理流程。

4. 集成级:项目管理技能高度集成,在组织内持续使用,项目执行结果可预测。

5. 领先级:项目管理技能达到世界领先水平,成为业界最佳实践。

我们在开展项目管理、建设过程中,也可以借鉴这个标准进行项目管理成熟度的自评,以便做出改进、提升。

除此之外,华为根据过去的经验积累与未来的业务需要,提出了华为的运作要从以功能为中心向以项目为中心转变的管理理念和工作要求。

为什么华为要提出以功能为中心转变为以项目为中心呢?

首先,因为华为认识到其各项业务都是由一个个项目组成的,具体来说就是产品研发项目、销售项目、交付项目、服务项目、采购项目、制造项目、管理项目与服务支撑项目等,这些项目已经天然地成为企业经营管理的基本单元,以项目为中心就是尊重企业组织发展的客观规律,是不以人为意识为转变的,如果违背了以项目为中心就是违背了企业组织发展的趋势,必然会影响企业竞争力、影响企业持续活下去的能力,这是华为绝对不会允许发生的情况,所以华为进入了必须以项目为中心的时代。

其次,华为经分析发现,其设备销售已经由过去的高速增长逐步转变为缓步增长,市场环境发生了变化,华为要想进一步提升企业经营效益,就必须精打细算做好每一个项目的经营管理,通过每一个项目的挖潜增效来提升其整体的盈利水平,这也要求华为必须实现从以功能为中心转变为以项目为中心。

最后,随着华为业务规模的扩大,项目数量急剧增长,因此华为必须有一套组织级的项目管理体系来支撑对这些项目做好经营管理、项目之间的协同、项目组合之间的协同等更高层面的项目管理工作的开展。所以华为到了必须从以功能为中心转变为以项目为中心的体系能力建设时代。

华为又是怎么理解从以功能为中心转变为以项目为中心的呢？

首先，华为深刻地认识到以项目为中心既不是一个口号，也不是通过一个简单的文件签发就能实现的，这是很多企业在项目管理实施过程中的常见现象。很多企业在认识到项目管理的重要性之后，就一纸发文宣布从某某时间开始，全企业要以项目为中心开展相关工作等，然后以为全员就会按照以项目为中心开展工作了。华为以项目为中心的转变的目标是在华为建立一个组织级的项目管体系，通过华为多年变革中管理体系建设的经验积累，华为认识到必须建立组织级的管理体系来保障以项目为中心的转变的落地实施。

其次，华为认识到以项目为中心必须建立全员的项目管理文化，通过项目管理文化的土壤培养出更多具备项目意识的员工，让员工在真正具备项目意识之后主动地去以项目为中心。

再次，华为还认识到以项目为中心必须加强项目管理能力的建设，让项目相关人员有能力去按照项目管理体系开展工作。

最后，华为根据多年企业管理体系建设的经验认识到，以项目为中心还必须建立相应的IT工具平台来支撑项目管理工作的高效开展，所以华为还花费了大量的资源去进行项目管理IT工具平台的开发与维护。

这几点合起来就是必须让项目管理有体系、有文化氛围、有能力、有IT工具。同时，华为还认识到，从以功能为中心转变为以项目为中心是一个逐步从弱矩阵化管理到强矩阵化管理的转变过程（见表4-1），需要循序渐进地开展，不能急功近利。

表4-1　不同类型的组织结构对应的项目特点

项目特点	组织结构				
	功能化	矩阵化			项目化
		弱矩阵	平衡矩阵	强矩阵	
项目经理授权	很少/无	少	少到中等	中等到高	高到完全
项目资源可获得性	很低/无	低	低到中等	中等到高	高到完全
谁管理预算	职能经理	职能经理	混合	项目经理	项目经理

续表

项目特点	组织结构				
	功能化	矩阵化			项目化
		弱矩阵	平衡矩阵	强矩阵	
项目经理角色	兼职	兼职	全职	全职	全职
项目团队成员角色	兼职	兼职	兼职	全职	全职

华为又是如何实现以功能为中心转变为以项目为中心的呢？

为了实现这个转变，华为建立了"以项目为中心"的项目管理能力建设框架。该框架主要包括建组织、定规则、流程/平台/工具、运营与度量4个方面。

项目管理能力建设框架中的"建组织"主要用于明确各类项目型组织在华为整个管理体系中的定位、地位和使命。这里特别需要提到的组织就是华为公司项目管理能力建设委员会、华为公司项目管理能力中心和各领域的项目管理办公室（包含变革领域的变革项目管理办公室）这3类组织。由于这3类组织非常值得当前准备开展项目管理体系建设的公司参考、借鉴，所以在这里，我们对3类组织各自主要职责做一个简单的介绍。

公司项目管理能力建设委员会的职责如下所述。

1. 匹配公司战略，把握公司以项目为中心运作的方向和节奏，提供高层指导意见。

2. 从高层推动解决项目管理体系转型中遇到的重大问题及风险。

3. 为项目管理体系建设提供高层支持和跨部门协调。

公司项目管理能力中心的职责如下所述。

1. 承接公司战略，构建和维护公司项目管理架构（含规则、流程 IT、组织、运营和度量）。

2. 项目经理的专业发展方向和能力要求。

3. 行业、优秀客户、竞争对手的先进项目管理理念的导入、学习、借鉴和内化推广。

各领域的项目管理办公室的职责如下所述。

> **活下去**
> 华为变革之道

1. 基于公司统一的项目管理政策，建设适合本领域的场景化、差异化、专业化的项目管理架构（规则、流程、组织、运营和度量）。

2. 跟踪度量本领域项目管理架构建设的执行情况并持续改进。

3. 培养和提升本领域项目经理团队的专业能力。

另外，项目管理能力建设框架中的"定规则"主要用来统一项目管理语言、规范项目管理运作。而建流程则是华为管理能力建设框架中"流程/平台/工具"的重中之重，华为一直在持续建设与优化各类项目管理流程，以便让项目管理流程更加适合对应的业务场景，发挥更高的效率，为客户创造更多的价值。华为为了让项目管理流程可以落地，又开展了针对项目管理流程的项目管理IT设计工作，通过IT平台来承载相应的项目管理流程实施，通过项目管理的IT化支撑华为的数字化转型。华为深知项目管理能力建设不是一锤子买卖，所以华为建立了相应的项目管理"运营与度量"规则/方法，以帮助项目管理体系持续提升和优化，让项目管理体系可以始终紧跟业务发展的需求。当前一些希望建立项目管理体系的企业也可以适当地参考一下华为项目管理能力建设框架的内容。

华为项目管理得以成功实施除以上的因素外，还有两点需要提一下。第一点就是持续营造的项目管理文化氛围，让项目管理深入人心；第二点就是项目经理的职业发展通道的设计，让华为优秀的员工都愿意承担项目经理的角色，且在承担项目经理角色、完成项目之后能够获得应有的激励。通过这两点"一软一硬"的牵引，华为形成了良好的项目管理土壤与让优秀项目经理辈出的项目经理激励机制。既然提到了项目经理，这里就必须介绍一下项目经理的角色与定位，项目经理通用角色定位如下所述。

1. 作为项目第一负责人，拥有领导项目的专业知识与经验，拥有优秀的协调能力，可以为项目拉通与协调各种所需资源，对项目的成功负责。

2. 根据项目工作需要，填补企业内部各部门工作流程中的模糊地带与职责缺位地带，同时推动组织流程改进。

3. 整合项目目标并合理分解项目任务，领导项目团队高效开展项目工作。

第四章
变革项目管理

4. 依靠自身的领导力，凝聚和稳定项目团队，作为项目团队人力资源管理第一负责人。

5. 合理管控与优化项目成本费用，对项目成本管控负责。

项目经理的工作重点就是抓项目、带队伍、管业务。用一句话概括就是，项目里面所有的事情都是项目经理的事情，项目经理就是项目的 CEO，每一个项目经理都卓越，公司才可能实现卓越运营。

二、变革项目管理四大阶段简介

结合项目管理的基本概念与变革的基本概念，变革项目管理就是将变革相关的知识、技能、工具与技术应用于变革项目活动，以满足变革项目的要求。变革项目管理是在有限的资源约束下，通过变革项目经理和项目管理团队的共同努力，运用系统的变革管理理论和项目管理方法对变革项目涉及的各项工作进行有效的管理，即在整个项目生命周期内进行计划、组织、指挥、协调、控制和评价，以实现变革项目的既定目标。

同时，基于前面介绍的华为项目管理框架与第三章介绍的华为变革管理体系，华为变革项目管理从过程维度可分为以下 4 个阶段。

📖 阶段一：变革项目筹备阶段

顾名思义，这个阶段就是为变革项目的启动进行前期筹备工作的阶段。"好的开始是成功的一半"，变革项目筹备阶段在整个变革项目管理中有着奠基性的作用。通常情况下，变革项目筹备阶段的主要活动如下所述。

1. 对变革项目团队成员进行变革项目管理相关流程与基础知识培训，以便让变革项目团队成员掌握充足的变革知识与方法、工具。

2. 进行变革项目资源需求分析，明确哪些是内部提供的资源、哪些资源需要从外部采购，如明确顾问采购需求与 IT 采购需求等。

3. 进行变革项目组的筹建，确定项目组组织结构等。

4. 组织输出高阶版本的变革项目目标、范围和关键里程碑。

5. 进行变革项目的成本预算等工作。

6. 准备变革项目的立项报告书。

7. 进行立项评审，一旦立项评审通过就进入了变革项目启动阶段。

变革项目筹备阶段是很多企业在变革工作中缺失的阶段，一旦这个阶段缺失，后面的很多工作都会受到影响，所以我们在开展变革的过程中对这个阶段一定要多投入时间和精力。笔者参加过的某变革项目，在项目筹备阶段就花费了3个多月的时间去做好这些基础工作，特别是变革项目的立项报告书，更是反复修改、完善，以确保其高质量的输出，为后续工作打下了坚实的基础。

📖 阶段二：变革项目启动阶段

当变革项目筹备阶段顺利完成，通过相关评审之后，变革项目就进入了启动阶段，就可以正式启动变革项目，开展启动阶段的相关工作活动。变革项目团队在启动阶段的主要活动如下所述。

1. 基于筹备阶段确定的变革项目组筹备材料，正式组建项目组团队并进行团队成员任命，以确保每一个团队成员清楚各自在变革项目组中的角色和职责，同时召开变革项目开工会，可以在开工会上正式发布团队成员的任命，让变革开工会更加有仪式感。

2. 项目团队制订高阶的项目计划，并与项目主要发起人沟通达成一致。

3. 项目管理办公室建立项目管理机制，包括团队成员的考核机制等。

4. 例行开展项目运作，按照项目管理机制输出相关的项目工作报告。

5. 进行相关关联关系分析，特别是变革项目利益关系人的分析和项目风险的分析。

6. 准备项目概念决策评审点的评审与决策材料。

7. 组织并进行项目概念决策评审点会议，如果会议决策通过则进入下一阶段工作。

很多失败的变革项目，在项目启动阶段往往会忽略变革项目利益关系人的梳理与分析工作，从而导致后面相关人员消极配合乃至抵触。华为为了解决这些问题，要求变革项目团队在项目启动阶段就进行变革项目利益关系人的梳理、分析并制定对应的沟通策略，以便在变革项目开展过程中及时消除变革项目利益关系人带来的阻力，最大限度地获取变革同盟军，让变革开展得更加顺利。

📖 阶段三：变革项目计划、执行与控制阶段

当变革项目启动阶段相关工作完成且通过评审与决策之后，变革项目就可以进入计划、执行与控制阶段了。这个阶段根据工作内容的先后顺序又可以分为 3 个子阶段：变革项目计划阶段、变革项目方案开发阶段、变革项目方案试点/验证阶段。此阶段的主要活动如下所述。

1. 项目方案组进行项目 WBS（Work Breakdown Structure，工作分解结构）分解，变革项目组制订整体的项目计划，项目组下各小组模块分别制订各自的详细计划，各小组模块的计划需要经过内部评审才能正式定稿，正式定稿之后需要交给项目管理办公室进行备案管理。

2. 持续进行变革项目利益关系人的分析与梳理，并根据前一阶段的高阶沟通计划制订详细沟通计划，并按照详细沟通计划开展相关沟通工作。

3. 由项目管理办公室落实其在前一阶段建立的项目管理机制，如项目人员考核机制等。

4. 变革项目组根据项目计划例行开展运作，并基于项目管理机制输出相关报告与交付件。

5. 在项目交付件快要完成全部开发时，启动项目试点/验证相关准备工作。

6. 如果项目组有顾问采购需求，则本阶段正式进行顾问采购并进行顾问管理，包括但不限于顾问合同签署、顾问在项目中的交付件的评审与验收、针对验收节点进行顾问合同付款等。

7. 准备相关评审点与决策点汇报材料。

8. 组织并完成相关评审点会议与决策点会议，如果决策通过则进行下一步工作。

一般情况下，变革项目计划、执行与控制阶段在变革项目周期中耗时最

多，耗费成本与资源也最多，所以这一阶段除了要做好以上的关键活动，还需要时刻监控项目成本费用，以确保项目成本费用是按照计划执行的，避免项目执行过程中成本费用超支的情况发生。在这一阶段还需要重点关注目标、范围和时间这三者之间的匹配关系，避免出现某一个因素的重大变化导致项目也发生重大变化。

📖 阶段四：变革项目收尾阶段

当变革项目通过了推行准备度评估之后，变革项目就进入了项目收尾阶段。此阶段的主要活动如下所述。

1. 项目组各推行团队及成员按照项目推行计划进行变革落地推行工作。
2. 由项目管理办公室负责对推行执行情况进行监督。
3. 识别并管理推行中出现的问题与风险。
4. 由项目管理办公室组织进行相关交付件归档。
5. 由项目组组织进行项目收益分析与评估，并输出相关报告资料。
6. 在项目推行完成之后，整个项目组进行项目总结，各个小组进行小组工作总结。
7. 如果有外部顾问采购，则进行评审之后进行顾问合同关闭及启动相关尾款支付流程。

在变革项目收尾阶段，除了要进行以上主要活动，在项目关闭之前还需要进行项目的各项关闭活动，所以活动关闭并完成相关交付件文档移交之后才能正式关闭项目。正式关闭项目时，往往会组织相关晚会活动，对项目组中的优秀团队、优秀个人、优秀事迹进行相应的表彰。

以上就是华为变革项目管理四大阶段的主要活动。华为变革项目管理除了各个阶段控制得好，还从知识域角度进行了深度的管理控制，主要包括变革项目综合管理、变革项目范围管理、变革项目计划管理、变革项目成本管理、变革项目质量管理、变革项目利益关系人管理、变革项目人力资源管理、变革项目沟通管理、变革项目风险管理、变革项目采购管理（主要包括项目顾问管理）、变革项目整体管理等（见表4-2）。

表 4-2　变革项目管理四大阶段与知识域

	变革项目筹备阶段	变革项目启动阶段	变革项目计划、执行与控制阶段	变革项目收尾阶段
变革项目综合管理				
变革项目范围管理				
变革项目计划管理				
变革项目成本管理				
变革项目质量管理				
变革项目利益关系人管理				
变革项目人力资源管理				
变革项目沟通管理				
变革项目风险管理				
变革项目采购管理				
变革项目整体管理				

各个知识域对变革项目成功的重要性并不完全一样，变革项目经理既要全面考虑，也要聚焦重点。清晰、明确且聚焦变革目标的变革项目范围是变革项目成功的基础，决定了变革项目要做什么；变革项目质量管理、变革项目成本管理和变革项目计划管理决定了如何做好变革项目；变革项目利益关系人管理、变革项目人力资源管理、变革项目顾问管理与变革项目风险管理是变革项目成功的重要基础。接下来我们就对其中部分领域进行简单介绍。

第三节　变革项目范围管理与计划管理

一、变革项目范围管理

任何一个项目如果在一开始时不清楚项目范围，那么后面执行起来就会困难重重，变革项目也不例外。曾经有一家公司（甲方）希望开展数字化转型，因此启动了一个运营数字化转型的项目。由于该项目是由该公司的总裁发起的，但是该公司的总裁并不清楚具体什么是运营数字化转型，只提出实现卓越运营的项目目标，因此该公司就聘请了某咨询公司来承接该项目，由于该咨询公司派遣的咨询顾问团队的实力较弱且与甲方的总裁沟通不畅，该

活下去
华为变革之道

咨询顾问团队未能清晰地与甲方的总裁进行项目范围的确认，只是根据自以为的项目范围列了一个项目实施计划，而甲方的总裁又以为根据该计划就可以实现他想达成的项目卓越运营的目标。结果当咨询顾问团队根据他们自身的计划实施之后，甲方的总裁提出这个实施只是解决了 A 问题，还有 B 问题没有解决，因此无法实现他要求的项目卓越运营的目标。咨询顾问团队只能再根据甲方的总裁的要求去解决 B 问题，但 B 问题解决后又冒出来了 C 问题，C 问题解决后又冒出来了 D 问题，最终结果是甲方的总裁对该咨询公司非常不满，该咨询公司对甲方也非常不满，双方合作得非常不愉快。出现这种情况的重要原因就是该咨询公司的咨询顾问团队不懂变革项目管理，即不懂得首先要确认变革项目范围，然后合理地发起项目变更。如果在这个项目中，咨询顾问团队配置了一个较高水平的变革项目经理，由其引导甲方的总裁确定具体的变革项目范围，在后续范围扩展时进行项目变更管理，那么甲方的总裁必然会认可该咨询顾问团队的专业性，双方的后续合作与配合也会好很多。所以说，变革项目范围管理已经成为一个优秀的咨询顾问的必备技能。

什么是变革项目范围呢？变革项目范围是指为交付特定的变革项目成果而必须完成的全部变革工作的总和。变革项目范围管理是变革项目中其他知识域管理的基础，其核心是工作内容的设定和取舍。一个项目的项目范围如果设定不清或没有取舍，那么其注定是一个失败的项目。所以，项目范围管理在一个变革项目中是不能回避的事情，是必须做好的事情。

那么，华为是如何开展变革项目范围管理的呢？根据华为变革项目管理规则要求，要做好变革项目范围管理，必须做好以下几个关键活动。

活动一：变革需求搜集

这里是变革需求搜集而不是变革需求收集，一字之差却代表着巨大的差异。变革需求的搜集，需要变革项目团队更多地发挥主观能动性，去搜集所有的变革需求，想尽一切办法去挖掘各类表面需求背后的真实需求，而不仅是做表面需求的收集。如何搜集变革需求呢？必须依据合理的需求搜集工具/方法进行。一般情况下，变革需求搜集可以采取的工具/方法包括但不限于高层访谈、骨干员工访谈、一线员工访谈、客户访谈、焦点小组、引导式研讨会、问卷调研、文件搜集与分析等。具体某个项目采取什么需求搜集工具/

第四章
变革项目管理

方法可以根据项目的实际情况进行适配。变革需求搜集是整个变革项目范围管理工作的基础，很多失败的变革项目往往在这一步就已经开始走向了失败。

这里可以举一个例子来说明。例如，某公司的总裁说他们公司有 LTC 流程变革需求，希望邀请几家咨询公司提交咨询建议书。这里的 LTC 流程变革需求只是该公司的总裁表面的需求，也许该公司的总裁是希望通过 LTC 来固化销售流程；也许是因为该公司的总裁听说其他竞争对手做了 LTC 流程，他觉得自己公司不能落后所以需要进行 LTC 流程变革等。咨询公司或变革项目团队在接受这个变革需求之后，只有通过自身的需求搜集工具/方法和积极主动性去深度挖掘客户需求背后的原因及客户表面需求背后的内在需求，才能制定出适合客户的咨询项目建议书。否则，咨询公司仅根据这个粗放的需求做出的建议书是很难匹配客户的内心想法的，就算被客户选中了，最终咨询项目的执行效果也是可想而知的。很多企业之所以敢变革，就是因为在项目开始过程中由于客户很难确认咨询公司、咨询顾问团队的专业性，也就很容易被不专业的咨询公司、咨询顾问所"忽悠"，所以说变革需求的搜集必须做到书面记录。

活动二：确定变革项目范围与工作范围

在进行变革需求搜集的同时，变革项目团队还要根据相关专业经验与需求分析材料输出项目范围建议初稿，然后把项目范围建议初稿提供给项目甲方或项目发起人反复沟通确认。变革项目团队在与甲方或项目发起人完成项目范围确认之后，就需要进一步制定项目的 SOW（Scope of Work，工作范围）。在这个活动中，特别需要注意的是反复与变革项目利益关系人的沟通，以便达成一致意见，且必须将每一次的沟通都记录在案，以备将来不时之需。

这里也用一个例子来说明。例如，曾经有一个变革项目团队接受了公司董事长安排的公司内部变革项目，然后该变革项目团队为了确定变革项目范围，基于董事长提出的诉求进行了广泛的内部调研与客户调研，并基于调研分析输出了一个高阶的初稿，然后拿着初稿去与公司内部的几位实权派的副总裁进行沟通。在沟通过程中，几位负责实际业务的副总裁都口头表示了赞同并认可项目范围及其相关计划，但是该变革项目团队由于缺乏专业经验，而未将沟通情况进行书面记录并留档。结果在该变革项目团队向董事长进行项目范围汇报时，几位实权派的副总裁都跳了出来，反对项目范围并表达了其他诉求。最终该变革项目还未正式启动就胎死腹中。这就是变革项目范围沟通确认过程中缺乏专业技巧导致的失败。

📖 活动三：创建变革项目 WBS

在前面的活动一和活动二开始之后，变革项目团队就需要随之启动创建变革项目的 WBS（Work Breakdown Structure，工作分解结构）分解工作（见图 4-2）。WBS 分解，顾名思义就是把变革项目中的工作项"大事化小"，将变革项目任务按照一定逻辑进行逐层分解，分解到可预测、可管理的单个活动为止。WBS 分解的原则是完全穷尽，且每一个分解项之间互相独立。WBS 分解通常采用的是自上而下和头脑风暴的方法，特别需要注意的是每一次头脑风暴都要形成书面文字记录，避免遗忘。一般来说，WBS 可以包括项目的各个阶段、各阶段下的关键里程碑，以及各项目活动、交付件等。WBS 制定得越详细，后面实施起来越顺畅。

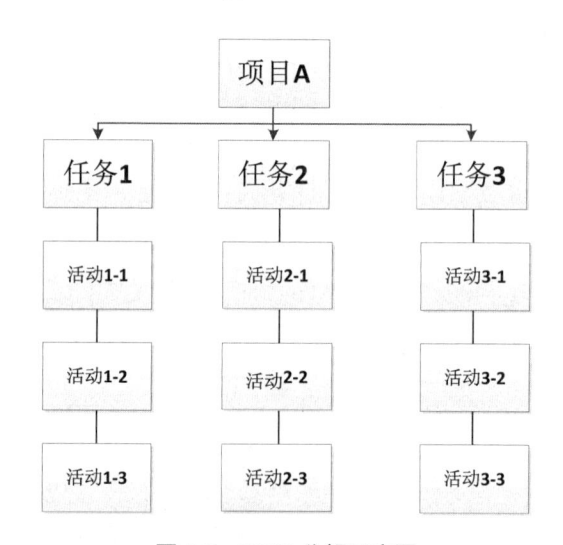

图 4-2 WBS 分解示意图

当一个项目在初期完成了这 3 个关键活动之后，项目范围管理阶段的也就基本完成了。由于变革项目中存在诸多不确定性，因此在变革项目实施过程中就必然会伴随着各种项目变更的发生。华为变革项目管理规则要求，在项目变更之前需要进行相关范围的核实，然后根据变更内容的重要性等因素进行评估、决策，评估、决策通过之后才能正式进行变更，从而保证项目变更的严肃性。

二、变革项目计划管理

变革项目计划管理，又称项目时间管理或项目进度管理，是指在变革项目的进展过程中，为了确保变革项目能够在规定的时间内完成既定的项目目标，对项目活动进度及日程安排所进行的管理过程。众所周知，任何项目都需要有计划、都需要进行计划管理，变革项目也不例外。但是在现实的变革项目计划管理中，经常出现以下误区。

误区1：某些企业因为缺乏变革管理经验，不知道如何制订变革项目计划，所以在变革项目开展过程中，一边开展变革项目、一边制订计划、一边修改计划，就和项目管理中的"三边"工程非常类似，这样操作的结果就是变革项目的时间进度完全不受控。虽然企业向变革项目投入了大量的资源，但是很多资源都由于变革项目计划管理的缺失而浪费了。

误区2：某些企业虽然缺乏变革管理经验，但是在其他领域的计划管理经验比较丰富，所以信心满满地制订了一个看似完美却无法落地的变革项目计划，而且由于企业内的集权制管理，很多管理人员明知这个计划行不通、过于理想，也不表达意见。大家就眼睁睁地看着像"皇帝的新衣"一样的变革计划被发布，最终结果大家也就可想而知了。

误区3：某些企业在开展变革项目时，虽然任命了相关的变革项目执行团队，但没有任命变革领导团队，所以变革项目计划的制订、执行和监控都由变革项目执行团队自己说了算。这就是那种经常被人调侃的变革项目执行团队既是裁判员又是运动员的情况，无论变革项目执行团队的计划是否合理、计划执行得是否合理，变革项目执行团队在工作汇报中都圆满完成了变革工作计划。

面对这些误区，华为是如何解决的呢？华为又是如何做好变革计划管理的呢？华为变革项目计划管理通过以下4个关键活动来实现变革计划的合理性、可实施性，并做好相关的监控管理。

活动一：制订变革项目里程碑计划

我们在本章第二节华为"项目管理六步一法"中介绍了华为对于项目中关键里程碑的关注和管理。华为在变革项目中参考、借鉴了交付项目的部分成功经验，其中包括项目里程碑的管理。对项目里程碑的管理首先就是制订项目里程碑计划。比如，在某变革项目的推行阶段，就以××区域推行完成为一个里程碑，以××产品线推行完成为另一个里程碑，以全部业务单元推行完成为最终里程碑，最终通过 3 个里程碑计划来确保整个推行计划的完成。我们可以以一个通俗易懂的例子来说明。例如，小强现在正在上小学，他的目标是以后考上某个名牌大学，那么为了考上该名牌大学，他家里人给他制订了的项目里程碑计划。第一个里程碑是小学升初中时考上省级重点中学××初中；第二个里程碑是初中升高中时考上省级重点高中××高中；第三个里程碑是在高考前的模拟考试中进入全省××名以内；第四个里程碑是高考顺利考上该名牌大学。那么，小强为了考上该名牌大学就可以基于这几个关键里程碑进行相关的项目推进。

活动二：制订变革项目详细计划

一个完整的项目计划只有关键里程碑是远远不够的，还必须有详细的项目计划。当然，变革项目的详细计划不是说一开始就一定要制订得非常详尽，某些当下无法做到详尽的计划可以留在后续的阶段进一步详细分解、制订。但是，只要是在当前阶段可以详细分解的项目计划一定要制订得详细，越详细的项目计划越便于执行与监控。华为对变革项目计划的要求是非常严格的，在项目立项阶段就会对其进行专业的评审与决策。常用的项目进度计划制订工具有甘特图（见图 4-3）、关键路径法等。

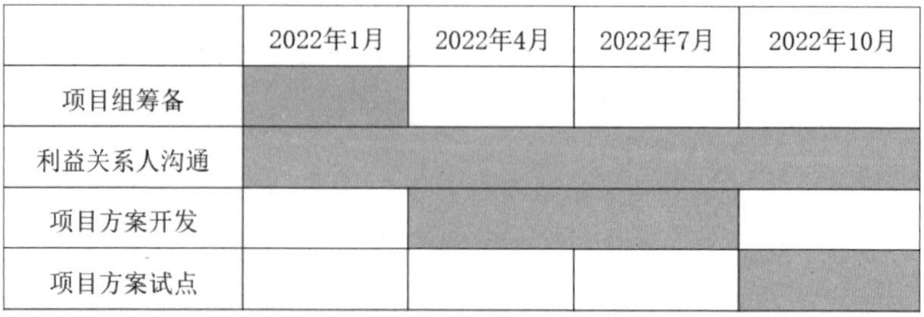

	2022年1月	2022年4月	2022年7月	2022年10月
项目组筹备				
利益关系人沟通				
项目方案开发				
项目方案试点				

图 4-3　项目进度计划制订工具——甘特图示意图

📖 活动三：执行项目计划

这个活动贯穿了变革项目的方案开发、试点/验证、推行这几个阶段。

📖 活动四：监控项目计划的执行情况

根据华为变革项目管理的要求，必须在项目执行过程中对项目计划的执行情况进行相应的监控，以确保项目是按照项目计划执行的，同时在发现执行过程中的计划变革需求时及时发起计划变更申请，从而保障整个项目计划的顺利实施。华为的变革项目计划监控多数由变革项目组对应的变革项目管理办公室负责。

在整个变革项目计划管理中，也应用了 WBS 分解法，目的是让计划工作准确、清晰、可执行。

第四节　变革项目成本管理与质量管理

一、变革项目成本管理

在企业经营活动中，所有的活动都是有成本的，任何一项活动如果成本过高，则企业是无法承担的，因此越来越多的企业认识到成本管理的重要性。变革项目也不例外，它也需要进行相应的成本管理。但是由于变革项目的收益往往在短期内是看不见的，所以变革项目的成本管理更加需要重视。在具体介绍如何开展变革项目成本管理之前，我们先来看看几个常见的变革项目中的成本管理误区。

误区 1：由于很多企业的变革项目都是弱矩阵式项目，所以在变革项目的成本预算中只有顾问费用相关的成本，没有自有人员相关的人力成本、差旅成本、宣传成本等成本项。这种情况经常导致参与变革的人员为了变革项目发生的成本被记入成员所属的功能部门，但功能部门做成本预算时，往往不会记入这部分成本，也不认可这部分成本属于功能部门。一旦功能部门派到变革项目团队的人员需要发生一些变革相关的差旅成本、宣传培训成本，功能部门和变革项目组就容易因为成本归属"扯皮",甚至产生矛盾。特别是近几年,很多企业都对成本管控得非常严格,功能部门在自身业务相关成本费用预算非常紧张的情况下,就更难以承受部门业务之外的变革项目相关成本。要想业务部门在自身预算紧张的情况下承担变革相关成本,只能期望个别业务部门主管比较有大局观和全局意识,但这不是长久之计,这些成本总不能一直让拥有大局意识的部门承担。所以,关于变革项目的成本管理,第一步就是变革相关工作必须进行对应的成本预算,必须有自己的成本项目。正所谓"兵马未动粮草先行",面对一个弱矩阵式的、没有成本预算的变革项目,再厉害的变革项目经理也是"巧妇难为无米之炊"。

误区 2:某些开展变革的企业,认识到了变革项目必须有成本预算,但又因为缺乏相应的参考数据与模型,不知道做多少成本预算才是合理的,就干脆只给一个报销的费用编码,不进行具体的管控与计划。变革项目的成本费用缺乏管控导致变革项目费用支出缺乏计划、缺乏管理,非常具有随机性,给整个企业的财务管理带来了一定的挑战,从而导致企业的财务部门对变革项目团队意见极大,经常出现财务和变革项目团队为了变革费用管控而争吵的情况。

在了解完一些常见的成本管理误区之后,我们再来看看华为是怎么进行变革项目成本管理的。华为变革项目成本管理从成本计划的角度可以分为以下 3 步。

📖 第一步:罗列项目所需的资源清单

罗列变革项目所需的资源清单,包括人员、IT 工具等,这一步非常重要,一定要根据项目范围和高阶计划列清楚,项目所需资源清单罗列得越清楚,后面的成本估算和预算也就越顺利。进行这一步工作时,可以邀请项目筹备的相关成员一起参加,如果有可能尽量邀请专业的变革人员参加,让专业的变革人员给大家提供一些指导模型和参考数据,然后大家进行头脑风暴、反复讨论,在群策群力的基础上输出项目所需资源清单。这里特别需要注意的是,某些企业在开始变革项目筹备时,可能只有项目经理一个人,企业内也没有专业的变革人员,这时清晰地列出所需资源清单就有些困难。那么,这时该怎么办呢?其实这时可以多邀请几个咨询公司来交流,请咨询公司给出相应的变革建议、变革资源建议，并基于各家咨询公司的建议方案进行对比，从中选择一家最专业、最适合的咨询公司参与到项目中，借助外部力量的整合、制定项目所需的资源清单。

第二步：进行项目成本估算

在完成项目所需资源清单之后，我们就进入了项目成本估算这一步，在这一步，变革项目筹备相关人员需要在项目经理的带领下，针对清单中的各个子项目进行成本估算。对于这一步工作，最好邀请人力资源与财务管理两个部门的人员参与进来，这样才能做出一个变革项目团队、人力资源、财务多方认可的变革项目成本估算。当对成本估算达成一致后，再进行成本预算时，相关沟通也会顺畅很多。对于这一步工作也可以邀请外部力量，让咨询公司参与进来，借鉴咨询公司在其他类似企业、类似变革项目中的成本估算经验。

第三步：进行项目成本预算

当项目成本估算和 WBS 分解都执行得差不多时，就可以启动项目成本预算工作了。通常情况下，任何企业的预算都要基于企业财务的预算制度开展。所以在预算制定这个环节不仅要加强内部的预算制定工作，也要和财务部门进行大量沟通，以便获取财务在预算制定上的专业帮助，同时让财务清晰地了解变革预算的底层支撑数据与逻辑，以减少被财务砍掉部分变革预算的可能性，为变革项目争取到合理的预算。

通过上述 3 步，基本完成了项目成本计划的全过程，但是我们一直在说成本，却不知道到底有哪些成本项，所以这里简单介绍一下一个通用的变革项目一般包括哪几类成本费用项，如下所述。

第一类：针对变革项目中参与的自有人力成本。自有人力成本包括项目组中与业务相关的人力成本、与流程 IT 相关的人力成本等。

第二类：变革项目中的咨询顾问成本。因为华为的多数变革项目都会邀请外部咨询公司参与，因此往往会产生咨询顾问成本。咨询顾问成本包括业务咨询顾问成本与 IT 顾问成本等外部成本，具体每个项目的咨询顾问成本根据项目情况而有所差异。

第三类：IT 系统开发成本。由于华为坚信没有 IT 承载的变革成果是难以固化的，华为要求流程变革必须由IT系统支撑，因此华为很多的变革项目都会开发配套的IT系统，因此就会产生IT系统开发成本。

第四类：其他成本费用，如变革项目组的日常办公费用、差旅费用、宣传费用、培训费用等。每个项目都有各自相应的成本费用，从而保障项目组各项工作的顺利开展。

针对以上成本项，每个变革项目在项目初期就需要进行相应的项目概算，在项目正式立项时就需要进行正式的项目预算申请，以确保项目中各项活动的成本费用都可以归集到相应的项目成本费用项中。在项目执行过程中，一旦成本超出某个比例，就需要进行项目预算变更。在项目关闭时，需要对项目成本费用进行核算，项目核算完成是项目关闭的重要条件之一。

为了控制项目成本，让全体项目组成员都有成本意识，变革项目管理办公室往往会组织多种成本管控的宣传与培训活动，让项目组成员在开展项目组工作的同时牢固树立成本意识。

综上所述，变革项目的成本管理包括估算、预算、预算执行监控、核算等环节。华为通过这样完整的项目成本管控手段来实现对每一个变革项目的成本的把控，从而避免变革项目成本超支与浪费。

二、变革项目质量管理

变革项目质量管理是很多企业在变革项目开展过程中容易忽视的地方。很多企业往往以为为变革项目输出一堆交付件后并移交给业务部门即可，但是变革项目输出交付件质量的高低往往严重影响着业务部门的接受度与项目能否顺利地实施。

例如，有一家公司感觉其销售业务管理比较混乱，每个销售人员的行为模式都不一致，难以发展壮大，希望进行销售业务规范化管理。因此该公司的老板要求销售副总裁建立相关的销售业务管理机制。销售副总裁随之安排了销售体系内部几个比较出色的销售人员负责相关销售业务管理文档的编写，希望他们顺利完成该任务。这几个销售人员通过一番操作之后写出了一份销售业务管理指导书，其中包括了销售业务的各个环节。但是由于这几个

第四章
变革项目管理

销售人员各有特色，又都缺乏规范化文档的编写经验，这份销售业务管理指导书中的某些环节描述并不详尽。例如，对于客户拜访环节，只有一句话"完成客户拜访并获取客户认可"。每个销售人员虽然都看得懂这一句话，但大家都不知道应该怎样规范化、标准化地操作，于是还是像以前一样该怎么做继续怎么做。这是由相关负责人对变革项目输出质量缺乏认识和缺乏管理造成的。

华为变革项目质量管理遵循着全面质量管理的要求，"全面"是指"全员、全过程、全项目"，其核心思想就是要求正确的人在正确的场合一次性把正确的事情做正确，即变革项目的规划正确、变革项目的过程执行正确、变革项目中的团队成员正确。具体来说，变革项目的质量管理必须遵循以下质量管理的要求：

1. 质量管理必须坚持以客户为中心。这里的"质量"是指满足客户的需求，具体来说就是产品、解决方案和服务满足客户的需求，为客户创造和传递价值，实现客户满意和卓越经营的目标，任何时候都要聚焦于客户，认真倾听客户的需求，完全实现给客户的承诺；衡量质量好坏的标准是是否满足客户的需求；了解、评估、定义和管理期望，以便满足客户的需求。这就需要把"符合客户要求"（确保项目产出预期的结果）和"适合使用"（产品或服务必须满足客户的实际需求）结合起来。变革项目的直接客户就是变革部门对应的变革发起部门/变革项目发起人，因此变革项目的质量必须符合变革发起部门/变革项目发起人的要求，变革项目团队不能"关起门来自己玩自己的"、自以为好就行。

2. 一次性把正确的事情做正确。按照事先确定的变革项目要求，变革项目团队的每一个成员应该第一次就把负责的工作做到符合项目要求，如果发现问题，则立即停下来解决问题。要完成变革项目发起人/项目发起部门的要求，就必须把"客户第一"的意识贯穿整个变革项目团队组织内部，即项目内部的下游流程就是上游流程的客户，必须突出且明确每个作业流程/每个活动环节的交付输出质量，在作业流程的每个环节把好质量关，让每个环节的交付符合要求，上游不能把问题带到下游，一次性把事情做正确，坚决杜绝工作中的"差不多"心态。

3. 预防胜于检查。变革项目的质量是管理出来的而不是检查出来的或事后补救出来的，变革项目质量是系统地规划、设计，以及构建、管理出来的。要加强项目质量问题的预防措施，防患于未然。预防错误的成本通常比在检查中发现并纠正错误的成本低得多。预防，是指变革项目团队要事先了解相关操作过程，知道如何进行相关的作业流程，从而对作业流程中容易出现质量问题的地方进行不断的检查、审视，识别出可能出现质量问题的地方，并对其进行重点关注与有效控制。

4. 全员参与。变革项目质量管理是变革项目团队中每个成员的事情。变革项目团队中的每个成员都是变革项目成功保证的一部分，变革项目质量与每个成员密切相关，每个成员既可能引入工作缺陷与交付件缺陷，也可能预防或发现、排除问题，只有大家充分参与才能使变革项目团队的集体智慧与努力为变革项目带来成功。团队成员只有不断提升变革管理技能和在业务领域的专业技能、增强质量意识，才能在变革项目工作中高质量地交付输出。

5. 变革项目经理是变革项目质量管理的第一负责人。变革项目的成功需要变革项目团队全体成员的努力参与，但是项目经理是变革项目质量管理的第一负责人，这个责任不能委托给任何团队成员，项目经理必须重视并亲自参与，这样才能形成一个真正的全员有高质量意识的变革项目团队。如果变革项目经理自身没有质量意识，却要求团队成员拥有质量意识，则这个项目的质量是很难保证的。

讲完变革项目质量管理的理念之后，我们再来看看变革项目质量管理具体包括哪些。变革项目质量管理从具体的维度来说主要包括变革项目整个活动过程质量管理、评审决策质量管理、交付件质量管理，通过变革活动过程的高质量和评审决策的高质量来确保变革输出件的高质量。除此之外，变革项目团队还要对团队成员的质量进行严格的把关，以确保变革项目组中的每一个成员都是优秀、合格的人员，通过团队成员的高质量来支撑活动的高质量、评审决策的高质量、交付件的高质量。变革项目团队中各小组、各模块对自己的活动过程质量和交付件质量负责，变革项目管理办公室对各个小组的质量进行监督。比如，笔者曾经参加过的某项目在某一小组的交付件评审时，变革项目管理办公室和相关流程专家发现了文档中的多个缺陷，然后该小组的交付件的首次内部评审就没有通过，被驳回并要求重新按照相关规范的要求输出。变革项目团队中小组或单个成员的活动质量或交付件质量应与小组或成员的考核挂钩，如果某个小组或成员的交付件质量经常较差，那么这个小组或成员的绩效就会受到影响，严重时这个小组或成员会被调离变革项目团队。为了营造高质量的文化氛围，变革项目管理办公室还会定期组织各类与质量管理相关的宣贯活动。

综上所述，变革项目质量管理包括前期的质量管理规定、过程中的质量监控、相关的考核导向、高质量的团队成员组成，以及质量文化的持续宣贯等。

由于成本和质量之间的强相关性，所以变革项目在考虑成本时，质量也是一个重要的参考项，一个优秀的项目经理需要在这两者之间做好平衡，在不超出既定成本和保证项目进度的前提下保证项目的高质量。只做到了高质量，但成本严重超支或进度严重迟缓的变革项目并不是一个合格的变革项目。

第五节 变革项目利益关系人管理

一、变革项目利益关系人管理的基本概念

我们在第一章中就提到过，导致变革失败的最大的因素就是人的因素。变革的实质就是人的改变，具体来说就是改变人的思想文化、行为模式与做事运用的工具等。网络上有一句很流行的话："想改变别人的都是神经病，改变自己的都是神。"从这句话大家也能看出改变别人的难度，但是变革管理恰好做的就是改变人的事情。

因此，要做好变革项目管理，就不得不考虑怎么做好变革项目利益关系人管理，尽可能地减少变革阻力，扩大变革同盟军，用一句通俗的话来说就是"把变革的敌人搞得少少的，把变革的朋友搞得多多的"。在做这一步之前，首先要分析谁是变革中的朋友、谁是变革中的敌人、谁是变革中可以被"拉拢"的中间分子，这是变革项目团队在启动变革工作过程中必须回答的问

题，用书面语言来说就是需要首先做变革项目利益关系人的梳理。

那么，什么是变革项目利益关系人呢？变革项目利益关系人指的是某个群体或特殊的个人，该群体或个体受变革项目的影响，或者该群体有影响变革项目成功或阻碍变革项目顺利开展的影响力或资源权限调动能力。这样说起来可能还是太抽象了，容易存在误区，下面用几个示例来进行具象化的说明。

误区1：比如，某公司为了削减成本开支，需要进行人员结构优化，那么所有被优化的人员都是变革项目利益关系人，如果这些人集体抵制，则这个变革项目顺利实施的难度就会增大很多。

误区2：比如，某公司希望学习华为建立立体式的客户关系，在立体式客户关系建立过程中，要求各大客户总监能顺利地对接各自负责的客户决策层的客户关系，但是这些客户决策层的客户关系原来都紧紧掌握在该公司的营销副总裁手中，大客户总监只有给营销副总裁"拎包"的份，拜访客户时都由营销副总裁和对方决策层沟通，大客户总监在外面候着。要建立立体式的客户关系就必须要求大客户总监能够对接他们各自负责的客户决策层的客户关系，这时变革项目利益关系人就是各个大客户总监和营销副总裁，大客户总监会感觉自身工作的挑战增加了，营销副总裁会感觉自己手里的资源被稀释分配给下面的大客户总监了，且营销副总裁对客户关系管理的推行、实施有着重大的影响力。在这种情况下，一旦没有做好营销副总裁和大客户总监群体的利益关系人管理，新实施的立体客户关系管理就很容易流于形式或直接被废弃。

误区3：比如，某公司希望推行项目制管理，这时原来的职能部门的负责人都会成为利益关系人，因此他们会被项目制管理影响，他们手中的部分权限会被转移到项目经理手中，但他们也有影响项目制管理实施的影响力，如果不能做好这群利益关系人的管理，那么项目制管理大概率会推行失败。近些年来，很多企业在项目制管理的推行过程中，无法成功的重要原因就是没有做好职能部门主管这群利益关系人的管理，如果他们掌握了合理的变革项目利益关系人管理的方法、技巧并按照实施，也许失败的概率就会小很多。

误区4：比如，某公司希望推行新的干部管理机制，实现干部能上能下

第四章

变革项目管理

的变革项目。很多人可能基于前面的学习已经知道了本次变革项目中一个重要的利益关系人就是该公司的领导层群体。其实，对于企业内领导层管理这类变革项目，公司的老板/董事长这样的"一把手"也是非常重要的利益关系人。如果变革方案不能获得"一把手"的坚定支持，那么在这种变革方案实施过程中，部分因被变革项目团队评估不合格而下去的领导，就很可能会去找"一把手"告状，如果这群人都去找"一把手"告状，"一把手"听多了关于变革的负面问题，就会对变革方案产生怀疑和动摇。一旦"一把手"产生了怀疑和动摇，这类变革一般都会半途而废或直接被否定。

误区5：比如，某汽车厂家针对当前的疫情环境，希望通过降本增效来提升其盈利能力，结果该汽车厂家降低了汽车部分零部件的配置，用部分成本更低的部件替代原来的质量好、价格贵的部件。这种降成本的减配变革最终影响的是该汽车的用户群体，一旦新的用户群体发现了汽车减配之后带来的质量下降问题，那么该汽车在用户群体中的口碑和品牌形象就会下滑，从而可能影响未来的销量。所以该汽车厂家在降低配置时，就需要制定相应的与利益关系人（汽车用户）进行沟通的策略与计划，避免汽车减配带来的因小失大问题。

从上面的示例中我们可以发现，进行变革时必须花费时间与精力做好变革项目利益关系人管理，其具体原因归纳如下。

1. 做不好变革项目利益关系人管理，就无法让那些对变革有着重要影响力的个体或群体为变革提供有力的支持，变革同盟军难以形成。

2. 做不好变革项目利益关系人管理，就无法消除变革中的潜在风险，无法有效地进行变革中人的因素的风险管理，导致变革失败的风险增加。

3. 只有做好了变革项目利益关系人管理，才能清晰地获知各利益关系人的各种诉求，才能在项目目标不变的前提下，把握变革过程中适当的灰度与妥协度，形成多方利益的平衡。

到这里大家已经明白了变革项目利益关系人管理的重要性，接下来我们来看看做好变革项目利益关系人管理需要回答哪些关键问题。

1. 谁是变革项目利益关系人？这是进行变革项目利益关系人管理需要

回答的首要问题。

2. 那些被变革项目显著影响的利益关系人会受到变革的哪些影响？他们对变革的顺利开展可以产生多大的影响？

3. 那些虽然不被变革项目显著影响，但是对变革有重要影响力的利益关系人对变革有哪些影响？

4. 各利益关系人对变革项目的态度是反对的、支持的，还是中立的？

5. 被变革项目显著影响的利益关系人最担忧的问题是什么，他们最希望变革项目的走向是什么？

6. 针对那些被变革项目显著影响的各利益关系人，我们可以采取哪些策略和行动？

7. 针对那些虽然不被变革项目显著影响，但是对变革项目有着重要影响力的利益关系人，我们又可以采取哪些策略和行动？

这些都是在变革项目利益关系人管理中不能回避的问题，只有这些问题被解决了，变革项目利益关系人管理才能顺利地开展下去。

二、如何进行变革项目利益关系人管理

前面一节讲完利益关系人管理的一些基本概念之后，我们接下来看看到底如何进行变革项目利益关系人管理。如果用流程来表述，那么变革项目利益关系人管理流程可以大致分为以下 6 步。

📖 第一步：识别利益关系人

变革项目团队需要识别出变革项目的各个利益关系人，并且书面输出，这一步可以通过访谈、调研、内部文件阅读等方式搜集信息，确定利益关系人。这一步重要的输出就是利益关系人地图。

📖 第二步：识别利益关系人的诉求

这一步比较复杂，变革项目团队首先需要对整个业务、整个组织、各利益关系人的诉求、背景、履历进行详尽的分析，然后输出利益关系人诉求分析初稿，并通过多种手段进行确认。关于利益关系人诉求的确认这一点非常

重要，一定要进行确认，变革项目团队不能想当然地"拍脑袋"写出一个利益关系人的诉求，必须是符合实际的。所以利益关系人诉求的搜集与确认，既是一门科学，又是一门艺术，非常考验变革项目团队的综合素质。

📖 第三步：制订利益关系人管理的行动计划

这一步首先需要对利益关系人管理进行项目团队内部分工，然后由各利益关系人管理负责人制订相应的行动计划，行动计划必须在内部评审通过之后才能确定。这一步最重要的输出就是利益关系人管理计划表（见表 4-3）。

表 4-3 利益关系人管理计划表示例

主要利益关系人	对变革的影响程度	受变革的影响程度	当前立场与状态	管理目标	行动计划与措施	主要负责人	更新状态
高管 A	高	中	…	…	…	…	…
中层 B	中	高	…	…	…	…	…
中层 C	高	高	…	…	…	…	…
中层 D	中	高	…	…	…	…	…
…							

📖 第四步：实施利益关系人管理的行动计划

这一步就是实施第三步制订的行动计划，这一步说起来简单，但是做起来也是非常困难的。很多变革项目中的利益关系人并不是一时半会儿就能被影响的，变革项目团队中的各利益关系人管理负责人在实施行动计划过程中可能经常受到挫折，但是千万不能气馁，一定要继续努力、坚持不懈，用变革的坚韧意志多尝试不同的行动手段和技巧去推进相关行动计划。

📖 第五步：监控行动计划的执行情况

任何行动计划都必须进行监控，避免行动计划中出现问题，这一步主要由变革项目管理办公室负责。

📖 第六步：评估利益关系人对变革的支持度

每隔一段时间，项目组可以基于利益关系人管理的行动计划的开展情况进行一次评估，评估原来对变革持有反对态度的利益关系人是否已经转为中立态度，评估原来对变革持中立态度的利益关系人是否已经转为支持态度，评估原来对变革持支持态度的利益关系人是否继续持支持态度，以便及时刷新利益关系人管理的行动计划，让计划更加精准。

看完这个流程我们会发现，利益关系人管理和大客户销售中的关键客户关系管理有着诸多相似性。两者都是对准关键角色进行的，不同的是大客户销售向关键角色销售的是常见的产品与解决方案，变革项目团队向关键利益关系方销售的是变革方案和思想，如果把变革方案看作一种产品与解决方案，那么两者的相似度就会更高。所以说，做变革管理和做大客户销售有着诸多相似之处，都是企业里面最复杂、最困难、最有挑战性与成长性的工作。我们可以把很多大客户销售中的技巧方法借鉴、复制到变革管理过程中。

无论是利益关系人管理还是大客户销售，有一点特别需要强调和注意的是利益关系人管理过程中相关资料与信息的保密性要求。因为利益关系人管理过程中会输出许多针对利益关系人信息的分析材料，这些材料具有一定的敏感性与保密性，一定要做好对应的保密工作。曾经，某家公司在变革过程中，咨询公司的咨询顾问团队做了一份利益关系人评估报告，结果不知哪个渠道出现了问题，被咨询公司识别为对变革持负面态度的几位高管了解到了这份评估报告的内容，特别是他们被咨询顾问评价为负面态度的这部分内容，以至于在后来的变革项目开展过程中，部分被评价为负面的高管面对变革项目持非常对立的态度，处处针对变革项目组的相关工作，给变革项目组工作增加了很多的困难。这就是没有做好保密性工作带来的后果，如果读者中有正在做变革相关工作的，一定要注意利益相关者信息资料的保密性，以减少不必要的问题与麻烦。

接下来，我们来看看利益关系人管理可以采取的方式都有哪些。首先，针对某一个群体的利益关系人，我们可以采取的方式有面对面沟通（包括正式与非正式）、各类变革宣贯培训、组织群体学习、进行团队建设（包括干部管理等）、大规模的干预等。其次，针对个体利益关系人，我们可以采取的方式有面对面沟通（包括正式与非正式）、各类变革宣贯培训、变革相关的专业指导、变革相关的激励、变革相关的授权等。

在这里，我们可以看到排在前面的就是沟通和培训，可见针对利益关系人的沟通和培训在变革项目利益关系人管理中的重要性。

第四章

变革项目管理

关于利益关系人的沟通，一定要保持沟通的频度，才能识别出利益关系人担忧的关键问题，以及利益关系人的立场与诉求；做到及时与利益关系人沟通变革内容与进展，以及认可他们可以帮助变革顺利开展的重要角色、位置；做到及时征询利益关系人对变革方案及变革进展的理解，确保理解的一致性；做到让利益关系人公开他们的担忧和诉求，以便变革项目组可以采取对应的行动来解决这些担忧和诉求；做到及时地注意利益关系人的感受和立场变化。

在与变革项目利益关系人的沟通过程中可以用到如下沟通技巧，基于沟通技巧的运用要根据沟通场景、沟通对象、沟通内容进行适配。

技巧一：一定要发自内心地对沟通对象表示关心、尊重与认可。表现出专业与人性化的沟通精神，以诚挚的态度关心对方并表现对对方感受的肯定及应有的尊重。

技巧二：在沟通过程中一定要仔细聆听、适当反应。不轻易干扰或打断对方的表达过程，细心聆听对方表达/提供的沟通信息，感受对方当下的情绪状况，并在适当的时机给予肯定及相应引导。

技巧三：重要的正式沟通需要进行书面记录，并把记录内容发给对方确认。这样可以表现出重视对方的谈话内容，并能清楚地记载沟通关键点，以免有所遗漏或事后忘记的事情发生。主动把沟通内容进行整理，输出要点与摘要，及时和对方确认沟通结果，避免双方误解，并有加强沟通的效果。

技巧四：在沟通过程中可以设置一些指定选择项。在谈话过程中逐步引入事先设计好的理想的封闭式选项，促使利益关系人做出有利于变革工作开展的选择。

技巧五：引导。设计结构式的谈话，逐步引导谈话内容的转变、重点的转移，从而获得自己想要的谈话空间。

技巧六：尽量导出结果（利益关系人的相应承诺）。摆脱陷入泥沼的无效沟通，避免没有结果的无效沟通，以主动的方式为双方建立明确的、双方都可以接受的结果。

技巧七：在沟通过程中及时给予对方激励。可以通过多种沟通方式给予对方精神上或物质上的激励,以便让沟通对象更加乐于参与变革相关的沟通。

关于利益关系人的培训,一定要保持高频度的宣贯培训,让利益关系人在宣贯培训中潜移默化地感受到变革是不可避免的,只有拥抱变革才能获得最大的收益。尽量做到变革进展过程中的各个关键环节可以公开的信息都对利益相关者进行培训,以便让利益关系人清晰地了解变革的全过程,避免利益关系人被不实信息所误导而产生对立行为或其他消极行为。

华为的变革项目组在利益关系人管理过程中经常用以下两个工具图表,大家在利益关系人管理过程中也可以参考和借鉴。

1. 利益关系人地图。对利益关系人的关系进行权力与影响地图绘制,类似于客户关系管理中的客户权力地图。

2. 利益关系人管理计划表。顾名思义,利益关系人管理计划表就是针对利益关系人管理制定的计划表,这个计划表要做到 SMART(Specific、Measurable、Attainable、Relevant、Time-based)化,也就是要尽量具体化、可衡量、可达到、和行动目标相关且有规定的时间点。这样的利益关系人管理计划表才有利于计划的实施与过程监控。

最后补充一点,利益关系人管理是整个变革项目团队的事情,千万不要以为利益关系人管理只是利益关系人管理负责人的事情。因为在利益关系人的眼中,变革项目团队的任何一个成员都代表了整个变革项目团队。同时,任何一个利益关系人管理出现了问题,都会影响整个变革工作的顺利开展。所以,变革项目团队在利益关系人管理过程中一定要注意团队配合的紧密性,保持内部的高效沟通,确保内部的利益关系人管理信息的一致性。

第六节　变革项目人力资源管理与顾问管理

一、变革项目人力资源管理

人力资源管理是变革项目管理中的重要领域之一,因为任何变革都是由

第四章

变革项目管理

人来开展的，要做好变革项目的范围管理、计划管理、成本与质量管理、利益关系人管理，首先要做好变革项目组内部的人力资源管理。很多项目的失败原因之一就是没有做好变革项目团队内部的人力资源管理。下面我们就来看看部分变革项目人力资源管理中的误区。

误区1：把变革项目的人力资源管理当成一纸发文。比如，曾经某家公司希望开展组织变革，因此该公司人力资源部草拟并签发了一个成立组织变革项目团队的文件。该文件中罗列了一大串公司高管的姓名，却没有清晰地说明该小组的运作与管理机制，导致该小组挂名的领导一堆，但是都不把此事当成自己的事情，每次需要参加小组会议的时候，要么不参加，要么就安排一个下属或秘书参加。下属或秘书在参加会议时，针对会议上提出的困难、需求和决策项，一般都说"我就是代替我们领导来听听的""这事我不能发表意见"等，很多会议都不了了之。当公司人力资源部负责人找到这些高管的时候，这些高管要么说"我已经派人参与了，具体你去问问××去"，要么说"这事我不知道啊，没人告诉我啊"。整个变革项目组的运作犹如一盘散沙，组织变革工作也根本无法推进。这个项目无法推进的诸多原因之一就是缺乏对变革项目的人力资源管理。

误区2：什么人都可以进入变革项目团队。比如，某些企业在开展变革项目之后，要求功能部门委派业务代表参与变革项目，功能部门舍不得派出本部门的骨干和优秀员工，便指派部门内业绩不佳的员工或新员工去参与变革项目。可想而知，由这些人组成的变革项目成功完成变革项目的可能性很低。

误区3：不做人力规划，当变革项目需要什么人时再临时找相应的部门要什么人。这种不做人力规划的变革项目，不说变革项目的其他方面，单从项目计划层面看，整个计划必然是具有极大的不确定性的，项目能否顺利执行存在诸多的不确定因素。变革项目团队必然会因为人力问题与相关部门产生很多不必要的矛盾与摩擦，为变革项目的顺利开展带来额外的问题和阻力。

那么，华为是怎么进行变革项目的人力资源管理的呢？

首先，华为在变革项目筹备阶段就会开展变革项目人力资源相关工作，

> 活下去
> 华为变革之道

如果等变革项目正式启动之后再开始人力资源相关工作，则变革工作的开展就会非常被动。这个阶段的人力资源管理工作，主要是对变革项目的人力资源需求进行规划。变革项目要明确到底需要哪些人，需要哪些人来给予支持，需要哪些人来干活，需要什么样的人才结构，需要什么样的能力模型。这些工作的关键动作可以分为4步走。第一步，基于项目需求确定变革项目团队的核心成员的初步人选（见图4-4），基于变革管理要求和变革项目的特点草拟变革项目组组织架构方案初稿，基于核心成员初步人选逐个沟通并进行初步人选意向的确定。这里的沟通特别重要，一定要筛选出认可本次变革项目的方向、积极拥抱变革的相关人员，避免选择那些不是特别愿意参加变革工作的人进入变革项目核心团队。对核心成员进行初步沟通、确认之后，就可以组织相关筹备核心成员一起细化研讨项目组的组织架构建议方案，以便让参与的核心成员在组织架构上达成共识。第二步，由前面沟通、确认过的各个核心成员进行其所在部门对项目的需求和投入计划评估，这一步需要经过反复的沟通、访谈才能完成。这一步工作做得越细致，后面的工作开展起来越顺利。第三步，在完成对各个部门的需求和投入计划初稿之后，变革项目团队就需要根据初稿与各个相关部门进行正式的沟通，以便达成各部门正式的对变革项目团队投入人力资源的承诺，这些沟通可以根据情况邀请人力资源部共同参与。第四步，基于前面3步工作的输出，对变革项目整体的人力资源需求规划进行评审。在完成这4步工作之后，变革项目的人力资源需求规划也就基本上完成了。

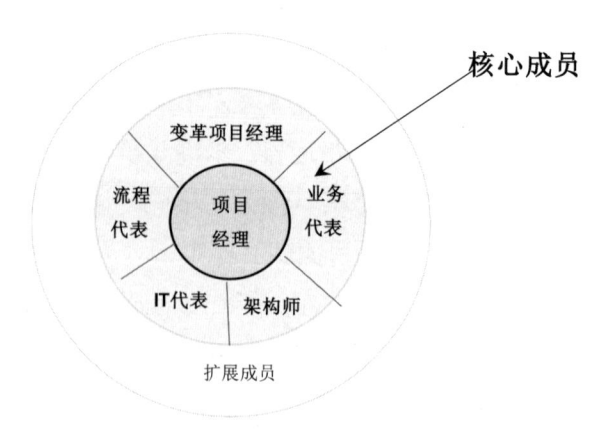

图 4-4 变革项目团队的核心成员示意图

其次，当完成变革项目团队的人力资源需求规划之后，接下来就需要正式搭建变革项目组织架构，组织变革项目团队的任命发文。任命发文中的变革项目团队成员的职责、对项目的投入度必须与其所属部门达成一致意见，避免中间出现模糊地带，导致后面工作开展过程中出现"扯皮"的情况。

再次，变革项目经理必须基于变革项目团队成员对项目的投入度对其进行考核。一个没有考核权的变革项目经理，对变革项目团队成员的工作管理是无法保障的。这也是很多企业的变革项目团队无法有效运作的重要原因。因为缺乏考核的牵引，变革项目团队成员对变革项目的投入度根本无法保障。

最后，除了抓住对变革项目团队成员的考核权，变革项目团队还会运用多种激励方式对变革项目团队成员进行激励，如选拔优秀变革个人、优秀流程经理、优秀变革项目经理等激励方式，让变革项目团队成员不仅被考核的"大棒"所驱使，还被多种激励方式所激励。除此之外，很多变革项目在通过重要节点之后，变革项目团队往往会组织一些晚会活动来进行全员激励。

变革项目的人力资源管理除了以上几点，还必须遵循华为的人力资源管理政策。变革项目经理必须牢记其是变革项目团队人力资源管理的第一负责人，这也对变革项目经理提出了较高的综合素质要求。所以在变革项目人力资源管理中，更高层级的决策层在选拔变革项目经理时，一定要对其综合素质进行评估，不能草率地安排。当然，优秀的变革项目经理在华为内部也会获得充分的认可与激励，笔者曾经参与过的某个变革项目，因为该项目的优秀表现，项目团队被评为公司优秀变革项目团队，项目经理也被评为"华为蓝血十杰"，获得了华为针对管理设立的最高荣誉奖励。

二、变革项目顾问管理

由于变革项目中的常见的采购就是顾问采购。很多企业在顾问采购/顾问管理中都容易出现以下误区。

误区1：不相信外部咨询公司，不信任咨询顾问。某些企业管理者，因为听说了太多的企业请咨询公司/咨询顾问失败的咨询项目案例或故事，所以他们对咨询公司和咨询顾问群体抱有严重的怀疑和不信任。因此，这些企业在开展变革项目时要么不请咨询顾问，"自己关起门来玩自己的"，通常情况下，这种缺乏外力的变革项目，成功的可能性都不是太大；要么虽然请了咨询公司，但是企业对咨询公司和咨询顾问团队的极度不信任，导致双方配合较差，一般项目都是草草了事，项目的最终结果和项目发起方发起项目之前的预估非常一致，他们偶尔还会来一句"我早就说了，咨询公司不行，靠不住，这下大家真的见识了吧"。事实上，正是他们对咨询公司和咨询顾问的不信任导致了咨询项目的失败，他们反而把咨询项目的失败归因于咨询公司和咨询顾问。所以，这种不相信咨询公司、不信任咨询顾问的企业的变革是很难成功的。

　　误区2：不加选择地相信所谓的咨询顾问。这种情况和误区1是两种然相反的极端情况。某些企业管理者因为听说过一些华为对咨询顾问的尊重和信任的事迹、看过一些类似的文章，所以他们准备请咨询顾问时就模仿着那些讲述华为当年如何听从咨询顾问的建议的文章中讲的那样，深信其所选择的咨询顾问，严格按照咨询顾问说的去执行，即理解的执行、不理解的僵化执行。但是由于这些年咨询市场的迅速发展，咨询公司和咨询顾问从业人员良莠不齐，而且并不是每一个咨询公司对待他们的客户都像华为的咨询公司对待华为那样。结果这些企业往往花了大价钱，最后还没学到真东西。咨询顾问最后还会把咨询项目没做好的责任推给客户公司的高管团队与中基层管理团队，不仅客户公司内部原来的问题没解决，由于这些不专业或没有责任心，或者既不专业又没有责任心的所谓咨询顾问/专家的瞎搞，还使客户公司增加了很多额外的问题。这些就是不加选择地相信所谓的咨询顾问的结果。

　　误区3：把咨询顾问当成传统的供应商进行压价。在某些企业眼里，咨询公司就是一个供应商而已，选择供应商就应该使劲压低价格，必须以最低价中标。一般情况下，真正高水平的咨询公司/咨询顾问都不愿意做那种最低价中标的项目，除非是咨询公司基于某些战略诉求、业务诉求必须突破的客户，咨询公司才愿意低价中标。但是由于当前各个咨询公司大多是严格的利润导向型公司，低价中标之后，咨询公司派去服务客户的咨询顾问一般都是新手或低水平的咨询顾问。咨询公司通过类似这种以次充好的方式进行项目交付,来保障低价中标情况下项目的高额利润。"买的没有卖的精",特别是咨询服务这种无形的服务,那种看似低价中标的咨询项目,甲方付出的成本往往更高。正如前面所讲的,企业为变革付出的成本包括自有人力成本和时间成本,除此之外,还有变革的机会窗成本。如果企业没有把握住合适的变革机会窗,那么后续想再变革就要花费更多的成本,且不一定能成功。所以企业在选择咨询顾问时一定不能以那种传统的最低价中标方式选择变革项目的咨询公司。

误区4:把咨询顾问当成普通的供应商人员看待。有些企业为变革项目请了咨询公司之后,公司内部分人员总是以甲方自居,把咨询顾问当成普通供应商人员看待,结果咨询顾问在项目实施过程中也应付了事,只要是没有在合同内规定的内容,能不给就不给,能少输出就少输出。这就是只把咨询顾问当作普通的供应商人员,而没有把咨询顾问当作合作伙伴或老师导致的。

前面提到的组织和个人对抗熵增的重要方式就是引入外力,而引入外力在很多情况下就是邀请咨询顾问参与,所以在华为的众多变革项目中,往往都有着外部咨询顾问的身影。那么,华为是怎么做好顾问管理,从咨询顾问身上学到真本事的呢?

首先,关于咨询公司与咨询顾问的选择。

第一,华为选择的咨询顾问一般可分为两类。一类是专职顾问,对相关策略、方法/工具、流程及理论有着深刻的认识;一类是业务实际从业人员,他们有着丰富的业务实践经验。通常情况下,具有丰富业务实践经验的咨询顾问更受大家欢迎,大家更希望得到有实践经验的咨询顾问的指导和帮助,但是不同项目会根据项目情况进行不同的顾问配置,很多项目中经常会安排这两类咨询顾问配合工作,以便更好地做到理论结合实际,产生最佳的顾问价值。

第二,咨询公司的采购理念。华为根据多年在变革项目中与咨询公司打交道的经验总结并制定了一套顾问采购机制,当前华为的顾问采购必须严格遵循顾问采购机制。华为在变革项目筹备期就会分析顾问采购需求,在项目启动期同时启动顾问采购工作,咨询顾问全程遵循华为阳光采购的理念。

第三,咨询公司的选择范围。华为在选择咨询公司的时候,基于阳光采

活下去
华为变革之道

购的原则,主要是基于变革需求选择最适合的咨询公司,并识别什么咨询公司/机构最适合华为,不一定选择品牌最大的,不一定选择名气最高的,也不一定选择报价最低的,更不会因为与某家咨询公司合作比较多就在这家公司不擅长某个领域的情况下选择这家咨询公司,华为只选择最适合该项目的咨询公司。所以华为多个不同的变革项目,基于业务需求选择了多家不同的咨询公司/机构,如IBM、埃森哲、波士顿、普华永道、美世、合益等咨询公司/机构。

其次,在咨询项目中咨询顾问的使用。在华为,咨询顾问一般都会被称为老师,以体现华为对咨询顾问的尊重。华为变革项目组内部经常会要求项目组中的华为员工与咨询顾问建立朋友一样的互信关系,以便让咨询顾问可以和华为员工在咨询项目中建立超越传统甲乙方关系的配合模式,大家可以更加高效地配合项目工作的开展。同时,针对外籍咨询顾问,会让外籍咨询顾问产生宾至如归的感觉。笔者在某变革项目中搭档的荷兰籍咨询顾问,在整个项目期间他把家人全部接到了深圳,和他同住在华为安排的酒店内,他的孩子也在深圳上中文幼儿园,通过一个学期的学习,他的孩子掌握了大多数普通话交流技能。他曾说他们一家在深圳逛街、购物或去中国其他地方旅游都是由他的孩子作为向导负责用中文和本地人进行交流的。正是由于华为把这些外籍咨询顾问的衣、食、住、行都安排得妥妥当当的,这些咨询顾问才会更加用心地参与华为的相关变革咨询项目,也才会主动把那些不一定包括在合同范围内的,但是很重要的内容传递给项目组中的华为同事。很多咨询顾问在项目结束后都和项目组中的华为同事建立了深厚的友谊,很多咨询顾问在离开华为项目组很久之后依然会继续关注华为的发展和相关新闻报道,更有一些咨询顾问觉得自身已经是半个华为人了。这就是华为尊重咨询顾问、与咨询顾问建立超越普通供应商关系的伙伴关系带来的效果,是非常值得当前一些在请咨询顾问并想最大化地发挥咨询顾问价值的企业所参考的。

最后,顾问信息安全。对于华为来说,信息安全是公司不可逾越的红线,所有人都不能违反信息安全规定,一旦违反就会受到相应的处罚。变革项目也不例外,相关人员必须遵从信息安全管理的相关要求,因此在变革项目的顾问管理规则中制定了相应的顾问信息安全制度,具体包括提供相关资料给

第四章
变革项目管理

咨询顾问、顾问入场管理、顾问离开管理等，确保咨询顾问在项目中的信息安全管理的合规性。通常情况下，变革项目的具体信息安全由变革项目管理办公室进行监控、管理，变革项目信息安全的第一负责人是项目经理，项目组内各成员对自己对口的咨询顾问的相关信息负责。华为通过这样严格的信息安全管控措施来保障顾问信息安全管理的全面覆盖、全员落实。

第七节 变革项目风险管理与整体管理

一、变革项目风险管理

在变革项目管理的知识域中还有一个重要的领域，那就是风险管理。什么是变革项目风险呢？变革项目风险是指变革项目中可能发生某种不确定性的事件，该事件一旦发生会对变革项目的目标达成造成影响，如范围、进度、成本和质量等。变革项目风险又可分为已知风险和未知风险，已知风险是指已经识别并分析过的风险（比如，项目启动阶段识别出来的某些利益关系人对项目持有反对态度而带来的风险），从而可对这些风险提前规划相应的处理措施；而对于没有识别出来的未知风险，变革项目团队无法主动进行管理，但变革项目团队也应该为未知风险创建相应的应对计划，做到以规则的确定性来应对未来的不确定性。

变革项目中常见的风险因素如下所述。

1. 项目赞助人/项目发起人对项目的关注和支持力度不够。
2. 变革项目经理/变革项目负责人不能胜任变革项目管理工作。
3. 有重要影响力的利益关系人的反对。
4. 变革项目团队缺乏专业的变革管理技能。
5. 项目范围、目标、时间进度要求过于激进。
6. 缺乏 IT 工具的保障与支撑。
7. 流程设计得不合理。

> 活下去
> 华为变革之道

变革项目风险管理是指对变革项目中的未知消极事件（可能影响项目的进度、质量、范围等的不确定因素等）进行主动应对和管理，降低或消除消极事件对变革项目的影响。一旦某个风险因素导致消极事件发生，则该风险就会转换为问题，必须当成一个问题来看待和解决。风险和问题的区别就是，风险是将来可能发生的，问题是现在已经发生的。

为了对变革项目风险进行有效的管理，变革项目组必须遵循变革项目风险管理流程。该流程可分为风险识别、风险分析、跟踪和监控、关闭或升级四个重要环节。下面我们就对这几个重要环节中的关键动作进行简单介绍。

1. 变革项目风险管理中的风险识别。

识别风险是指识别出可能影响变革项目顺利开展的风险因素并进行书面记录，为后续变革风险的分析和应对做准备的过程。风险识别活动的参与者可包括：变革项目赞助人、变革项目经理、变革项目团队所有的成员、重要的利益关系人、变革项目团队之外的相关业务专家，具体参与人员可根据项目情况而定。识别风险是一个需要反复迭代的活动，因为在变革项目开展过程中，随着变革项目的不断向前推进，新的风险因素随时可能产生。变革项目经理应当鼓励所有项目成员积极主动参与识别风险过程，以便提高变革项目团队成员对风险的关注意识和责任感。风险识别的主要输出是《项目风险和问题管理跟踪表》的初稿。

2. 变革项目风险管理中的风险分析。

变革风险分析是指分析并评估相关风险因素的发生概率和影响，对相关风险因素进行风险等级排序，识别出高风险因素。对变革风险的分析，一定不能只关注单个风险因素，要通过系统、全面的分析来发现各个风险因素之间的关联、关系。比如，在大量单个风险因素的基础上发现共性问题，从而识别出更加重大的风险因素。比如，针对变革方案中的某些设计，虽然单个一线员工抵触，可能表示这是低风险因素；但是如果多个一线员工都抵触，那么这就很可能是一个高风险因素，需要专题分析与应对。风险分析环节需要输出更新版本的《项目风险和问题管理跟踪表》。

3. 变革项目风险管理中的跟踪和监控环节。

首先，需要制订相应的风险应对计划。风险应对计划是指为减少项目失败的可能性而制订的计划。通常情况下，风险应对计划在分析风险之后进行，包括确定风险应对首要负责人、落实风险应对需要的资源承诺等。在制订风险应对计划的过程中，需要根据风险级别的高低来制定规避措施和应急措施，并把风险应对所需的资源和活动加入项目计划中。在风险应对计划中，一般可以使用规避、转移、减轻、接受等四种策略。这里需要继续更新、迭代《项目风险和问题管理跟踪表》。

其次，控制相关风险因素。控制风险是指在整个变革项目过程中，跟踪已识别风险、实施风险应对计划并评估风险应对计划的有效性、监测其他风险，同时通过不断识别、评估新的风险因素，确保各项风险对变革项目的影响降到最低。控制风险可能涉及选择替代策略、实施应对计划、采取纠正措施，以及修订项目计划。

除此之外，还需要介绍一下风险的升级管理机制。如果某些风险已经超出了变革项目组的可控范畴，那么变革项目组可根据相关的变革风险升级机制进行风险升级，以获取更高层面的关注和支持。整个变革项目的风险管理，主要由变革项目管理办公室协助变革项目经理负责。变革项目组在启动变革项目后，变革项目管理办公室就需要制定项目组的风险与问题管理机制，同时基于前面讲到的内容对各项风险与问题进行例行跟踪管理，确保问题管理的闭环。如果某些企业在变革过程中，没有资源可供变革项目团队成立相应的变革项目管理办公室，那么这些工作需要变革项目经理亲自负责和推动开展。

二、变革项目整体管理

最后，我们再提一下变革项目整体管理。整个变革项目虽然存在多个知识域，但是变革项目不能碎片化运作，变革项目整体管理是把各知识域有机结合起来的不可缺失的纽带。变革项目整体管理，主要由变革项目管理办公室负责协助变革项目经理开展与执行。变革项目整体管理的重点是项目管理规范与运作机制。通常情况下，在变革项目的启动初期，变革项目管理办公室就需要开始拟定项目管理的相关规范和运作机制，目的是明确项目分工、项目管理要求，以达成内部共识，推动变革项目团队尽快进入规范化的运作状态。

一个完整的变革项目的运作机制主要包括如下内容。

1. 项目组组织结构、角色与职责。
2. 项目计划管理和进度监控。
3. 项目变更管理机制。
4. 项目风险/问题管理机制。
5. 项目会议管理制度。
6. 项目工作报告机制。
7. 项目交付件评审机制。
8. 项目人力资源管理机制（含团队成员考核机制等）。
9. 项目顾问管理机制。
10. 项目成本费用管控机制（含团队成员出差费用管控机制等）。
11. 项目文档管理与交付件归档机制。

除此之外，如果一家企业存在多个变革项目，那么变革项目整体管理还需要考虑变革项目之间的关联关系。变革项目整体管理虽然看起来繁杂，但是只要按照相关的逻辑与顺序开展，并不会耗费太多的精力。但是如果缺乏变革项目整体管理，则各个领域之间就会互相"扯皮"，甚至出现"打乱仗"的情况。

第五章

变革解决方案开发与试点流程

> "变革的目的就是要多产粮食（销售收入、利润、优质交付、提升效率、账实相符、五个'1'……）和增加土地肥力（战略贡献、客户满意、有效管理风险）。"
>
> ——任正非

第一节　变革解决方案开发与试点流程的基本概念

一、为什么需要变革解决方案开发与试点流程

在第四章中我们讲述了变革项目管理的几个主要知识域，很多读者可能在看完了第四章之后感觉好像都懂了，但还是不知道如何开展变革项目。那么本章就从变革解决方案开发与试点流程的角度把变革项目管理的各个知识域串起来讲，让大家更加清晰地认识到如何把变革项目管理各个知识域用到变革解决方案开发过程中。

可能有部分读者会问，变革就是变革嘛，怎么会涉及解决方案开发呢？解决方案开发不是产品研发体系的事情吗？事实上，很多企业的变革项目做不好，一个重要原因就是其对变革解决方案开发工作缺乏认知和重视。常见的对变革解决方案开发工作缺乏认识和重视的表现如下。

活下去
华为变革之道

1. 把一纸发文当成了变革解决方案的全部。在当前竞争越来越激烈的市场环境下，很多企业都知道管理变革的重要性，但是部分企业不知道具体怎么开展管理变革，所以这部分企业在开展变革工作时，就习惯于用一纸发文来解决问题，如果一纸发文解决不了问题，就继续发文、"打补丁"。比如，某公司听说了华为以客户为中心的核心价值观给华为带来的效益之后，也想通过树立以客户为中心的价值观来实现相关经营管理能力的提升。然后，该公司草拟并签发了一个要求公司全体员工以客户为中心的发文，并通知各部门从今以后必须都基于此发文严格地以客户为中心，希望依靠这个发文实现公司内部以客户为中心的核心价值观的树立，但是没有设计配套的机制、体系、流程来保障员工做到以客户为中心。因此，"以客户为中心"在该公司也就成了一个口号，大家喊喊口号，原来怎么干还是继续怎么干。事实上，这种变革解决方案的落地执行效果，全凭相关干部和员工对一纸发文的理解力，不同的干部和员工对发文可能存在多种解读方式，方案最终缺乏可操作性的指导细节，这种变革基本上都难以达到预期的变革效果。

2. 认为变革解决方案开发是咨询顾问的事情。有些企业认识到了在变革项目中加入外部力量（咨询公司）的重要性，所以会请一些外部咨询公司。然而，往往由于企业自身缺乏变革相关经验，请的咨询公司/咨询顾问团队又不是非常的专业与负责，因此咨询顾问会告诉这些企业变革解决方案开发工作具体由咨询顾问负责，结果整个变革解决方案的开发就变成了咨询顾问的事情。由于企业内没有太多人参与变革解决方案的开发、设计，这种完全由咨询顾问输出的变革解决方案与企业实际现状的匹配性较差，企业内的干部、员工对变革解决方案的理解可能存在一定的困难，这种变革解决方案落地实施起来也就困难重重，就算大家硬着头皮去执行，执行效果也难以保障。

3. 没有准确对标业界标杆企业。某些企业在进行变革解决方案开发时闭门造车，没有参考、借鉴业界标杆企业的经验。明明业界标杆企业已经进行了一些实践并积累了一些经验，自己还要从零开始再来一遍，这种变革解决方案的开发往往事倍功半。本可以用更少的成本、更少的资源、更短的时间完成变革解决方案的开发，但由于缺乏对业界标杆企业的思想与行动的借鉴与参考，浪费了宝贵的成本、资源和时间。

第五章
变革解决方案开发与试点流程

4. 开发变革解决方案时没有结合企业自身的管理现状与业务特点。有一些企业在变革解决方案开发过程中过于自我否定，觉得自己各方面都落后，所以在变革解决方案开发过程中要么完全依据咨询公司的理论来进行设计，要么完全借鉴行业标杆的经验，要么借鉴了咨询公司的理论加行业标杆的经验，但不结合企业自身的管理现状与业务特点。这样设计出来的变革解决方案看似非常美好，但是由于没有结合企业自身的管理现状与业务特点，在企业内根本无法落地实施，只能被束之高阁。

从上面的种种表现可以看到，一个企业如果不把变革解决方案当成一种特殊的解决方案去系统性地开发，那么其开发出来的变革解决方案总会存在这种或那种问题，最终影响变革解决方案的落地实施与变革效果的达成。

综上所述，为了避免这些问题，企业在变革过程中需要一套有效的变革解决方案开发与试点流程来支撑变革解决方案的开发工作。用一句话来说就是，企业需要有一套正确的流程方法来开发出一套正确的变革解决方案。

二、什么是变革解决方案开发与试点流程

既然变革解决方案开发与试点流程这么重要，我们就来看看当前众多企业变革解决方案开发方式中是不是有很多似曾相识的场景。

场景一：变革解决方案是由企业的"一把手""拍脑袋"拍出来的，并由企业的"一把手"带领执行。这种情况一般发生在企业发展的早期阶段，企业的市场、研发、组织发展方向等方方面面的问题基本上是由企业"一把手"直接提出并亲自指挥、带领干部和员工去解决的。"一把手"最了解企业各方面的情况，最了解企业存在哪方面有短板，最了解企业当前最重要的事情是什么，最了解企业需要进行哪方面的变革。因此，当企业需要面向未来不断探索时，"一把手""拍脑袋"的做法其实就是最合适的。在这个阶段，企业往往没有变革管理相关规范，而且也没有那么多的成本可以去进行太多的管理体系建设，主要依靠"一把手"带领干部和员工不断进行尝试，如果试错后形成的相关模式是可行的，那就继续走下去。这一阶段的变革管理具有很大的偶然性与特殊性，也可以理解为这是一个依靠个人"英雄"的变革时代。

场景二：变革方向与变革解决方案是企业核心决策层开会研讨出来的。这种情况一般发生在企业具备一定规模的时候，企业的组建、建设情况相对完善，各种管理职能基本齐套。企业的变革方向不再由"一把手"一个人说了算，而是由核心决策层一起研讨或"拍桌子吵架"吵出来的。这个阶段的变革解决方案开发有以下几种方式：第一种方式是把一纸发文当成变革解决方案；第二种方式是企业内部设立一个小组来设计变革解决方案，自己关起门来做；第三种方式是邀请外部咨询公司来设计变革解决方案，什么都听咨询顾问的；第四种方式是安排咨询顾问和企业内部小组一同开发变革解决方案。这几种方式由于缺乏规范化的变革解决方案开发与试点流程的保障，变革解决方案的开发过程不受控，开发出来的变革解决方案的可落地性也难以保障。这也符合了前面章节中提到过的"不变革是等死，变革是找死"的说法。事实上，这种没有科学、合理的流程支撑输出的变革解决方案，在一定程度上就是"找死"。

场景三：变革方向是集体制定的，变革解决方案是通过科学、合理的变革解决方案开发与试点流程开发、实现的。这样输出的变革解决方案的进度更加可控，方案质量也更有保障，变革成功的可能性也大为提高。特别是在当今企业面临VUCA（Volatility、Uncertainty、Complexity、Ambiguity，易变性、不确定性、复杂性、模糊性）的外部环境时，变革解决方案的开发更加需要科学、合理，不科学、合理的变革解决方案可能给企业带来许多额外的问题，对企业来说还不如没有。

接下来，我们具体了解一下华为变革解决方案开发与试点流程是什么。

华为变革解决方案开发与试点流程是华为结合自身多年的变革经验，参考业界领先实践经验及华为 IPD 流程体系等先进管理体系打造出来的，整个变革解决方案开发与试点流程中有着深厚的 IPD 流程体系的烙印。华为打造变革解决方案开发与试点流程的目的是指导变革项目团队把变革解决方案当成一个特殊的产品进行管理。

变革解决方案开发与试点流程是一套完整的集合了多个功能领域的结果导向流程，其使大家认识到变革不仅是变革项目团队的事情，也是变革相关领域多个部门共同的事情。通过变革解决方案开发与试点流程的运作，让

第五章
变革解决方案开发与试点流程

变革项目团队与相关部门紧密配合,即确保变革项目团队输出的方案始终是围绕业务的,又确保变革项目相关部门对变革解决方案的参与度与知情度,为后续变革解决方案的推行、实施提前进行了部分的"松土"工作。

大家不难从变革解决方案开发与试点流程这个名字中发现"试点"二字,这也是华为变革解决方案开发与试点流程与其他变革解决方案开发流程的显著差异。华为通过多年的变革经验发现,开发出的变革解决方案必须经过试点/验证之后才能进入推行阶段,这是很多企业在变革过程中容易忽略的地方。许多变革解决方案在未经试点/验证之前都存在诸多的问题和缺陷,如果不加试点/验证就进行大面积推广,那么这些问题一旦大量暴露出来就容易影响整个变革解决方案的推行,甚至影响变革项目的顺利开展。所以,为了变革项目的顺利开展,在变革解决方案开发快结束时,就需要启动相关的试点/验证流程,为变革解决方案后续的推行奠定相关的基础。

华为变革解决方案开发与试点流程是一套参考了 IPD 流程的思想与逻辑的一个特殊的流程。变革解决方案开发与试点流程对变革解决方案从专项到试点/验证的主要活动进行管理,可分为 5 个阶段:Charter、概念、计划、开发、试点/验证,通过各个阶段的分段管控、分段投入、分步实施,确保变革项目的顺利开展与投入/产出可控。下面我们就对各个阶段进行详细说明,以供参考。

第二节 Charter 阶段

变革解决方案开发与试点流程中的 Charter(见图 5-1)和 IPD 流程体系中的 Charter 有着一定的相似之处,大家可以把 Charter 阶段看作立项阶段,这个阶段的核心思想就是要通过调研分析来确定到底做不做这个变革项目。很多企业的变革项目不那么成功的原因就是缺少了对变革项目的立项管理,没有从变革项目的源头做好。

为了保障变革项目源头的正确性、确保在后续变革过程是在做正确的事情,在 Charter 阶段需要回答以下问题。

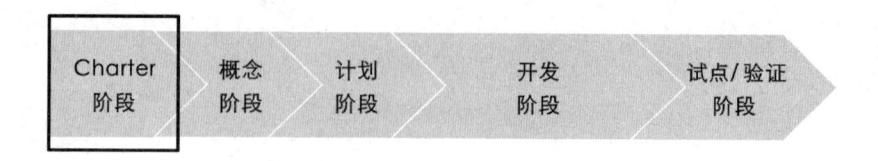

```
Charter阶段 → 概念阶段 → 计划阶段 → 开发阶段 → 试点/验证阶段
```

图 5-1　Charter 阶段

问题一（Why）：为什么需要进行变革？变革的紧迫性、当前的变革需求是什么？Charter 阶段要通过回答"Why"这个问题来让大家都意识到变革的紧迫性，这是变革项目团队在 Charter 阶段需要解决的优先级问题。一家企业在开展变革项目时如果忽视了这一点，还没想清楚为什么要开展变革，还没有对变革的紧迫性形成共识就开展变革，那么当其在后面的开展过程中面临某些无法解决的变革困难时，还是必须再回头来回答这个问题。因为只有这个问题解决了、大家的认识统一了，后面的工作才有可能较为顺利地开展。

比如，某公司的总裁听说了一些关于华为 LTC 变革给华为带来效益的事迹，他希望在该公司也开展 LTC 变革，但是销售副总裁却认为销售团队一切都挺好的、销售业务没有变革的必要性、LTC 不适用于该公司的业务、该公司不要进行 LTC 变革。这时，如果希望 LTC 变革顺利开展，变革项目就需要有一个 Charter 团队来负责分析与回答该公司为什么需要进行 LTC 变革，只有这个问题回答了、解释清楚了，公司高层才可能达成基本的变革共识。如果这个问题没有回答或回答不清楚，那么势必影响后续变革工作的顺利开展。一旦变革过程中出现某些"阵痛"，销售副总裁可能就会拿出他当时就说过没必要变革的话来进一步否定变革，让变革项目举步维艰。

华为的变革项目通过 Charter 阶段对"Why"这个问题的回答与分析乃至"拍桌子争吵"，逐步让团队认识到了变革的紧迫性，且在一定程度上达成了共识。这个问题的回答，还让大家都认识到了风险与机遇，从而为变革解决方案的开发奠定了良好的基础。

问题二（What）：这个变革项目的目标是什么、不是什么，范围是什么、不是什么？这个问题是一个看似简单，其实不那么容易回答清楚的问题。要回答好这个问题，必须进行深入的分析与思考。变革项目的目标与范围一定

第五章
变革解决方案开发与试点流程

要合适，不能过高，不能超出基本条件的限制。某些变革项目负责人或变革项目团队，可能在变革项目初期，由于对变革过于乐观，往往会对变革项目发起人或对公司决策层过度承诺变革项目的目标与范围。对于这种过度承诺的变革项目的目标与范围，在项目执行过程中，要么需要花费更多的资源、时间，要么与当前企业的现状不匹配。所以在这种情况下，最终的变革结果很难达成项目初期设定的目标与范围，从而让变革项目团队受挫，且影响变革项目发起人和公司高层对变革项目团队的评价与看法。

还是接着前面的例子进行分析。比如，某公司要进行 LTC 变革，总裁和销售副总裁等公司高层已经达成了必须开展 LTC 变革的共识，但是他们设置的 LTC 变革项目的目标与范围与该公司的实际状况不符。由于 LTC 变革项目的目标与范围完全脱离了实际，整个变革项目团队就会觉得无论如何努力都无法达成，还不如干脆不努力，随便做做样子得了，可想而知，这种变革必然是很难成功的。

华为的变革项目，通过 Charter 阶段对"What"这个问题科学、合理的回答来确保整个变革项目团队和变革项目发起人、公司高层达成一致的变革项目的目标与范围。这一步工作，确保了变革项目的目标与范围的合理性，为后续的变革解决方案开发工作明确了具体的目标与范围，起到了提纲挈领、纲举目张的作用。

问题三（When）：这个变革项目的时间要求是什么，为什么必须现在启动，关键时间节点是什么，关键里程碑是什么？通过对这个问题的回答，为后续的变革项目计划制订提供了关键的时间信息输入。变革项目的时间要求一定要符合企业现状、变革逻辑与业务逻辑，越符合企业现状与业务逻辑的变革项目的时间要求越具有指导性。另外，变革项目的时间要求，还必须与变革项目的目标和所投入的资源匹配。

还是以前面某公司开展 LTC 变革为例，如果该公司整体销售人员的能力、素质都较差，且一个完整的销售项目周期是一年，那么要求该公司在半年内完成这个 LTC 变革项目的难度就比较大。首先，因为销售人员能力素质较差，所以销售人员接受 LTC 流程需要一定的时间，而且他们需要同步提升能力、素质来匹配 LTC 流程，这些都是需要花费时间的。其次，一个完整的销售项目周期是一年,半年时间无法覆盖一个完整的销售项目周期,也就是无法完成一个试点项目的验证。因此,如果按照这个时间要求完成该项目,则项目难度会大很多,需要投入的资源也会多很多。

华为的变革项目,通过 Charter 阶段对"When"这个问题的回答来让整个变革项目团队和变革项目发起人、公司高层之间达成关于项目关键时间点的一致认识与承诺,对后续的变革项目开展形成了有效的约束,避免了边计划、边实施、边修改这种"三边"工程的出现。

问题四(Who):变革项目团队是怎样构成的,变革项目会影响哪些人,哪些人会对这个变革项目产生影响?任何变革项目都需要人去落实,且变革中涉及的大多数因素也是人,因此,变革项目中人的问题解决了,大多数问题也就解决了。所以,在 Charter 阶段,关于变革相关人力事宜,首先需要明确的是变革项目团队的构成,即明确变革项目团队是以自身团队为主、咨询顾问团队为辅助,还是以自身团队为辅助、咨询顾问团队为主,抑或是全部由公司自身团队构成。另外,还必须明确变革项目团队需要什么样的团队模型、各个成员来自什么部门。其次,根据在上一章"变革项目利益关系人管理"部分中提到的变革项目利益关系人管理的重要性,在 Charter 阶段就需要回答清楚哪些人和群体会受到变革项目的重大影响、哪些人会给变革项目的顺利开展带来重要的影响,这些都是不能回避且必须解决的问题。

我们继续以前面的 LTC 变革为例,在该公司确定要进行 LTC 变革之后,就应该给出 LTC 变革项目团队的人员构成;分析出公司内哪些人对 LTC 变革项目有重要影响,如总裁、销售副总裁、人力资源副总裁、核心销售总监等;分析出公司内哪些人会受到 LTC 变革项目的重要影响,如销售副总裁、所有的销售总监、销售人员等。只有分析清楚之后,才好组建相应的团队,并开展相应的利益关系人管理工作。

华为通过在 Charter 阶段对"Who"这个问题的回答,让变革项目的开展有了团队的保障,在变革项目起步阶段就开始关心利益关系人的影响,从而减少了人的因素带来的变革风险和问题。

问题五(How):怎么做才能顺利地开展这个变革项目?在 Charter 阶段还必须回答怎么实现变革项目的问题。如果一个变革项目关于前面的几个问

第五章
变革解决方案开发与试点流程

题都回答了，但还是弄不清楚"How"这个问题，那么这个变革项目其实还可以再等一等，一定要等弄清楚了这个问题之后再开始相关工作，这样才能确保变革项目有相应的方法和思路，而不是"打乱仗"。

问题六（How Much）：变革项目的收益是什么，不进行这个变革项目可能的损失是什么，这个变革项目需要投入多少成本和资源？这个问题的一个重点是让变革的价值更加显性化。比如，前面说的 LTC 变革，其目标是构建公司的 LTC 流程，但是如果没有具体的收益，那么这个目标看起来会比较空洞。加上变革项目的收益之后，能更加快速、及时地确定变革项目团队的相关成果，可以更好地激励变革项目团队，营造更好的变革氛围。这个问题的另一个重点就是给出这个变革项目的大致成本预估，让变革项目发起人和公司高层对变革的成本有一个基本的概念，避免目标定的高、范围定的广、时间要求紧，又不愿意投入资源与成本，导致后续项目执行过程出现达不到预期结果的情况。整个 Charter 阶段中的目标与范围、时间、资源与成本等一定要结合起来考虑、设计，以达到整体的平衡。

综上所述，变革项目的 Charter 阶段，就是通过回答以上问题来帮助变革项目团队完成清晰的、高质量的立项工作，为变革项目发起人和公司高层团队提供清晰的立项决策报告，以便其决策是否正式投入资源进行该变革项目的进一步工作。在华为，大多数情况下变革项目的 Charter 都会通过，但不一定是一次性通过的，如果一次没有说清楚就会被驳回重新进行 Charter 材料的制作，然后重新提交评审与决策会议，直至决策通过。

介绍完 Charter 阶段的核心思想之后，我们再来看看 Charter 阶段的主要输入、主要输出和负责人等关键要素。

1. 主要输入：

（1）业务变革需求。

（2）变革规划材料等。

2. 主要输出：Charter 材料包。

3. 负责人：

（1）主要负责人，即 Charter 开发负责人。

（2）参与人，包括业务部门代表、业务对应的流程负责人、变革需求管理团队等。

我们再来看看 Charter 阶段都有哪几个关键动作。

📖 关键动作一：识别利益关系人

通过第四章"变革项目管理"大家已经了解了变革项目利益关系人管理的重要性。因此，在变革项目筹备、立项的 Charter 阶段，首先要做的一个关键动作就是识别利益关系人并进行相应的沟通。识别出与变革项目相关的利益关系人后，还要与其保持一定频率的良好的沟通互动，争取有资源调配权限的利益关系人对变革项目的资源投入支持和对变革解决方案思路的认可；争取让会被变革项目显著影响的利益关系人在变革项目筹备初期对变革项目了解得更多，避免信息误差带来的抵触情绪。以上这些动作具体来说就是，需要基于变革项目的影响范围（组织、角色、岗位、流程等）进行利益关系人的识别。

笔者曾经参与过华为某公司级变革项目，在该项目的 Charter 阶段，项目管理办公室就邀请了公司变革管理办公室的专家对团队成员进行利益关系人管理的专题培训，然后让大家根据培训提供的利益关系人管理方法与工具开展利益关系人识别并输出相关交付件材料。

华为的变革项目团队由于有公司层级的变革管理办公室的专业支撑，所以这部分工作开展起来有支撑团队、支撑方法与工具，但是目前很多开展变革项目的企业都缺乏类似变革管理办公室的专业变革支撑机构，因此这些企业在开展变革项目时，就需要邀请专业的咨询公司/咨询顾问团队协助开展利益关系人的识别工作，避免缺乏专业指导带来的相关工作的缺失。作为咨询顾问，如果要去客户公司开展利益关系人识别工作，则必须掌握专业的方法与工具，这样才能更好地帮助客户实现这一步的工作目标。

在识别出利益关系人之后，变革项目团队就需要根据变革项目利益关系人管理的专业方法与工具制订相应的利益关系人沟通计划，并设定各利益关系人的沟通负责人。关于沟通负责人的设定，通常情况下，要选择合适的、了解相应利益关系人所在部门及有关业务情况的人员。比如，某变革项目团

第五章
变革解决方案开发与试点流程

队的成员有来自一线的销售人员、来自销售管理部门的销售管理人员、来自人力资源部门的人力资源经理,那么沟通负责人分工就如表 5-1 所示。

表 5-1 利益关系人沟通负责人分工示例

主要利益关系人	沟通负责人
公司总裁	变革项目团队负责人
销售副总裁	变革项目团队成员(来自销售管理部门的销售管理人员)
人力资源副总裁	变革项目团队成员(来自人力资源部门的人力资源经理)
一线销售负责人	变革项目团队成员(来自一线的销售人员)
…	

在完成利益关系人沟通负责人分工之后,各负责人就需要首先基于项目要求开展利益关系人沟通计划的制订工作,输出《利益关系人沟通计划》表格文件,然后根据《利益关系人沟通计划》开展相关的访谈、调研、汇报、非正式交流等沟通活动,获取相关利益关系人的意见与相关诉求,并持续跟进。

有一点需要强调的是,对于那些持有反对意见、不愿意沟通、不配合沟通的利益关系人,变革项目团队千万不能因为这些利益关系人不配合、不愿意沟通就放弃与之进行相关的沟通。变革项目团队必须审慎地采取合适的沟通策略与方式,坚持与这些利益关系人开展相关的沟通工作,确保与重要利益关系人沟通无遗漏。

📖 关键动作二:筹建变革项目团队与制订 Charter 工作计划

筹建变革项目团队是整个变革早期工作中非常重要的一步,这时变革项目发起人或公司高层需要设定变革项目筹备组负责人。在大多数情况下,变革项目筹备组负责人在变革项目 Charter 汇报通过之后,就会成为正式的变革项目负责人。在华为变革项目 Charter 阶段,变革项目筹备组负责人一般会先找公司变革管理办公室申请落实变革项目的项目管理办公室资源,然后由专业的项目管理办公室人员协助开展各项工作。在落实项目管理办公室资源的同时,变革项目筹备组负责人还需要与各个业务部门主管进行沟通,确保各个业务部门派遣人员的落实。这一步也是需要相关的技巧和策略的,因为各个业务部门主管往往不愿意让自己最得力的成员离开,而变革项目团队往往最需要各个业务部门里最得力的成员的加入。笔者曾经参加的某变革项

活下去
华为变革之道

目为了解决这个问题，变革项目负责人就要求业务部门派来的人员必须通过面试，并定期把业务部门的派人情况和面试情况用邮件以汇报的形式"晾晒"出来。那些派人多次却不能通过变革项目团队面试的部门主管看见这种邮件之后，必然面上无光，也就不得不指派更优秀的人员来参与变革项目。由于这种"晾晒"只是针对数据的展示与呈现，并不针对某个部门，所以大家也就只能就事论事地开展相关工作，不会觉得是变革项目团队在故意找事。在确定变革项目团队成员的过程中，变革项目负责人还必须和团队成员的派出部门确定团队成员的投入度，这一点非常重要，如果没有在这一阶段明确团队成员的投入度，那后续因为团队成员投入度"扯皮"的概率就会非常大。

在完成变革项目团队成员投入度的确认等准备工作之后，接下来就需要进行正式的项目组任命文件的草拟与签发，这一点对于变革项目团队来说至关重要。根据以往的变革经验，只有正式任命的变革项目团队，在相关工作的开展过程中才能获得公司内各方面的重视与认可，才能获得团队成员对项目的重视与认可。通常情况下，正式任命可以在项目开工会上宣布，让变革工作更加具有仪式感和使命感。

有了变革项目团队，就有了办公需求。所以这一阶段还需要向公司相关部门申请变革项目团队的办公场地和办公用品。申请办公场地时，除了要考虑团队自由人员的办公位需求，还要考虑到外部咨询顾问的办公位需求。笔者曾经参加过的某变革项目，为了方便咨询顾问团队办公及咨询顾问团队内部的沟通，当时还专门为其申请了一个会议室，从而保障咨询顾问在参与变革项目期间不会因为办公场地的问题而影响项目进度。

在变革项目团队搭建完成、办公场地准备就绪后，变革项目团队就需要启动一些具体的工作了，如分析项目的费用概算、编制项目费用预算初稿等。除此之外，变革项目团队还必须根据变革工作的要求制订 Charter 工作计划，Charter 工作计划中必须包括变革项目的关键里程碑计划，这样才算基本完成了关键动作二。

📖 关键动作三：分析变革需求，确定变革项目的目标与范围

通过前面的"What"部分，大家已经明白了 Charter 阶段的一项重点工作就是确定变革项目的目标与范围。在确定变革项目的目标与范围之前，首

第五章
变革解决方案开发与试点流程

先要分析变革需求，要做好这一步工作，就需要进行大量的关于业务现状的调研访谈来收集业务需求。通常情况下，收集业务需求有 3 种方式。方式一，收集业务相关的战略规划、业务规划等文档并进行深入解读；方式二，与变革项目发起人深入沟通其变革诉求；方式三，对相关利益关系人、业务骨干等进行业务痛点的调研访谈。

通过这些方式收集到业务需求之后，接下来就是对业务需求进行深度分析，而不是直接把收集到的原始需求作为真实的变革需求。因为在变革需求收集过程中，不同组织、不同角色、不同岗位因为各自岗位诉求、个人诉求，以及个人经验和性格等因素会对变革产生不同的期望与诉求，这些原始的期望与诉求往往处于表象层面，缺乏背后的逻辑分析与根因挖掘。

比如，某公司希望开展销售变革，在变革需求调研过程中，公司内各部门领导都说当前公司最大的短板就是销售，是销售问题导致了销售增长困难、回款困难等，而不谈自身的问题。然而，咨询顾问团队在需求调研中发现，其根本问题是产品技术问题与产品质量问题，仅从销售角度去变革是无法解决这些根本问题的。如果这个公司的变革项目团队对这些变革需求不进行深入分析，那么其后面开发出来的变革解决方案必然不能解决根本问题。所以变革需求分析在整个 Charter 阶段有着非常重要的作用，是不能回避、不能马虎对待的。

当完成变革需求分析之后，接下来就需要基于变革需求草拟变革项目的目标与范围。变革项目团队在制定变革项目的目标与范围的过程中，还必须与变革项目利益关系人、变革项目发起人进行大量的、高频的沟通，沟通得越充分，变革项目的目标与范围制定得也就越准确，变革项目团队千万不能关起门来自己写一个初稿。在沟通过程中需要特别注意的是，由于很多变革项目团队缺乏变革经验、对变革认识不足等，容易对变革项目的目标与范围做出过度承诺。比如，某些变革项目团队的成员在与比自身职级高的企业高层利益关系人沟通的过程中，迫于对方职位的压力，不敢拒绝对方对变革项目的目标与范围过高的要求，从而为后续变革项目的实施困难埋下了"种子"。因此，变革项目团队一定要顶住压力，不被表象所迷惑，坚持用科学、合理的方法来分析、挖掘需求背后的根因，在挖掘出根因之后，对各项需求进行重要性与优先级排序。

同时，根据华为多年的变革经验，开展一个变革项目需要尽可能地找到一个业界最佳实践作为参考。如果能找到，那么一定要仔细分析业界最佳实践可以借鉴、参考的地方，把自身现状与业界最佳实践的差距分析作为制定变革项目的目标与范围的重要参考因素。例如，华为 IPD 变革项目参考的业界最佳实践就是 IBM 的 IPD 变革，华为 ISD 变革项目参考的业界最佳实践就是华为的客户——德国电信的 ISD 变革，华为 BEM（Business strategy Execution Model，业务战略执行力模型）参考、借鉴的是某企业战略解码方法与工具的成功实践。正是因为参考、借鉴了这些业界最佳实践，华为才可以站在前人的肩膀上前进，减少了一些不必要的自我探索。华为寻找并参考、借鉴业界最佳实践这一点也是值得当前很多企业在开展变革项目过程中学习的。

变革项目团队在完成需求收集、深度分析、领先实践收集与分析之后，就需要结合现状进行需求可行性分析。笔者接触到的很多不那么成功的变革项目都没有进行需求可行性分析，就直接开始启动变革项目。一个成功的变革项目，必须基于前面的基础工作进行可行性分析之后，再提出初步的项目思路与方案范围的初步建议、设定项目的基线目标。

关键动作四：分析与变革项目相关的 IT 系统现状

经过多年的变革实践，华为深刻地认识到，变革项目要想成功地落地实施，必须有与之配套的 IT 系统，并把流程与管理规则固化到 IT 系统中。所以在变革项目的 Charter 阶段，就必须分析与本次变革项目相关的 IT 系统的现状，梳理本次变革涉及的 IT 系统，同时输出现有系统的运用情况分析、系统问题分析等报告资料。通常情况下，数据与 IT 系统现状分析报告的输出负责人是变革项目团队中的数据代表或 IT 代表，这一角色在不同企业的称呼不同，但基本职责是类似的。

关键动作五：准备 Charter 汇报材料

准备 Charter 汇报材料的目的是指导和规范变革项目团队按照标准的变革要求开展变革项目 Charter 材料的开发和评审，并提前识别变革项目中存在的风险与问题，保障 Charter 阶段的工作质量。

第五章

变革解决方案开发与试点流程

准备 Charter 汇报材料具体来说就是，根据前面各项工作输出的分析结果，明确项目的目标、范围、路标和实施步骤等；同时根据变革项目的特点对项目后续的评审团队和决策评审点/技术评审点设置提出相关建议；最终输出项目 Charter 材料包，并与关键利益关系人沟通，达成初步的共识。这里的共识特别重要，如果在这个阶段都不能达成共识，那么在后续的变革项目开展过程中更难达成共识。所以变革项目团队在这个阶段需要尽可能地通过正式或非正式的沟通方式与关键利益关系人进行沟通，并达成共识。

整个 Charter 阶段在变革解决方案开发与试点流程中有着基础性的作用，因此以下注意事项需要特别关注。

1. Charter 阶段的工作不是 Charter 开发负责人一个人的战斗。在整个 Charter 阶段，虽然大部分工作都是由 Charter 开发负责人/变革项目筹备组负责人承担主要责任的，但是这并不代表整个 Charter 阶段的工作全部由他一个人来完成。Charter 开发负责人一定要记住这不是他一个人的战斗，这是全公司的事情，业务部门的业务代表、流程部门的流程代表、工厂部门的 IT 代表需要共同参与变革项目的筹备工作，发挥团队的力量，避免使 Charter 阶段变成 Charter 负责人的"个人秀"舞台。这时就必须充分发挥 Charter 开发负责人的变革领导力与变革动员力。

2. 变革需求输入模糊。很多企业在开展变革项目规划的过程中，高层没有给予足够的变革需求输入，导致变革需求输入模糊。一个模糊的变革需求会让变革项目的目标与范围难以清晰地制定，这时就容易产生通过"拍脑袋"的方式确定变革项目的目标与范围的情况。在后续项目实施过程中，这种"拍脑袋"输出的变革项目的目标与范围往往会超出变革项目团队的能力范围，虽然变革项目可能会完成，并输出一堆文件报告，但是最终留下的也只有这一堆文件报告，根本起不到变革的作用。

3. 没有基于企业现状进行变革项目的目标与范围规划。部分企业在变革项目立项过程中，过于脱离自身的实际现状与能力，一味地借鉴、学习领先标杆的实践经验。就好比一个小学生，在听说了其他大学生的学习方法之后，不顾自身的学习能力、学习历程等客观因素，非要借鉴其他大学生的经验，最终造成的结果就是变革解决方案严重"水土不服"，看起来"高大上"的变革解决方案也就只能看看，中看不中用。因此，华为要求在变革项目立项过程中，一定要进行深入的现状分析。

4. 没有变革管理策略。有些变革项目团队在开展变革的过程中，有着比较严重的唯上思想，什么都听高层领导或变革项目发起人的，自己缺乏独立的思考，也不制定相应的变革管理策略。在这种情况下，如果高层领导或变革项目发起人没有精力辅导变革项目团队制定变革管理策略，那么变革项目团队很可能就完全没有变革管理策略，或者说他们的策略就是听级别更高的领导的。这样做的结果就是变革工作的开展完全流于形式。因此，华为会要求变革项目负责人有大局观和全局意识，且还要敢于承担责任，具备变革领导力。

5. 急功近利与急于求成。笔者曾经遇到过部分企业/变革项目团队在变革过程中急于求成，在变革项目立项阶段，各项基础工作都严重简化，美其名曰"流程不能太沉重"。虽然说流程不能太沉重是正确的，但是这种在变革项目立项阶段，各项工作都浮于表面、没有认真做到位的变革项目立项，基本是无法指导后续的变革解决方案开发与试点工作顺利进行的。这也是很多变革项目开展得不那么成功的重要原因之一。因此，华为的变革项目必须在通过 Charter 阶段的决策评审点的评审之后才算通过，才能进入下一阶段。华为通过对决策评审点的把关，来保障变革项目在 Charter 阶段的工作质量。

第三节　概念阶段

当变革项目通过 Charter 阶段的决策评审点的评审之后，变革项目就进入了概念阶段，如图 5-2 所示。

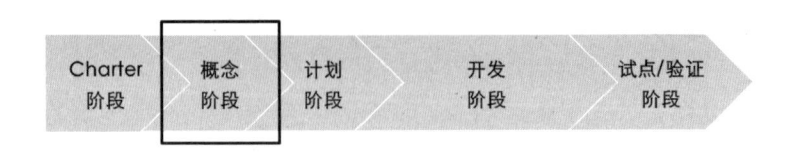

Charter 阶段 → **概念阶段** → 计划阶段 → 开发阶段 → 试点/验证阶段

图 5-2　概念阶段

变革解决方案开发与试点流程概念阶段的核心诉求是实现以下主要目标。

1. 基于通过的 Charter，正式组建变革项目团队。

第五章
变革解决方案开发与试点流程

2. 确定变革需求，并提出匹配变革需求的初始解决方案（高阶解决方案）。

3. 变革项目组根据项目任务书，对业务需求、潜在的风险、成本/进度预测和财务影响等因素进行概要评估，形成初始变革解决方案并达成共识。这里的共识特别重要，可以毫不夸张地说，整个变革解决方案开发过程就是一个不断达成共识的过程。

4. 变革项目组基于客观因素评估初始解决方案的可行性。

说完概念阶段的核心思想之后，我们再来看看概念阶段的主要输入、主要输出和负责人等关键要素。

1. 主要输入：

（1）Charter 阶段输出的 Charter 材料包。

（2）Charter 阶段输出的变革需求优先级排序材料。

（3）企业架构管控要求，具体包括业务架构、应用架构、IT 架构、数据架构等要素和要求。

2. 主要输出：

（1）变革需求分析报告。

（2）业务流程设计要点、业务方案与规划。

（3）高阶组织方案设计（在项目涉及实体组织变化时输出）。

（4）业务 IT 初始解决方案。

（5）初始的集成项目计划。

（6）概念阶段 CDCP（Concept Decision Check Point，概念决策评审点）决策及评审材料包。

3. 负责人：

（1）主要负责人，即变革项目团队中的项目经理。

（2）参与人，包括业务部门代表、业务对应的流程负责人、变革项目涉及的一线人员、公司架构团队、变革领导与决策团队等。

整个概念阶段的关键动作如下所述。

活下去
华为变革之道

📖 关键动作一：组建正式的变革项目团队

根据华为变革解决方案开发与试点流程，原则上说，Charter 阶段结束之后，Charter 团队就需要解散，同时正式成立变革项目团队。在项目执行过程中，一般都是在原有的 Charter 团队成员的基础上，把 Charter 团队就地转化为正式的变革项目团队。具体的变革项目团队的模型在上一章中已经讲过，这里就不再赘述。

很多企业在开展变革工作的过程中，由于企业内没有华为这么完备的体系化的变革管理流程，因此建议这些企业在开展变革项目时可以直接成立变革项目团队，不用分为两次、成立两个团队。另外，在组建变革项目团队的过程中，需要同时组建变革领导与决策团队、变革项目执行团队，这样变革项目执行团队的工作开展起来才会更加顺畅。同时，由于许多企业内部的组织成熟度比华为低，因此其在变革项目团队组建过程中，可以参考华为变革项目团队组建的思想与模型，但是相关角色不必完全套用华为变革项目团队的模型，适合的就是最好的。

比如，某企业在开展变革项目的过程中，为了高效、简洁地实现变革管理，在借鉴华为变革项目团队模型的同时结合了自身的实际情况，一次性成立了相应的变革领导与决策团队、变革项目执行团队，各个团队的成员角色如下所述。

团队任命的第一部分成立××变革项目指导委员会

一、××变革项目指导委员会成员

主任：××

二、××变革项目指导委员会成员职责

1. 提供项目之最高策略方针。
2. 确保项目的方向与××企业的总体业务计划一致。
3. 听取项目各阶段汇报，监控项目进展，协调解决项目中存在的问题。
4. 授权项目决策之执行，并提供项目所需的各项资源，以确保项目顺利完成。

5. 批准项目计划和相关预算。

6. 协助与建议流程/方案的推动。

7. 作为最后的仲裁者解决问题，完成项目。

团队任命的第二部分成立××变革项目管理办公室

一、××变革项目管理办公室成员

项目负责人：××

项目经理：××

二、××变革项目管理办公室项目经理的职责

1. 管理、协调企业内部资源。

2. 协助监督项目进度与里程碑。

3. 针对××内部状态，提供最新项目进度。

4. 协调项目所需资源、创造良好的项目工作及沟通环境。

5. 协助向项目指导委员会汇报，包括项目进程、质量、解决方案、项目管理等方面的事务。

6. 确保项目所需业务与技术资源到位。

7. 确保项目组成员充分参与项目的执行。

团队任命的第三部分成立××优化专项工作组

一、××优化专项工作组成员

（一）项目管理组

组员：××

（二）业务方案组

组长：××

副组长：××

组员：××（计划）、××（财务）、××（采购）、××（生产）、××（工程）、××（项目管理）、××（合同商务）、××（解决方案）、××（市场营销）

（三）IT组

组长：××

组员：××（数据架构）、××（应用架构）

二、××优化专项工作组的职责

（一）项目管理组成员

1. 管理、协调业务部门内部资源。

2. 协助推进项目的执行与落地。

3. 对项目所产生的影响进行内部组织的宣贯与沟通、执行。

（二）业务方案组组长

1. 负责相关业务需求的收集与整理、确认。

2. 负责进行项目方案的设计。

3. 协助项目方案在××内部资源方面的沟通与推进。

4. 系统地收集数字化平台功能的需求。

5. 负责进行用户验收测试（UAT）。

6. 负责最终用户的培训。

（三）业务方案组组员

1. 协助进行相关业务需求的收集与整理。

2. 协助组长进行项目方案的设计。

3. 协助项目方案在××内部资源方面的沟通与推进。

4. 协助组长系统地收集数字化平台功能的需求。

5. 协助组长进行用户验收测试。

6. 协助组长进行最终用户的培训。

（四）IT组组长

1. 负责与内部技术团队进行沟通、协调，完成××内部系统方的集成工作。

第五章
变革解决方案开发与试点流程

2. 参与项目技术方案的设计。

3. 协助他人进行设计文档的编写工作。

4. 负责测试及上线后的技术支持。

（五）IT 组成员

1. 协助组长与内部技术团队进行沟通、协调，完成××内部系统方的集成工作。

2. 参与项目技术方案的设计。

3. 协助他人进行设计文档的编写工作。

4. 协助测试及上线后的技术支持。

在变革项目团队的组建过程中另一件重要的事情就是举办相关工作的仪式感活动。变革项目团队组建过程中的仪式感活动，对后续团队成员开展变革工作的投入度与信心都比较重要。如果条件允许，变革项目团队应尽量召开一个隆重的开工会，邀请公司"一把手"在开工会上进行变革动员讲话，通过"一把手"的参与提高更多的人对变革工作的参与度。比如，对于华为众多的重大变革项目的开工会，华为总裁任正非都会亲自参与，亲自发表与本次变革相关的深刻的、振奋人心又振聋发聩的变革动员讲话。

📖 关键动作二：制定项目初始基线

制定项目初始基线是为了指导后续项目的规范化开展。在条件允许的情况下，变革项目团队制定出项目预算并对项目价值收益进行分析，为后续对变革项目成功的衡量提供一个基准参考值。

要制定项目初始基线，首先就要基于 Charter 阶段输出的 Charter 材料分析项目的目标、收益和交付件要求。比如，某企业需要进行运营效率的优化，其当前的平均应收账款回款天数是 255 天，通过前面的业界领先实践分析发现业界领先实践的平均应收账款回款天数是 90 天、行业平均值是 120 天，那么就可以制定一个 120 天的项目初始基线。通常情况下，变革项目团队制定的项目初始收益和范围基线应是可量化、可衡量的，且是企业通过变革之后能够达成的，通过变革之后无法达成，或者短期内无法量化、衡量的内容尽量不要放入项目初始基线中。

这里的项目初始基线还需要包括项目的关键里程碑节点、项目 WBS 分解。项目初始基线制定是变革项目顺利开展的基础条件，因此必须与关键利益关系人、变革项目发起人进行沟通并达成高度共识，一定要避免出现认识上的偏差，以免后续变革工作过程中出现项目的目标、范围与时间等方面的风险。由于与利益关系人沟通是一件非常复杂的系统工程，因此在制订项目计划的过程中，要给相关沟通工作预留足够的时间，避免到了原计划的本阶段的结束时间点还没有达成共识。

📖 关键动作三：澄清变革需求，与关键利益关系人达成共识

这一关键动作的核心目标是澄清变革需求，完成现状分析，并基于达成的共识确定变革项目的范围。这一步能否成功完成，又和上一个关键动作中的与关键利益关系人沟通项目初始基线的情况强相关，环环相扣。这里首先需要做的就是基于前面搜集、整理的需求清单，进行与变革项目相关的业务影响度分析，运用与利益关系人管理相关的方法、工具识别出变革项目的影响范围和受众群体，同时进行详细的分类管理。

接下来大量的工作就是与各关键利益关系人进行变革需求澄清，尽量选择正式的沟通方式，以书面形式正式记录各关键利益关系人的期望和建议，尽可能达成一定程度上的共识。在完成变革需求澄清之后，就需要对变革需求进行拉通、评审，根据相关变革需求的优先级排序原则进行变革需求优先级排序。通常情况下，业务需求的重要性与紧迫性是变革需求优先级排序的重要参考因素。在项目组内部讨论并完成相关变革需求的优先级排序之后，就需要将相关变革需求纳入变革解决方案开发的路标中，并把变革需求实现路标反馈给相关的需求提出人，明确其是接受需求、驳回需求，还是待进一步讨论。

在这一阶段，变革项目团队一定要学会平衡企业内各高管的变革需求。企业内各功能部门的高管基于自身部门的诉求，经常会对变革项目从不同角度提出变革需求，有时这些变革需求是相互冲突的。比如，某公司要启动营销变革项目，这时各副总裁对变革项目目标的理解就有很大的差异，因此他

们的变革需求也就有很大的差异。销售副总裁提出的变革需求是解决销售量下滑的问题，财务副总裁提出的变革需求是销售项目必须分段控制销售费用，且通过销售业务 IT 化实现所有销售费用支持可视化。当变革项目团队将收集到的变革需求整理出来，然后和各位副总裁拉通、评审所有的变革需求时，销售副总裁坚决反对财务副总裁提出的变革需求，财务副总裁则表示该营销变革项目必须按照他提出的变革需求开展，否则该营销变革项目就无法实现价值量化，那么他就不审批该变革项目的费用与预算。由于双方都不愿意妥协，总裁也无法说服任何一方，该营销变革项目最终不了了之。这种结果就是不同高管的变革需求不同导致的，因此我们在开展变革项目的需求澄清阶段，一定要做好需求澄清与平衡的相关工作。

📖 关键动作四：业界领先实践研究与差距分析

在 Charter 阶段，我们需要找到业界领先实践，而进入概念阶段之后，我们就需要对业界领先实践进行详细的研究、分析。这里进行业界领先实践研究与差距分析是指通过各种途径收集业界领先实践，对其进行研究与分析，并输出研究分析报告，从而保障本次变革项目方案的先进性。

在收集业界领先实践的过程中，除了外部咨询顾问、友商或行业研究机构等收集渠道，还有一个非常重要的收集渠道就是企业内部。任何一家企业能够活下去、活到进行变革的时候，其在这个过程中必然累积了诸多的业务实践经验。因此，这些优秀的实践也必须挖掘出来，作为变革项目的重要参考。换句话说，那就是业界领先实践既要向外看，也要向内看。在外部没有可参考的领先实践时，企业内部的实践经验就会显得更加宝贵。因为对于企业内部的实践经验，从一方面来说企业内的人员理解得更加深刻，大家更容易形成共识；从另一方面来说企业内部的实践经验更加符合企业的业务特点，对企业自身的变革更加具有参考性。

📖 关键动作五：梳理业务场景并完善业务规则

这一关键动作是为了梳理本次变革项目真实的业务场景，完善已有的业务规则，提出有针对性的管理改进、优化建议。

在这一关键动作中需要梳理出主干业务流，明确业务活动的起点和重点。比如，笔者当年曾经参加过的 MTL 变革项目，在这阶段就明确了 MTL

流程的主干业务流为市场洞察、市场管理、商机激发、销售赋能、联合创新、营销活动管理等,并针对运营商 BG 的业务,进行各个场景下的要素识别。当时项目组商机激发方案小组就有针对性地分析了华为当时正在采用和未来可能采用的各种营销活动的典型场景与场景要素,并针对其中部分典型的营销活动的业务场景进行了细化的业务流识别,找出了其中的流程断点与痛点。当时识别出的很多展会类营销活动的一大痛点就是活动价值无法量化,每次展会活动完成之后,都能获得一篇看似很好的总结报告,但是整个活动对销售的价值、对线索的价值都无法衡量。因此,方案组就把如何让展会类营销活动的价值量化纳入了改进方案中。

关键动作六:识别与本变革项目相关的关联关系

这一关键动作的目的是识别本变革项目与周边部门、其他变革项目的关联关系,制订相应的协同计划,提前规避因协同问题而可能产生的项目风险。比如,在华为进行 IPD-S 变革项目期间,华为全球技术服务部就专门设立了一个协同各个变革项目的工作小组,定期召开相关的项目协同会议,从而让各个项目之间顺畅衔接。

变革项目团队除了需要梳理、识别本项目和其他变革项目的协同关系,还需要识别本项目和其他部门之间的依赖关系。比如,某些企业近期开展了一个由生产制造牵头的降本增效变革项目,但是很多产品的物料成本都是在产品研发、设计、选型过程中确定的,生产制造可控制的成本项目并不多,所以该变革项目需要通过研发实现在产品设计中降低成本。很多变革项目中类似的情况都必须梳理出来,并输出相关的关联关系分析报告。

关键动作七:IT 系统分析与数据架构设计

这一步关键动作是以 Charter 阶段的 IT 系统现状分析为基础,进行深入的 IT 系统分析。这里的重点是研究、分析业界使用的 IT 系统和最佳实践。比如,某公司在进行 CRM 变革时,就需要分析该公司所在行业使用比较多的 CRM 系统是什么、使用的效果如何、哪家企业的使用效果最好,尽全力获取更多 IT 系统最佳实践分析,识别出到最佳实践与自身之间的差异,并给出分析报告。通常情况下,这一关键动作的主要负责人是变革项目中的 IT 代表。

第五章
变革解决方案开发与试点流程

📖 关键动作八：准备 CDCP 汇报材料

在概念阶段进行前面各个关键动作的同时，变革项目团队需要基于前面各个关键动作的输出，进行 CDCP 汇报材料编撰工作。在 CDCP 初稿出来之后，不仅需要尽快和各关键利益关系人进行沟通并达成共识，还需要组织专业的机构评审，以确保变革解决方案符合企业的架构遵从要求与方案集成要求。很多企业内部流程越多，"部门墙"就越厚的一个重要原因就是缺少了这样的基于企业架构的评审环节，各个部门体系的流程设计都是各部门自行设计、签发的，没有从企业架构维度来审核。

变革项目的 CDCP 汇报材料样例如下所述，仅供参考。

第一部分：历史遗留问题跟踪进展。历史遗留问题跟踪表如表 5-2 所示。

表 5-2　历史遗留问题跟踪表

问题描述	当前进展	负责人	计划关闭时间	实际关闭时间

第二部分：本阶段的可行性专业技术评审结论。可行性专业技术评审结论模板如图 5-3 所示。

主审人：××	评委：××、×××、×××、×××、…
评审结论：…	
总体技术评审意见	1. … 2. … 3. …
后续跟踪问题：…	
其他：…	

图 5-3　可行性专业技术评审结论模板

第三部分：本项目的流程架构及与其他流程的关联关系。

第四部分：本项目下一阶段的主要工作计划与预算计划。

第五部分：关键利益关系人沟通结论。关键利益关系人沟通结论表简要模板如表 5-3 所示。

表 5-3 关键利益关系人沟通结论表简要模板

部门	姓名	沟通结论
×××	×××	…

第六部分：待决策事项。

一般来说，CDCP 汇报材料必须严格遵循样例的逻辑展开，以确保 CDCP 汇报材料的严谨性与逻辑性。变革工作就是一个不断凝聚共识的过程，整个概念阶段要坚持进行沟通，采用多种技巧进行沟通，直至达成阶段性的共识。很多人虽然知道变革方法与工具，但依然做不好变革工作的一个重要原因就是其对变革过程中的沟通技巧与艺术运用得还不够熟练，还需要不断提升对沟通相关技巧与艺术的运用熟练度。

第四节　计划阶段

计划阶段（见图 5-4）的目标如下所述。

Charter 阶段 → 概念阶段 → **计划阶段** → 开发阶段 → 试点/验证阶段

图 5-4　计划阶段

第五章

变革解决方案开发与试点流程

1. 变革项目团队正式确认项目的目标、范围和集成项目计划，以便相应的上一层级的变革管理团队进行评估。

2. 变革项目团队完成业务/IT 方案的概要设计。

3. 制定出合适的变革解决方案试点/推行策略。

计划阶段的主要输入、主要输出和负责人等关键要素如下所述。

1. 主要输入：

（1）业务/IT/流程高阶变革解决方案。

（2）试点/验证和推行策略（如果有）。

（3）上一阶段的 CDCP 材料包及其决策结果。

2. 主要输出：

（1）业务/流程概要设计方案。

（2）IT 需求规格说明书/概要设计报告（如果涉及）。

（3）基线化的集成项目计划，包含详细的试点/推行计划。

（4）PDCP 材料包。

3. 负责人：

（1）主要负责人，即变革项目团队项目经理。

（2）参与人，包括业务部门代表（包括 IT 代表、数据代表等）、业务对应的流程负责人、变革项目涉及的一线人员、公司架构团队、变革领导与决策团队等。

本阶段的关键动作包括业务对标和确认、设计业务方案、设计组织匹配方案、设计流程运营方案、设计 IT 方案与数据方案、准备 PDCP 汇报材料等。各关键动作简要说明如下。

关键动作一：业务对标和确认

这一关键动作的目的是持续收集本次变革相关业务部门的关键利益关系人的意见，及时沟通，达成共识，获得关键利益关系人对本次变革项目现阶段工作及下一阶段工作计划的认可、支持与承诺。具体来说就是，需要按照项目初期制订的利益关系人沟通计划，与关键利益关系人有针对性地沟通变革解决方案中的交付件，并达成相应的沟通共识、输出专业评审意见。同时，根据沟通评审过程中关键利益关系人提出的意见进行交付件的完善与修订，确保沟通问题的闭环管理。

关键动作二：设计业务方案

这一关键动作的目的是分析业务场景、业务规则，识别出流程变化点，基于业务场景、业务规则和流程变化点设计业务方案。设计业务方案这一工作的工作量巨大，笔者当时参与过的 MTL 变革项目在这一阶段就投入了大量的人力，用来分析 MTL 变革项目下市场洞察、市场管理、营销活动、销售赋能等业务场景及相应的规则。分析业务场景与规则是为了更好地设计出契合业务本质的流程，MTL 变革项目在设计流程的过程中，除了要结合自身的业务场景与业务规则，还重点参考了 IBM 的市场营销流程等领先实践经验，将两者结合起来设计出了相应的 L1—L4 流程清单。

这一步设计到 L4 层级流程才有可操作性，但是当前部分企业请咨询公司做咨询项目，往往因为种种原因流程只设计到 L3 层级，从而缺乏可操作、可落地性。这也是目前很多企业开展流程变革不那么成功的重要原因之一。除此之外，在流程设计过程中，一定要对相关角色进行识别和定义，这也是华为流程变革项目的一大重要特色。只有流程设计方案中包括了详细的角色与职责，这些流程才能找到对应的组织与人去承接，否则流程就是悬空的、高高在上的，最终流程变革项目也难以成功。在整个业务方案设计过程中，还需要识别出相关的流程活动模板和检查表，要尽量把优秀的实践与操作经验固化到活动模板和检查表中。

在整个业务方案的设计过程中，需要完成业务方案的整体概要设计。这里的设计一定不要只是变革项目团队进行设计，华为会要求变革项目团队把业务一线相关人员一起"卷"进来，让业务一线相关人员参与相关的概要设计工作，以确保概要设计方案是符合一线业务场景的。这里的"卷"入方式可分为多种，在条件允许的情况下尽量通过现场设计的方式进行沟通、协同，避免电话会议、远程会议等方式在沟通过程中带来的信息误差。

第五章
变革解决方案开发与试点流程

📖 关键动作三：设计组织匹配方案

根据华为的变革要求，变革解决方案必须与组织方案匹配。因此，在计划阶段进行概要业务方案设计的同时，必须启动组织方案匹配的设计工作。其具体目的是进行流程与组织的匹配，明确变革解决方案内的角色与岗位的对应关系、关键活动，实现流程的落地支撑。比如，在 MTL 变革项目中，为了更好地匹配市场管理流程模块的内容，变革项目团队设计了细分市场经理这一流程角色来承接市场管理流程活动中的部分重要活动。

在组织匹配方案设计过程中，特别需要注意的是现有组织的能力水平，如果设计出来的角色的能力要求太高，就可能会出现现有组织无法承接的情况。比如，某公司在学习了华为 MTL 市场管理流程之后，也准备建设相关的市场洞察组织，并设立相应的市场洞察专员、专家岗位，但是该公司当前的市场营销组织中根本不存在具有相应能力、素质的人，因此其设计出来的市场洞察相关岗位找不到合适的人来承接，就算强行安排一些人到这些岗位，一时半会儿也难以做好、做出业绩。

📖 关键动作四：设计流程运营方案

在华为看来，任何流程都是有生命的，必须基于生命周期进行管理。因此，在计划阶段就必须启动流程运营方案的设计工作，以支撑流程的持续改进和优化，这一点也是值得当前开展变革项目的企业参考、学习的。我们在设计一套变革解决方案时，一定要设计对应的流程运营方案来确保变革解决方案可以随着企业的发展而发展，让流程运营方案始终保持活力与生命力。

📖 关键动作五：设计 IT 方案与数据方案

在计划阶段，需要基于概念阶段的 IT 系统分析与数据架构分析开展进一步的 IT 方案设计和数据方案设计。IT 方案设计需要输出 IT 原型设计，数据方案设计需要输出数据模型与数据字典等。这一步的主要负责人是 IT 代表和数据代表，如果在某些企业内无法细分这两个岗位角色，则可以安排同一个角色负责，不必生搬硬套。

整个 IT 方案与数据方案的设计，必须和前面的业务方案、组织匹配方案及流程运营方案匹配，千万不能出现各做各的情况。

📖 关键动作六：准备 PDCP 汇报材料

在进行以上关键动作的过程中，还需要同步进行的就是准备 PDCP 汇报材料，PDCP 汇报材料和 CDCP 汇报材料的逻辑、框架有着一定的相似性，为控制篇幅这里就不再展开描述。在准备 PDCP 汇报材料的过程中，变革项目团队应及时与关键利益关系人进行沟通、达成共识，并组织相关专业团队对变革解决方案的流程遵从和关联集成的要求进行评审。

第五节 开发阶段

当项目进入开发阶段（见图 5-5）之后，就需要基于计划阶段输出的概要方案进行详细方案的开发工作。这一阶段的目标是完成最终的变革解决方案的设计、开发和测试，并做好试点/验证的准备。

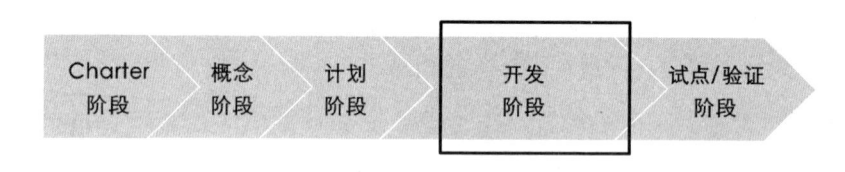

图 5-5 开发阶段

开发阶段的主要输入、主要输出和负责人等关键要素如下所述。

1. 主要输入：

（1）PDCP 材料包和决策结果。

（2）业务/流程概要设计方案，IT 需求规格说明书/概要设计报告。

（3）基线化的集成项目计划，包含详细的试点/推行计划。

（4）项目协同方案。

2. 主要输出：

（1）流程类文档、政策类文档、技术类文档。

（2）更新后的详细试点/推行计划。

第五章
变革解决方案开发与试点流程

（3）项目沟通与培训材料。

3. 负责人：

（1）主要负责人，即变革项目团队项目经理。

（2）参与人，即业务部门代表（包括 IT 代表、数据代表等）、业务对应的流程负责人、变革项目涉及的一线人员等。

开发阶段的主要工作包括：开发流程文件，开发组织方案，开发相关政策文件，协同 IT 开发，开发培训赋能材料，进行试点/验证准备等。

其中各项工作都是基于上一阶段的工作，按照项目计划进行的深入开发。需要特别强调的是开发培训赋能材料这一活动，这里需要针对不同的受众，进行多样化的培训赋能材料开发。比如，笔者曾经参与过的 MTL 变革项目，该项目在这一阶段就针对地区部、系统部、产品线等维度开发了相关 MTL 培训赋能材料，以确保相关组织可以从自身的角度，更加清晰地理解变革项目为其带来的变化。

同时，为了下一阶段试点/验证工作的顺利开展，这一阶段要进行相关的试点/验证准备工作。特别是在选取试点区域和部门时，一定要进行充分的沟通，选择与变革项目配合良好且对变革理解较为深入的区域和部门，避免选择那些对变革理解不深入且不太愿意配合的区域和部门。另外，一定要与对应的区域和部门的负责人达成共识，避免出现认识上的偏差，导致大家对试点/验证的目标和过程理解得不一致从而产生变革风险。

在开发阶段，除了以上重要事项，还需要关注整个变革解决方案开发与试点流程中交付件的管理与验收工作。特别是涉及项目中的外部咨询顾问团队时，交付件的评审与验收就显得更加重要。

开发阶段的重要输出活动与交付件都需要经过内部评审和相关利益关系人的沟通、评审，并根据评审意见进行完善。其中相关的流程文件、政策文件、组织文件等必须严格遵循会签、发布和归档流程。对于相关的评审工作，最好采用正式会议的形式，形成集体决策，避免点对点的沟通、评审，以及和利益关系人逐个沟通、评审。例如，在某家公司的变革项目输出的变革解决方案评审过程中，由于变革项目团队害怕把利益关系人集中起来召开评审会议而无法控场，所以变革项目团队选择了逐个与利益关系人沟通，结果利益关系人提出的评审意见各不相同，且有的评审意见互相冲突、互相矛盾，大大增加了变革解决方案的评审、沟通难度，这就是没有把利益关系人集中起来召开评审会议的后果。

第六节　试点/验证阶段

华为的变革解决方案开发与试点流程为了避免对未经试点/验证的流程进行全面推行，在流程中设置了试点/验证阶段（见图5-6）。试点/验证阶段的目的是实施用户验收测试，完成变革解决方案正式实施前的准备工作；实施试点单元的业务、流程、组织、IT切换，为后续的正式实施梳理样板点与参考样例；根据试点/验证的效果进一步优化变革解决方案与变革推行方案，确保后续的变革推行工作能顺利开展。

Charter阶段　概念阶段　计划阶段　开发阶段　**试点/验证阶段**

图 5-6　试点/验证阶段

试点/验证阶段的主要输入、主要输出和负责人如下所述。

1. 主要输入：

（1）流程类文档、政策类文档、技术类文档。

（2）更新后的详细试点/推行计划。

（3）项目沟通与培训材料。

2. 主要输出：

（1）业务上线数据试点/验证报告。

（2）更新后的项目沟通培训材料。

（3）PRR（Pilot Readiness Review，试点准备度评估）/DRR（Deployment Readiness Review，推行准备度评估）材料包。

3. 负责人：

（1）主要负责人为变革项目团队项目经理。

（2）参与人为业务部门代表（包括 IT 代表、数据代表等）、业务对应的流程负责人、变革项目涉及的一线人员、公司架构团队、变革领导与决策团队等。

由于试点/验证阶段对后续变革解决方案的顺利推行有着非常重要的基础作用，笔者在这里就把试点/验证阶段的部分主要活动列出来，供大家参考、借鉴，如下所述。

1. 确定相关的文档交付件，具体包括业务政策、业务规则、业务流程与指导、IT 政策与指导等。

2. 进行用户验收测试，具体来说就是根据变革项目所涉及的业务场景，由业务一线人员进行测试。

3. 开发应急计划，具体来说就是对试点/验证过程中可能出现的风险进行预案，以确保试点/验证过程中的风险可控。

4. 制定业务/IT 切换后支持策略。

5. 进行试点准备度评估。

6. 进行最终用户培训。

7. 实施切换与切换后的支持策略。

8. 变革项目知识总结。

9. 开发推行计划。

10. 根据试点/验证的结果，对变革解决方案进行优化并对相关文档交付件进行定稿。

11. 发布相关文档交付件。

试点/验证阶段除了以上这些重要活动，还有一个关键输出，那就是试点/验证总结报告。试点/验证总结报告需要根据试点/验证的结果总结本次变革解决方案在试点/验证过程中发现的优化点与业务价值点，以及在试点/验证过程中的常见问题及解答。另外，试点/验证总结报告还需要输出试点/验证活动实施总结，为后续变革解决方案的全面推行提供相关的推行建议。通过对试点/验证经验的总结，可以使试点/验证经验得到分享和传承。华为要求，所有变革项目团队成员都必须认真学习试点/验证总结报告，以及时吸收试点/验证阶段的经验和教训。

第七节　专业评审、决策评审与流程裁剪

细心的读者会发现，在前面几个阶段的介绍中，还没有对相关的专业评审点和决策评审点进行介绍。事实上，在变革解决方案开发与试点流程中，每一阶段都有其对应的专业评审点与决策评审点。变革解决方案开发与试点流程遵循专业评审与决策评审分离原则，各个阶段专业评审点的专业评审意见可以作为决策评审点的决策支撑材料，但不能作为决策评审的唯一依据。

在华为，变革项目中所有的决策会议必须正式地由对应的组织召开，所有的决策点评审会议必须严格遵循相关的评审关键要素要求。变革解决方案开发与试点流程中的决策评审点具体包括 Charter 决策评审点、CDCP、PDCP、PRR、DRR。决策评审点的结论一般情况下有 3 种：通过（Go）、不通过（No Go）、重新调整方向（Redirect）。必须在每一阶段的决策评审点获得通过许可之后，才能进入下一阶段。如果决策评审点通过延时，则会影响变革项目团队的考核。正是由于有了严格的对决策的把控，才既保障了变革解决方案的质量与范围要求，又保障了项目时间进度要求。

各个决策评审点的评审参考要素如表 5-4 所示。

表 5-4　各个决策评审点的评审参考要素

决策评审点	评审参考要素
Charter 决策评审点	1. 项目要解决的相关业务现象与问题阐述明确； 2. 项目目标/范围合理； 3. 根据一线和全球流程负责人的变革需求，识别出关键的改进机会点； 4. 对项目涉及的架构进行了正确的分析；

第五章
变革解决方案开发与试点流程

续表

决策评审点	决策参考要素
Charter 决策评审点	5. 进行了关联项目分析，并给出了项目协同的初步建议方案； 6. 识别了项目风险并在可以控制的范围内，使项目符合企业总体战略并有利于端到端的效率/质量/成本/风险改善； 7. 项目经理、项目核心成员符合相关的资质要求； 8. 项目关键利益关系人同意项目立项
CDCP	1. Charter阶段的可行性专业技术评审遗留问题已经得到解决或有明确的解决方案、时间、负责人； 2. 业务需求已澄清并得到一线、全球流程负责人的正式确认； 3. 项目集成计划高阶内容合理明确； 4. 可行性专业技术评审结论为"通过/带风险通过/改进后通过"； 5. 关联关系进一步刷新，并更新协同方案； 6. 明确重点参与的一线区域和部门，明确一线区域和部门参与的方式、风险已经识别并具有可接受的风险管理计划
PDCP	1. 概念阶段的概要设计专业技术评审遗留问题已经得到解决或有明确的解决方案、时间、负责人； 2. 概要设计专业技术评审结论为"通过/带风险通过/改进后通过"； 3. 项目集成计划合理，满足上线时间要求，包括开发计划、验证计划、初步试点/推行计划； 4. 方案验证策略明确，有详细计划； 5. 试点/推行的策略、计划清晰明确，并可执行； 6. 关联关系进一步刷新，并确定了协同方案； 7. 风险已经识别并具有可接受的风险管理计划
PRR	1. 项目交付件全部完成并可以支持试点/验证； 2. 计划阶段的准入专业技术评审遗留问题已经得到解决或有明确的解决方案、时间、负责人； 3. 准入专业技术评审结论为"通过/带风险通过/改进后通过"； 4. 试点区域选择、试点策略/计划（含宣传培训计划）合理，并得到一线试点单位的支持； 5. 流程和业务操作指导要求通过了全球流程负责人的审核，全球流程负责人同意在试点区域试用流程
DRR	1. 项目交付件全部完成并可以支持推行； 2. 开发阶段的准入专业技术评审遗留问题、试点/验证遗留问题已经得到解决或有明确的解决方案、时间、负责人； 3. 推行准备度评估结论为"通过/带风险通过/改进后通过"； 4. 推行计划（含宣传培训计划）合理并得到一线/业务部门的支持； 5. 已经确定上线应急计划和上线后的支持计划； 6. 流程和业务操作指导要求通过了全球流程负责人的审核，并正式签发

> **活下去**
> 华为变革之道

整个变革解决方案开发与试点流程是一个比较复杂、沉重的流程。因此，当读者要学习、借鉴华为的变革解决方案开发与试点流程时不必完全照搬，可以对整个变革解决方案开发与试点流程进行裁剪、合并，使流程在遵循整个逻辑框架的前提下更加简洁、高效。比如，如果整个变革项目方案中不涉及IT系统与数据架构，则可以裁剪掉IT系统与数据架构部分的内容；如果在变革项目立项阶段已经完成了高阶变革解决方案的概要设计，那么就可以将Charter阶段、计划阶段和概念阶段合并为一个阶段。但是在裁剪、合并过程中，必须保持一个原则，即如果这个阶段的决策评审点存在，那么决策点之前的专业评审点就必须存在，如果决策评审点取消则与之对应的专业评审点也可以取消。

"它山之石，可以攻玉。"在各企业开发变革解决方案的过程中，由于企业管理成熟度不同、企业发展阶段不同、企业决策模式不同、企业组织形态不同、企业业务形态不同等因素，各企业可以基于本章中变革解决方案开发与试点流程的核心思想、逻辑与架构进行适配，输出一个适合企业自身的变革解决方案开发与试点流程。

第六章

变革解决方案推行与实施

"任何一个变革最重要的问题是一定要落地。不能落地也不能上天，浮在中间，那就什么用也没有。"

——任正非

第一节 变革解决方案推行与实施简介

第五章介绍了变革解决方案开发与试点流程，对于一个变革项目来说，完成了变革解决方案开发与试点只是完成了整个变革项目的前面部分工作，如果变革项目想要不失败，就必须顺利地完成变革解决方案的推行与实施。但是在变革解决方案推行与实施过程中，稍有不慎就会进入各种方案推行的误区，这些误区有的导致变革解决方案推行与实施失败、有的导致变革解决方案推行与实施必须花费更多的时间和资源、有的导致变革收益提现时间延迟、有的导致前期的变革解决方案开发工作都受到怀疑等。下面，我们来看看这些常见的变革解决方案推行与实施失败的案例，以后在变革工作中尽量避免"踩坑"。

  📖 案例一：某公司绩效管理方案推行与实施案例

案例背景：某公司发展了十多年，曾经多次踩到了行业市场爆发的机会，但是始终未能做大、做强，只是在遇到机会的时候赚一些"快钱"，然后又

活下去
华为变革之道

迅速地掉队。该公司"一把手"在参加了一些外部培训、听过一些外部课程之后,就觉得这些年公司一直发展不顺利的重要原因是公司的干部队伍不行,所以他从公司外部招聘了一位擅长干部管理的人力资源副总裁。"新官上任三把火",该人力资源副总裁入职之后,立即进行了内部的管理现状调研,发现公司内居然没有绩效管理与考核机制,绩效考核都是由直接主管主观评价的。比如,每个一级部门负责人分多少奖金都是公司"一把手"在年底根据其主观评价进行确定的,有人进行内部评价时就说:"工作干得好的人还不如给老板拎包的人奖金拿得多。"上行下效,各个部门内部干得好与不好都是由直接主管主观评价说了算,因此很多人为了获得更好的晋升机会与分到更多的奖金都把时间和精力用在了如何搞好与领导的关系上。公司内部戏称公司内的考核评价就是"说你行,不行也行;说你不行,行也不行"。虽然公司的口号也是以客户为中心,但是整个公司严重缺乏客户导向思维,因此有能力又想法的骨干员工不断离开,比较有潜力的新员工在成长起来之后也不断离开,公司的人力资源部一直处于天天给各个部门"救火"(招人)的状态。该人力资源副总裁为了改变这一局面,准备从推行绩效管理开始,以绩效管理为抓手。

项目关键过程: 在该人力资源副总裁确定推行绩效管理之后,他把以前在其他企业邀请外部咨询顾问基于华为绩效管理方案制定的绩效管理方案拿到了这家公司使用。为此,他专门向公司"一把手"分析了公司的现状、问题与解决方案,重点突出了强化绩效管理的重要性。最终他成功说服了公司"一把手"同意在公司内开展绩效管理变革工作。他引入的绩效管理方案的核心思想是各个部门之间按照A、B、C、D强制考核方案进行考核,部门内员工按照A、B+、B、C、D强制考核方案进行考核。然而,在人力资源部准备推行该计划但未正式对外公布时,销售部门提前得知了公司要开展绩效管理变革,便主动找到了公司"一把手"强调销售部门有各种特殊性不适合这种考核方案,如销售人员过去一直是按照销售业绩提成的,贸然实施新的考核方案会影响销售团队的稳定性等。最终,销售副总裁成功说服了公司"一把手",销售团队不参与本次绩效管理变革。在此期间,公司内各部门都听说了公司要开展绩效管理变革,还有人谣传这是公司在故意降薪。比如,技术部人员在入职时签的合同上规定的是固定的年终奖,现在要把过去这部

第六章

变革解决方案推行与实施

分固定收益拿出来做考核，技术部认为这就是对技术部人员的降薪，所以技术部人员在该段时间的工作状态不佳且情绪波动较大。公司"一把手"从侧面得知技术部人员的抵触情绪之后，为了安抚技术部，又对技术部负责人承诺技术部暂时不推行新的绩效管理方案。最终，该继续管理方案只能在销售部和技术部之外的平台职能部门开展。虽然绩效管理方案在其他中后台职能部门得以实施，但是实施之后的结果是这些中后台部门的工作积极性更差了。在中后台部门的部分员工看来，公司业绩要改善必须抓销售部和技术部，人力资源部不对这两个直接产生业绩的部门推行绩效管理，却对中后台部门推行绩效管理，这就是"专挑软柿子捏"。最终，在中后台部门推行绩效管理也变成了走过场、流于形式。

项目结果：绩效管理变革不成功。

该绩效管理项目实施不成功的主要原因：1. 该项目的绩效管理方案直接借用了其他企业的绩效管理方案，是否适合该公司需要打个问号。2. 该公司在推行绩效管理方案的过程中，公司"一把手"的支撑力度不够，未能深入参与到方案的推行、实施过程中，在面对可能出现的变革阵痛时，公司"一把手"犹豫并退缩了。3. 人力资源部没有制订详细的绩效管理方案推行计划。4. 人力资源部没有进行关键利益关系人管理，引起关键利益关系人（如销售副总裁）的坚决反对。5. 人力资源部没有进行绩效管理变革宣传、没有营造变革氛围，从而导致在绩效管理方案未公布之前各种小道消息满天飞。

📖 案例二：某公司战略规划及战略解码项目推行与实施案例

案例背景：某公司创业多年以来遇到过一些市场风口，但是都没能成功地把握住风口机会。该公司"一把手"觉得这些年没有能够把握住相关风口机会主要是因为公司管理层对公司战略的不理解和战略执行不力。所以该公司"一把手"决定引入战略规划及战略解码相关项目，并选择了一家咨询公司负责战略规划与战略解码相关方案的开发与辅导。

项目关键过程：咨询公司经过诊断发现，该公司缺乏战略管理相关的职能部门，建议该公司增设相关部门。但是该公司"一把手"认为战略规划与战略解码的责任主体应该是业务部门，战略部门只是一个写报告的务虚部门，价值不大，没有必要设立。咨询公司后来又建议在开展战略规划的过程中，首先需要公司"一把手"与公司各高管一起开展公司战略规划研讨并达成一致意见，但是公司"一把手"一味强调"我的战略都是正确的，让他们好好理解我的战略规划即可"，要求咨询公司的咨询顾问团队直接和各BU总裁讨论战略规划的开展。但当咨询顾问团队找到BU总裁时，BU总裁又把下面的事业部总经理叫来，让事业部总经理开展战略规划，BU总裁则不参与。在全过程中，咨询顾问团队多次建议公司"一把手"和各BU总裁亲自参与，但是公司"一把手"和各BU总裁都觉得自己没问题，只需要下级单位去开展相关工作。而事业部总经理在得不到公司与BU层面清晰、明确的输入的情况下，根本无法输出事业部的战略规划。最终，咨询顾问团队发现工作无法正常开展从而主动结束了该项目。事后，该公司"一把手"和各BU总裁都把项目无法顺利开展的原因归咎于咨询顾问团队太缺乏专业性，该公司与咨询顾问团队之间搞得非常不愉快。

项目结果：中途终止。

该战略管理项目实施中途终止的主要原因是公司"一把手"对整个战略规划与战略解码咨询项目的重视程度与支持力度不够，自己不亲自参与，从而导致了BU总裁也对该工作的重视程度不够。公司"一把手"没有自我改变的意识，只是希望下面的高管团队改变，高管团队也有样学样，不希望改变自己，只希望下面的事业部总经理去改变。总的来说，公司"一把手"和公司高层没有自我改变的意识，只是希望通过下属的改变、下属的进步来改变公司的现状，整个公司严重缺乏自我变革、自我改变的意识，也就是缺少了本书第一章中讲解到的支撑变革的企业文化。这也是很多企业的变革项目或咨询项目开展得不顺利的重要原因之一。

案例三：某公司干部管理方案推行与实施案例

案例背景：某公司由于进入了一个比较好的市场赛道，这些年来，公司业务一直在快速发展，但干部队伍跟不上公司业务发展的速度。所以该公司"一把手"和人力资源副总裁讨论之后，确定需要实施干部管理方案来确保公司有足够优秀的干部队伍来支撑公司业务的快速发展。

项目关键过程：人力资源部闷头制定干部管理规则，把干部管理规则制定出来之后，一纸发文要求以后所有干部都遵循该规则，把发文当成了方案的推行。

第六章

变革解决方案推行与实施

项目结果：所有干部还是过去怎么干就继续怎么干。

该干部管理项目实施不成功的主要原因是，没有开展任何变革管理相关的动作，以为发文之后就万事大吉了。

通过以上案例可以看出，变革解决方案推行与实施失败往往都是企业领导者不懂变革解决方案推行管理、不重视变革解决方案、没有支撑变革的企业文化与制度造成的。华为深刻地认识到，无论变革解决方案开发得多么合适，只要变革解决方案不能推行、落地，一切就都是纸上谈兵，不能产生实际业务价值。因此，华为非常重视变革解决方案的推行管理，特别强调变革最重要的问题就是变革解决方案的落地。

那么，华为是怎样进行变革解决方案的推行管理的呢？

第一，华为深刻地认识到要做好变革推行管理，需要掌握好变革时机。很多企业的变革解决方案推行之所以失败就是因为它们没有掌握变革的时机，在不恰当的时间开展了不恰当的变革。例如，某行业中排名靠前的某公司当前阶段的主要问题是内部研发产品竞争力的问题与供应链管理能力的问题，但是该公司的主要负责人在听了一些关于华为 LTC 变革的课程之后，就以为找到了能解决该公司当前困境的"秘方"，就在公司内强行推行 LTC 变革，并请了相关咨询公司。因为公司"一把手"的重视，在咨询公司进行方案设计的阶段，公司所有人都不敢提出质疑。整个方案设计前后花了一年多的时间，最终方案设计出来之后，却发现完全推行不下去。这时，公司高层才集体反复、深入地研讨，最终的结论是该公司在现阶段根本不适合推行 LTC 变革，它在现阶段需要开展的是 ISC 变革。于是该公司又开启了 ISC 变革项目，这就是没有掌握好变革时机造成的。因此，在开始变革时，一定要评估时机是否合适，确保在合适的时机开展合适的变革。

第二，华为通过多年变革实践了解到要做好变革推行管理，就必须做好变革推行的各项准备工作，如上一章中介绍的变革解决方案的开发，多考虑一下变革推行过程中可能出现的问题，并对相关问题拟定应对策略，不打无准备的仗，避免盲目、仓促地推行变革。

第三，华为深刻认识到要做好变革推行管理，必须有一套科学、合理的工作方法或方式来支撑变革推行、实施工作的开展，因此提出以规则的确定性来应对结果的不确定性的要求。

第四，华为的每一个变革项目都配备了完整的变革推行团队，由业务经验丰富且对变革解决方案深度理解的人员组成。变革推行团队基于华为变革推行管理流程工具与方法开展变革推行、实施活动。华为变革项目的变革推行团队成员一般来自变革解决方案开发团队。比如，笔者曾经参加的 IPD-S 变革项目和运营商 BG MTL 变革项目，都是在项目进入推行阶段之前项目组内就明确了相关的责任分工，把项目组内适合负责推行工作的部分组员转变为相关业务单元的推行负责人，笔者就曾经先后负责某地区部、某产品营销与解决方案部的 MTL 变革推行。

我们接下来具体了解一下华为变革推行管理框架的具体内容。华为变革推行管理框架包括整体推行管理、一线/业务部门推行管理等部分，通过各部分的有机组合实现整个变革项目推行管理工作的顺利开展。

第二节 整体推行管理

整体推行管理的作用是对推行项目进行系统化管理，以便支撑整个推行项目的各个推行子项目的顺利开展，顺利完成整个推行项目的基础性推行管理工作。无论一个变革项目的推行工作涉及多少个部门或业务单元，整体推行管理都是必不可少的。

整体推行管理框架示意图如图 6-1 所示。

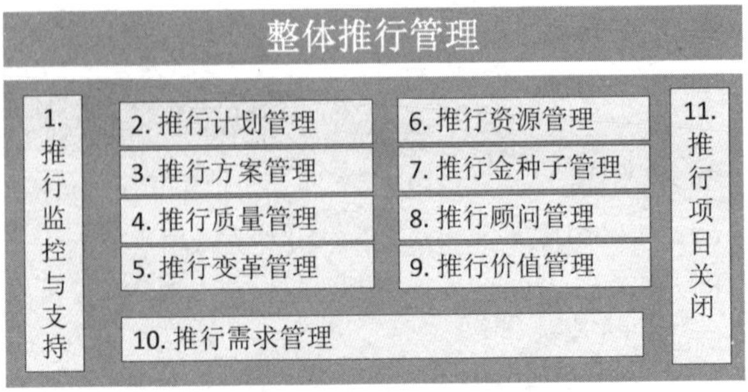

	整体推行管理		
1. 推行监控与支持	2. 推行计划管理	6. 推行资源管理	11. 推行项目关闭
	3. 推行方案管理	7. 推行金种子管理	
	4. 推行质量管理	8. 推行顾问管理	
	5. 推行变革管理	9. 推行价值管理	
	10. 推行需求管理		

图 6-1 整体推行管理框架示意图

第六章

变革解决方案推行与实施

一、推行监控与支持

推行监控与支持模块的目的是建立变革项目的推行运作机制，跟踪并管理总部和一线/业务部门推行中可能会遇到的风险和问题，及时向推行团队提供有效的支撑，同时与公司内各个变革项目、优化项目相互协同，同步完成相关项目的推行任务。本章第一节中的两个变革项目之所以推行不成功，很重要的一个原因就是都没有建立相关的推行机制，没有对推行中可能遇到的风险和问题做好预案。在笔者参与过的华为变革项目中，变革项目一旦进入推行阶段，变革项目管理办公室就会协同变革推行团队制定变革项目的推行运作机制，并通过正式发文输出。

这里需要强调的一点是，一线/业务部门的变革项目推行负责人必须是一线/业务部门负责人，不能由推行经理替代其履行职责。同时，为了名正言顺地在一线/业务部门开展变革项目的推行工作，需要进行正式的变革推行团队任命发文并召开相应的开工会。为了方便各个一线/业务部门草拟任命发文，变革项目团队一般都会提前准备好任命发文模板，明确变革推行团队中各个角色的职责、推行运作机制等。这一点是非常值得其他企业在开展变革项目的推行工作时借鉴的，提前准备好相关模板、工具会给变革项目的推行工作带来很大的便利。

由于推行运作机制并不是在发布后一成不变的，因此在推行监控与支持模块中还有一个重要的工作是刷新推行运作机制。比如，当时的运营商 BG MTL 变革项目就针对地区部、大客户系统部、机关产品线营销与解决方案部、运营商 BG 营销与解决方案部等部门分别设计了相应的 MTL 流程推行运作机制，以确保各部门的推行运作机制符合各部门的实际情况。

在整个推行监控与支持模块中，为了更好地实现对推行的监控与支持，华为将销售业务方面的"一会一报一表"管理机制引入其中。具体说来就是，定期召开推行项目例会，分析推行项目的进展并基于当前进展调整下一阶段的工作计划；定期输出推行项目工作报告，以便相关利益关系人清晰地了解推行项目的进展及下一阶段的工作计划，从而更好地协同资源来配合整个推行项目的开展；定期输出推行问题与风险管理表，作为对推行过程中出现的问题与风险进行闭环管理的重要支撑工具。关于推行项目例会，应尽量邀请相关核心人员现场与会，以便达到高效沟通的效果，如果相关核心人员确实无法现场与会，则可以通过远程电话会议接入，但是一定要坚持召开推行项目例会。通常情况下，变革项目管理办公室会对各个业务单元"一会一报一表"的运作情况进行监督与统计、分析，作为各推行经理推行过程合规的考核因素之一，以确保各推行经理在推行过程中是严格按照相关要求开展推行工作的。

二、推行计划管理

推行计划管理模块的目的是建立变革项目的推行目标、制定相应的推行策略，包括推行节奏和运作规范等内容。本章第一节中绩效管理案例失败的重要原因之一就是为了绩效管理而绩效管理，既没有明确的绩效管理目标，也没有制定相应的推行策略，结果遭到销售部门和技术部门的反对，从而不能在这两个关键部门推行绩效管理。

关于推行目标的制定，一般情况下需要变革项目团队/咨询顾问团队和公司高层达成一致意见。某家公司曾经要推行营销变革，咨询公司在输出方案之后，经过对该公司推行准备度的评估，认为当前阶段需要一个区域销售公司来推行营销变革方案，该公司高层和各个区域销售公司负责人沟通后，各个区域销售公司的负责人都表示愿意立马推行该营销变革方案。客户公司高层对营销变革方案在各个区域销售公司的落地实施获得了极大的信心，从而未听取咨询顾问团队的意见——根据一定的节奏和步骤开展该项目的推行。在推行过程中，各个区域销售公司虽然都很积极、都想成为变革标杆，但是由于公司整体的推行资源不足，导致无法分派合适的推行资源到各个区域销售公司，一些对方案理解不深刻的人员也被派去执行推行工作。最终，只有少数推行资源充足的区域销售公司推行得较为顺利，其他推行资源不足的区域销售公司推行起来磕磕碰碰，导致部分区域销售公司的负责人对营销变革方案产生了怀疑和动摇，从而影响到了公司高层对咨询顾问团队输出的营销变革方案的认可性。这就是不重视推行计划，不注重推行节奏，一开始推行就想大干、快上造成的。

因此，在变革推行过程中，推行计划的制订一定要和推行准备度、业务成熟度、管理成熟度等多种因素综合起来考虑，千万不要急于求成。华为变革管理框架中就对推行节奏、推行策略、推行计划有着严格的要求，可以根据综合因素把推行节奏分为全面铺开（快速）、由点成线再成面（中速）、逐个击破（慢速）。推行策略可分为一次性全部推行方案，分阶段推行方案。根据笔者的经验，当前很多企业在推行变革解决方案/咨询项目方案时，推行节奏选择中速或慢速，推行策略选择分阶段推行，这种推行计划实施起来的成功可能性会大很多。

这里说明一下分阶段推行的内容。比如，某公司设计了一套 LTC 流程，流程内有管理线索、管理机会点两个子流程，其在第一阶段先推行管理线索流程，在管理线索流程运作顺畅之后再推行管理机会点流程，这就是分阶段推行。

综上所述，整个推行计划管理模块的核心要点就是一定要制定合适的推行目标，基于合适的推行目标制定相应的推行节奏与策略，避免出现推行目标太大、推行范围太广、推行步子太快的情况。这句话说起来容易，但是做起来非常困难。因为一个好的推行计划必须有清晰的推行目标，有清晰的推行目标的前提是有清晰的自我认知。现实中，很多企业组织往往存在自我认知过高的情况，从而导致其制订变革解决方案推行计划时脱离了实际情况，这种脱离实际情况制订的推行计划的执行结果也就可想而知了。很多时候，对于变革解决方案推行而言，慢就是快。

三、推行方案管理

推行方案管理模块的目的是基于第五章中讲解的变革解决方案试点/验证情况和推行计划管理中确定的推行目标，完成推行方案基线版本的发布，并按照相应的版本进行推行方案管理。

对于本章第一节中的绩效管理案例，从推行方案管理的角度看，这个失败的项目也没有做到推行方案管理的相关要求，只是把其他企业的绩效管理方案拿过来改了个名字就作为自己的绩效管理方案了。这种抄袭来的绩效管理方案，既没有在公司内进行小范围的试点/验证，也没有结合公司的管理现状等因素进行适配，因此其注定就是一个难以成功的方案。

华为的推行方案管理模块中的主要活动有推行方案包的发布、推行方案包的维护，以及推行方案与其他变革项目推行方案的协同。一般情况下，推行方案包中需要包括流程设计方案、推行宣贯管理方案、推行计划、推行运作机制等。推行方案包就是变革项目推行经理的"作战工具包"，华为的很多变革项目能顺利推行，推行方案包也是功不可没的。

华为为什么这么重视推行方案包的管理呢？因为华为通过多年的变革实践深刻地认识到变革推行方案包是变革项目推行的主要工具、载体，在很大程度上决定了变革项目推行的顺利与否、决定了变革项目推行的质量高低等，所以华为变革项目推行管理中的整体推行管理中才会有推行方案管理模块，才会这么重视推行方案包的管理。

各企业在变革项目推行过程中，不必完全按照华为的推行方案包管理要求来开展相关工作，因为这些细化的管理工作都是需要成本和代价的。企业在变革项目推行过程中需要全面权衡目标、计划、成本和代价来综合确定如何管理变革推行方案包，做到企业内适合、适用即可。

四、推行质量管理

推行质量管理模块的目的是通过建立和实施变革项目/咨询项目推行的评价标准，在整个变革项目推行过程中管控推行工作的交付质量并且在推行工作结束后进行相应的评价。

为什么需要进行推行质量管理呢？因为对于变革方案/咨询项目方案推行实施这种复杂的系统工程，在推行过程中如果缺乏相关的质量管理标准，则将很难达成相关满意度与理解的一致性。很有可能某些人觉得推行工作已经做得很好了，但是另一些人觉得推行工作距离做得好还有很大的差距。所以，建立变革解决方案/咨询项目方案推行评价标准可以帮助相关人员达成共识，避免在变革项目推行过程中或推行结束后因为理解不一致造成不必要的推行问题与风险。

那么，华为是怎么实现变革项目推行过程中的推行质量管理的呢？要实现推行质量管理需要做到以下3步。

第一步，制定一线/业务部门推行评价标准，并对标准达成共识。这里的推行评价标准是用来评价变革项目在一线/业务部门推行、实施的重要依据，具体来说就是要建立推行关键交付质量的评价标准，如一线推行开工会是否按照标准要求召开、一线推行周报是否高质量输出、一线推行中各流程文件和管理文件等项目文档交付件是否高质量输出等。这些标准越清晰、越细化，变革项目推行过程中的推行监控越有依据。但是这些标准不能是由变革项目团队"拍脑袋"想出来的，必须和一线/业务部门达成一致意见，大家都认可的、符合实际情况的推行评价标准才有参考价值。

第二步，基于推行评价标准进行推行工作质量评价。这里的工作质量评价主要针对推行过程中各个环节输出的交付件文档。比如，某个企业开展了一个关于某类流程的咨询项目，咨询项目中的咨询顾问团队的交付件只到了流程L3层级，缺乏具体的流程指导书与模板工具。在项目推行过程中，该企业发现L3层级的流程交付件完全无法指导具体的相关工作的开展，因此迫切需要在项目推行过程中输出相关的模板与指导手册。该企业通过项目推行过程中交付件的质量管理发现了前期咨询解决方案开发过程中的遗漏问题。

第三步，制定一线/业务部门推行关闭标准，并对标准达成共识。在开始在一线/业务部门进行推行工作之前，就需要和一线/业务部门针对推行关闭标准达成一致意见，做到变革项目推行有明确的起点与结束点。

这里需要强调的是，上面提到的评价标准应尽量采取公平、公正、公开的原则，针对各个部门、各个区域推行同一个变革解决方案，尽量采取同样的标准，做到评价标准不因人而异。

五、推行变革管理

推行变革管理模块的目的是通过针对关键利益关系人的沟通、宣传和激励等方式，推动变革项目推行涉及的相关人员的思想和行为的转变。通过前面的章节，大家已经了解到变革项目中利益关系人管理的重要性，因此在变革项目的整体推行管理中推行变革管理占据了重要的位置。

华为对推行变革管理模块的要求是什么呢？

1. 识别出变革项目的关键利益关系人，制定相应的沟通策略并建立相应的沟通机制，基于沟通机制开展多种形式的正式或非正式的沟通或汇报，尽可能地逐步提高关键利益关系人对变革项目的认知度与支持度。具体来说就是，让关键利益关系人实现对变革项目从不了解到了解，再到认可/支持，最后非常认可/非常支持的转变。比如，将此方法运用到某企业变革项目推行时，该企业的变革推行团队就基于变革项目利益关系人管理相关方法论梳理出了变革项目中的关键利益关系人，并识别出了这些关键利益关系人的状态。该企业按照关键（推行）利益关系人管理表例行进行沟通与维护，直至推行关闭（见表6-1）。

表6-1 关键（推行）利益关系人管理表

利益关系人姓名	岗位	部门	对变革项目推行的了解度	对变革项目推行的支持度	沟通计划
×××	副总裁	销售部	不了解	没有明显态度	……
×××	高级总监	销售部	了解	支持	……
×××	高级总监	流程部	非常了解	坚决支持	……
……	……	……	……	……	……

2. 建立相应的变革推行宣传渠道，制定变革项目推行宣传策略。在变革项目推行过程中，变革推行宣传对变革氛围的营造有着重要的作用。笔者曾经参加过的某变革项目就在推行阶段进行了立体的、全方位的变革推行宣传。其主要方式包括：（1）建立网上变革项目推行社区，鼓励相关人员在网上变革项目推行社区分享变革项目推行案例、推行心得等内容；（2）建立推行宣传邮箱与邮件群组，及时把最新的推行进展、推行要求和推行阶段性成功总结等信息通过推行宣传邮箱发送给推行宣传邮件群组全员；（3）运用公司其他宣传渠道进行推行宣传，如在公司的《管理优化》报刊上发表相关的文章等。总之，一定要借助各种自有渠道和外部渠道进行变革推行宣传造势，让变革项目推行宣传深入人心。

3. 制订变革项目推行方案培训计划与实施方案。培训在变革项目推行过程中有着重要的作用，首先一个优秀的培训计划与实施方案可以使变革项目的推行对象加深对变革项目的理解，其次对变革项目的推行对象的培训也是一个帮其进行思想转变的过程。因此，华为的变革项目在推行阶段一般都会进行系统性的变革项目推行方案培训计划制订并进行有针对性的实施。比如，笔者曾经参加过的某变革项目，就针对不同的变革项目的推行对象制订了不同的培训计划，包括基于角色的培训教材、培训计划等。

在本章第一节两个不成功的变革推行案例中，变革操盘者都缺乏对推行变革管理的运用，如果他们做到了推行变革管理中的关键（推行）利益关系人管理、变革项目推行宣传、变革项目推行方案培训，那么他们的变革项目推行失败的可能性就会小很多。这就是不懂得推行变革管理或不重视推行变革管理造成的。因此，企业在进行变革项目推行的过程中，推行变革管理模块一定要做深、做实，这样才能确保变革项目可以顺利地推行。

六、推行资源管理

推行资源管理模块的目的是为变革解决方案的推行提供足够的合格的推行团队人员。因为所有的变革项目推行工作都是需要人来开展的，如推行计划、推行方案、推行质量等工作，都需要人来干活、执行。

很多企业的变革项目/咨询项目推行失败的重要原因之一就是没有充足、合格的推行资源。比如，某产品研销类型的硬件科技公司，近些年发现其产品研发竞争力逐渐跟不上市场节奏，推出的新产品要么滞后于市场需求，要么不是市场需要的，内部产品开发管理也感觉非常混乱，所以该公司请外部咨询公司为该公司制定了一套集成产品开发变革解决方案。但是该公司在咨询公司输出相应的方案后，没有成立推行团队，而是直接发文要求以后研发部门按照集成产品开发变革解决方案开展工作。由于没有变革推行团队进行推行管理，很多员工想要根据新的产品开发流程开展工作却不知道如何开展，而某些对新流程有抵触的员工刚好可以以此为由拒绝使用新的产品开发流程，反正也没有变革推行团队去跟踪、落实。最终的结果就是该公司花了钱,请了咨询公司输出方案,方案只能存在电脑中,产品研发团队原来怎么做,之后继续怎么做。正是由于很多企业不知道如何建立变革推行团队、如何组建合适的变革推行团队,所以它们虽然觉得变革很美好,但还是不敢开展变革项目或咨询项目。

针对推行资源管理,华为是怎么做的呢?

首先,必须组建正式的变革推行团队,且变革推行团队必须发文任命,以确保变革推行团队工作的严肃性。同时,变革推行团队中的推行经理的选拔尤为重要,一定要选拔既具备丰富的业务经验又具备较强的影响力与领导力的人来担任变革项目推行经理,选择一个合适的变革项目推行经理会为变革项目推行的成功带来极大的保障。变革项目推行相关的管理规范设计得再好、再合适,如果变革项目推行经理选错了,则一切都"白搭"。

其次,在正式组建变革推行团队之后,要持续、定期地对变革推行团队进行赋能,使变革推行团队有能力做好变革项目推行工作。变革推行团队往往需要和人打交道,变革解决方案又是改变人的行为与习惯,做好这些需要比较强的利益关系人管理能力及比较好的支撑方法与工具。

再次,要做好推行金种子管理。企业要通过建立推行金种子制度来培养更多的变革金种子,让金种子在对应的部门协助变革解决方案的推行与实施。关于金种子需要正式地和一线/业务部门沟通确认,确保金种子是有变革积极性且有大局观的人员。同时,企业还需要针对金种子设计相关的激励机制,以奖励金种子在一线/业务部门变革推行中的付出。

最后,需要建立推行资源协调机制,确保不同区域不同团队之间的推行资源可以适当地协调,做到互相支撑。

七、推行金种子管理

推行金种子管理模块的目的是充分地调动一线推行资源,使一线"卷"入变革项目推行工作,确保变革项目推行工作的顺利开展与推行目标的完成,选拔培养的一线变革支撑力量。

关于推行金种子管理,主要工作内容如下。

1. 金种子的选拔。不是任何人都可以被选拔为金种子的，选拔金种子时一定要选拔那些既是业务骨干又对变革持有开放心态，还愿意积极主动拥抱变革、参与变革工作，且有强大的自我驱动力的人员。

2. 对金种子的培训赋能。金种子选拔完成之后，需要对金种子进行系统的培训赋能，以确保金种子能够对变革解决方案的内容有充分的理解，可以在日常工作中发挥好金种子应有的带头作用。

3. 对金种子的激励。在金种子管理中，金种子激励特别重要，要尽量设计一些系统性的激励机制去激励那些表现优秀的金种子，让金种子更加有动力去做好相关工作。

企业在开展变革工作的过程中，如果条件允许，可以参考华为，尽量引入变革金种子管理相关机制，金种子用好之后，可以给变革项目的推行工作带来极大的帮助。

八、推行顾问管理

如果变革推行项目中有外部咨询顾问的参与，则需要推行相应的顾问管理，以便让咨询顾问在合同规定范围内发挥最大的价值。推行顾问管理的具体内容包括顾问资源和顾问投入时间计划的管理、新顾问的入场管理、项目使用中的顾问离场管理，以及顾问现场工作管理等内容。关于推行顾问管理，需要按照顾问合同细化到表格，对各项顾问工作与顾问交付件进行严格管理，以便在顾问项目结束时支撑顾问验收工作。

九、推行价值管理

本模块的目的是通过对变革项目的价值的落地管理，使变革项目为一线/业务部门带来真正的价值和收益，从而获得一线/业务部门的认可与支持，最终达成变革项目的推行目标。因为华为多年来一直坚持开展管理变革项目，为此投入了大量的人、财、物资源，从公司全局的角度看，这些变革项目基本都是成功的、有收益的，但是从一线/业务部门来看收益不一定非常显性化。比如，某些变革项目在推行初期会给一线/业务部门带来额外的工作量，降低一线/业务部门的工作效率，一线/业务部门的员工虽然基于公司的变革氛围与大环境积极配合各变革项目的开展，但是内心仍存在一定的情绪。为了改变这种局面，华为逐渐开始要求让变革项目的价值能够在一线/业务部门体现出来，让一线/业务部门感受到变革项目的价值。比如，基于一线/业务部门的战略目标来确定变革目标，由一线/业务部门主导、自下而上地开展变革等。

很多企业的变革项目推行不成功、不顺利的部分原因就是不重视变革对一线/业务部门的价值。比如，在本章第一节案例中的绩效管理方案推行失败的案例中，各个业务部门都觉得这是一个对一线/业务部门弊大于利的变革解决方案，所以各个部门从内心里是不认可这个变革解决方案的，觉得这是一个降低大家原来能够拿到手的薪酬的方案。

那么，华为是怎么做好推行价值管理的呢？首先，变革项目团队必须和一线/业务部门的相关人员一起制定大家共同认可的推行收益标准。其次，在变革项目推行过程中，必须及时地对推行收益进行验证，以及时地获取变革推行信心。最后，在推行结束后的项目验收阶段，需要基于前面设计的推行收益标准进行推行收益验收，以事实说话，以数据说话，确保推行收益的真实性与可靠性。

十、推行需求管理

推行需求管理模块的目的是对变革推行单元的变革相关需求进行统一跟踪管理直至闭环。推行需求管理具体包括：一线需求收集与分类，一线需求分析与评审，变革项目团队对需求进行梳理、分析与评审，需求实现，向需求发起部门和人员反馈需求处理情况直至闭环。推行需求管理和 IPD 需求管理有一定的类似之处，第二章已有介绍，这里就不再重复讲解了。

十一、推行项目关闭

当整个推行工作全部完成之后，则需要按照项目初期制定的收益评估标准、项目验收标准等启动项目关闭工作。在项目关闭阶段，还需要输出相关项目的总结报告等经验总结内容。当各项关闭工作完成之后，便可以正式宣布项目关闭。

综上所述，整体推行管理主要包括 11 个关键模块，这些模块对变革项目推行的整体管理至关重要，所有模块缺一不可。某些企业在开展变革项目推行的过程中，可能由于资源不足、能力不足等多种因素无法做到像华为进行变革整体推行管理那样细致，因此企业在进行变革整体推行管理时，参考以上这些模块的关键思想和逻辑即可，可以对其进行适当的简化，不必完全照搬这些模块的内容。但是，出于推行变革管理模块对整个变革项目推行顺利开展的重要性的考虑，建议尽量把这一模块做细、做实。

第三节　一线/业务部门推行管理

笔者曾经了解到，一些企业的变革推行不那么成功的重要原因就是不重视一线/业务部门推行管理，或者根本就没有进行一线/业务部门推行管理，而经常只进行一次简单的培训并发文要求一线/业务部门执行相关方案。

比如，某公司希望加强销售团队的作战能力，建立起与华为类似的铁三角销售团队，因此该公司请外部咨询公司设计了相关的铁三角运作机制方案。在整个方案设计过程中，该公司内部主要由销售管理部和咨询公司派来的咨询顾问团队进行交流，而一线销售事业部并没有参与其中。

在咨询顾问团队完成该公司的铁三角运作机制方案设计之后，由于该公司管理层不熟悉变革推行管理框架，因此该公司既没有安排整体推行管理，也没有进行一线销售事业部的变革推行管理和总部的产品部的变革推行管理，而只组织了一次线上会议的铁三角运作机制方案培训。在培训会议结束后，总部的销售管理部就通过电子邮件正式通知一线各个销售事业部、总部的产品部等部门以后执行铁三角运作机制方案。

由于在前期咨询顾问团队设计铁三角运作机制方案时一线销售事业部没有参与进来，所以一线销售事业部在看见邮件之后对怎样执行这个铁三角运作机制方案有点摸不着头脑。部分一线销售事业部主管就向总部的销售管理部反馈这个方案不好执行，不容易理解。

总部的销售管理部就拿出了"变革要先僵化后优化"之类的言辞，告诉一线销售事业部，华为当年进行IPD变革时也有很多人不理解，而且华为就是通过"先僵化后优化"实现管理提升的，所以一线销售事业部理解了铁三角运作机制方案要执行，不理解也要执行。最终一线销售事业部迫于总部的销售管理部的压力，根据自身的理解开始执行这个铁三角运作机制方案。

结果，在铁三角运作机制方案执行过程中，各种问题层出不穷，且多个销售事业部开始出现订单下滑的情况。这时公司高层也听到了越来越多一线销售事业部对这个铁三角运作机制方案的抱怨，更有甚者把铁三角称为"三角铁"，说公司就是因为引入了这套"三角铁"运作机制才使销售运作混乱了、销售业绩下滑了。这套铁三角运作机制总共运行不到半年，就不得不终止，然后公司又恢复到实施铁三角运作机制之前的状态。这就是一个典型的没有进行一线/业务部门变革推行管理而导致变革失败的例子。

那么，华为是怎么理解一线/业务部门推行管理的呢？在华为，大多数变革项目都会涉及总部与一线/业务部门。在华为变革项目团队看来，凡是涉及一线或具体业务的变革项目，只有在一线/业务部门落地实施，才是完整的变革推行，所以华为非常重视变革项目在一线/业务部门的推行、实施，建立了如图6-2所示的一线/业务部门推行管理框架。

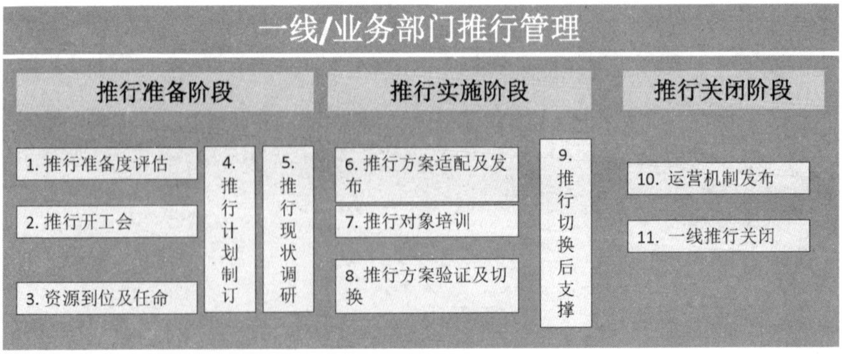

图6-2 一线/业务部门推行管理框架

第六章

变革解决方案推行与实施

整个一线/业务部门推行管理过程分为 3 个阶段，第一个阶段是推行准备阶段、第二个阶段是推行实施阶段、第三个阶段是推行关闭阶段。一线/业务部门变革推行团队通过这 3 个阶段的推行工作实施来完成整个变革推行任务。如果前面的例子中的公司借鉴了一些相关的一线推行管理手段，那么铁三角推行成功的概率也许就会大一些，也不会最终被称为"三角铁"。

下面我们就来具体看看这 3 个阶段中包括哪些工作内容。

一、推行准备阶段

"好的开始是成功的一半"，所以推行准备阶段对整个推行工作的顺利开展与完成有着基础性的作用。很多不那么成功的变革项目/咨询项目，在推行过程中都缺乏相关的科学、系统的推行准备工作，以致在推行过程中各种问题层出不穷，为推行的顺利开展与完成增加了许多难度。

当前部分企业的变革项目/咨询项目中还存在一种现象，那就是变革项目团队或咨询顾问团队过高地估计了咨询顾问团队的能力，过高地估计了各个部门对变革的配合度。在当前的大环境下，企业开展变革已经变成了"政治正确"，所以在变革解决方案/咨询项目方案开发阶段，相关业务部门、业务人员为了避免被指责不支持变革，往往会对变革的各种方案表示口头认可，在需要开展变革解决方案推行工作时，不管条件是否成熟都努力地表忠心，表示愿意积极参与、落实变革解决方案。业务部门、业务人员的这种表象会给变革项目团队或咨询顾问团队一种变革项目形势一片大好的假象，从而加剧了变革项目团队或咨询顾问团队对接下来顺利开展变革项目推行工作的"高估"。

但是这种虚假的变革氛围背后往往隐藏着变革推行准备度问题。比如，某大型以项目型销售业务为主的公司，在过去几年中由于不重视客户满意度、不重视契约精神、不重视产品质量，在客户界面累积了大量问题，市场份额直线下降，公司内部士气低迷，很多人都觉得该公司"快不行了"。该公司的老板痛定思痛之后决定在公司内开展变革，并组织全体干部召开了干部誓师大会，表示接下来 1~3 年要为尊严而战，要对公司进行全面变革，

活下去
华为变革之道

以提升公司的竞争力,让公司重回行业头部地位。由于该公司盛行的"老板"文化,过去各种事情都是老板"一言堂",老板提出什么大家就附和什么。所以这次老板提出变革之后,大家纷纷表示老板提出的全面变革是解决公司当前困境的方向指引,他们一定会坚决支持并拥抱变革。

基于这样的大背景,该公司找了一家外部咨询公司进行变革解决方案开发与设计。咨询公司派出的咨询顾问团队进入该公司后先进行了为期两周的相关调研访谈,然后给出了该公司当前阶段的变革建议。咨询顾问团队觉得销售是该公司的"龙头",只要销售这个"龙头"飞起来了,该公司的其他各种问题也会迎刃而解。该公司的老板也非常认可这个思路,所以基于这个思路,咨询顾问团队给该公司制定的第一期变革项目就是客户关系管理体系建设项目。同时,由于该公司以项目型销售业务为主,所以咨询顾问团队就以华为客户关系管理体系为蓝本,帮助该公司设计了该公司的客户关系管理体系。在此期间,各个销售总监听说客户关系管理体系是基于华为客户关系管理体系设计的,便给予了这个咨询项目较高的期望,该公司内部还提出了一种口号,即"要成为行业内的华为"。但是相关人员对咨询项目工作的参与都比较浮于表面,没有深入参与具体方案的开发与设计。

当咨询顾问团队输出方案并组织方案验收会时,由于有老板在场,且老板对咨询顾问团队非常信任,所以各个销售总监都对咨询顾问团队输出的方案表示了认可,并表态接下来立马按照咨询顾问团队输出的方案开展工作。

在接下来的新的客户关系管理体系实施过程中,由于基础销售能力的欠缺,销售人员虽然看得懂这套客户关系管理体系,但还是不知道怎么做,对于其中所有的内容仅仅停留在"知道"层面,"知道"和"做到"之间产生了巨大的鸿沟。比如,该客户关系管理体系要求销售人员要和客户高层建立紧密的客户关系,但是由于销售人员的学历普遍不高,且都较年轻,而客户高层都是高学历且较年长的人员,销售人员根本不知道如何与客户高层对话,更不要说建立紧密的客户关系了。很多销售人员都反馈新的客户关系管理体系看起来的确好,虽然看得懂却不知道怎么做到。

这时公司高层才发现,在推行这套客户关系管理体系之前,还需要了解当前员工的技能是否能适应变革解决方案的要求。在能力不具备的时候,让

第六章

变革解决方案推行与实施

员工去实行这套方案，就好比是让一个小学生去设计芯片，虽然小学生看得懂芯片设计手册中的单个字，但是要求小学生设计芯片就是异想天开了。所以，这家公司重新梳理变革解决方案推行之前需要准备的事宜，进行销售能力建设，逐步提升员工的销售能力，以匹配新的客户关系管理体系。

如果这家公司一开始就了解变革解决方案开发流程与变革解决方案推行管理相关知识，做足了变革解决方案推行准备阶段的前期工作，就不会出现这种表面形势一片大好，最终却黯然收场的局面。

接下来，我们就来看一下华为的一线/业务部门在变革解决方案推行准备阶段主要要做的几项工作内容。

（一）推行准备度评估

华为一线/业务部门在推行变革解决方案之前，首先要做的就是进行推行准备度评估。前面案例中那种盲目乐观地推行变革解决方案导致最终结果不那么理想的重要原因就是没有进行推行准备度评估，没有评估过企业内的观念、文化是否支持变革，没有评估过相关人员的技能能否适应变革，没有评估相关的组织是否与变革解决方案要求的流程机制匹配，没有评估过相关的薪酬激励制度是否与变革解决方案匹配。

参与过变革的人都知道，变革中最大的困难在于人，变革中最大的阻力就是人。只有把人的问题解决了，变革才能成功地推行下去。所以变革推行准备度评估就要围绕人和组织来开展。在整个评估过程中一定要避免出现前面案例中的那种变革假象，即大家害怕被扣上不支持变革的帽子，无论变革解决方案/咨询项目方案是否合适都一味地表示支持，不敢对方案中的问题提出不同意见。

某些企业的变革中另一种常见的现象是缺少支持变革的企业文化，缺少变革氛围。大家害怕变革，害怕变革带来的不确定性。比如，某企业在企业发展过程中，为了及时地响应市场，推出有市场竞争力的产品，产品开发总是由客户说了算、由销售说了算。销售或客户说要什么产品，企业就必须开发什么产品，但经常出现产品开发出来之后销售或客户又说不要了的情况，从而导致了大量的开发浪费。这家企业的产品副总裁为了解决当前的产品研

活下去
华为变革之道

发困境，请了外部的咨询顾问团队，咨询顾问团队在了解其研发模式与流程之后，就参考华为的 IPD 流程给这家企业设计了市场管理流程、IPD 流程。当流程设计完成之后，需要进行流程验收与会签时，销售分管副总裁就提出了不同的意见，他认为企业发展到现在已经非常"官僚化"了，当前企业内的问题在很大程度上就是由各个部门体系自成一体造成的，他了解到的 IPD 流程是一个烦琐、复杂的流程，贸然引入 IPD 流程只会让企业内部更加"官僚化"，并会降低研发对销售的支撑力度与响应速度，因此他不同意企业引入 IPD 流程。如果这家企业在开展研发咨询项目过程中参考、借鉴了华为变革解决方案开发流程与变革推行管理思想，提出了有节奏的变革推行计划，进行了推行准备度评估，并拿出相关分析材料，那么这位销售副总裁就不一定会这么反对此方案的实施了。

综上所述，推行准备度评估材料的收集与制作不仅有助于完成推行准备度评估，还有助于输出更加适合的利益关系人沟通材料，帮助利益关系人更加准确地理解变革解决方案是否可以推行、更加理解变革节奏。

那么，华为关于推行准备度评估的关键活动有哪些呢？如下所述。

1. 设计一线/业务部门推行准备度评估表模板。设计一线/业务部门推行准备度评估模板需要考虑到组织与考核激励、流程、能力、IT 支撑、文化与氛围、管理成熟度、业务成熟度、变革理解度、变革接受度等多种维度。根据不同的推行项目，各个维度因素可以给予不同的评估权重。一线/业务部门推行准备度评估表模板设计得越准确，后面得出的推行准备度评估结果也就越符合实际。在整个设计过程中需要进行大量的调研，并参考其他成功变革项目的推行准备度评估模板案例。

2. 各个变革项目推行经理组织相应的推行团队基于推行准备度评估表模板进行自评打分。在这个打分过程中，变革项目推行经理需要先组织推行团队学习和理解推行评估表模板内容，确保大家对内容理解的一致性，避免不同人的理解偏差导致打分结果的准确性问题。一定要让被推行部门的相关团队成员明白进行推行准备度评估是为了帮助大家识别问题与潜在风险的管理改进行为，而不是故意为了找问题、找缺点，避免有些比较保守的人不愿意承认相关问题与风险的存在，从而打出的分数高于实际现状。同时，在

第六章

变革解决方案推行与实施

条件允许的情况下，在推行工作的每一个关键节点启动之前都进行一次有针对性的推行准备度评估，对整个变革项目团队和一线/业务部门的推行准备情况进行一次全面的、系统的评估摸底，并作为下一步推行工作启动的输入条件。

3. 各个变革项目推行经理需要把达成一致意见的评估结果正式向推行管理的相关领导进行汇报，以供领导决策是否正式启动推行工作。如果推行准备度评估结果低于启动推行要求的目标值，则需要针对评估中发现的问题进行整改，在整改完成并满足推行准备度评估要求之后才能正式启动推行工作。比如，在前面关于客户关系管理流程的推行中，如果该团队进行了推行准备度评估，发现了该公司的销售能力不足以支撑客户关系管理流程，那么就应先进行销售能力提升相关工作，等该公司的销售能力提升之后再进行流程推行就会顺利很多，结果也会好很多。

（二）推行开工会

变革工作一定要有仪式感，特别是变革项目的推行开工会，一个好的、有仪式感的推行开工会，会给变革项目的推行工作点燃一股熊熊燃烧的希望之火。但是很多企业或咨询公司在开展变革项目/咨询项目时都对仪式感认知不足。比如，部分企业在开展变革的过程中总是犹犹豫豫的，对变革相关的仪式不了解、不重视。例如，某公司的老板觉得干部的战略理解力和管理能力跟不上公司的发展步伐，因此请了外部培训机构来制定高管培训项目方案，具体工作安排下属人力资源部和培训机构进行对接。在制定高管培训项目方案的过程中，人力资源部门全程表示这是老板安排的项目，他们一定会积极配合、协同。然后培训机构就设计了一套培训课程并发给了该公司的人力资源部门，人力资源部门请示老板之后决定按照该系列课程开展培训。但是当第一次培训开始时，人力资源部门只是发了一个邮件通知各高管人员在本周的休息日参加高管角色认知培训。另外，这个培训召开时没有任何仪式感，既没有召开培训项目开工会，也没有安排老板进行动员讲话，就是直接让老师准点开始讲课。最终整个高管培训项目流于形式。

笔者曾见过一个对开工会的仪式感非常重视且做得很好的公司。该公司在开展中层经理人培养项目之前，就进行了大量的开班动员会暨卓越经理人

> **活下去**
> 华为变革之道

培养项目开工会的策划。项目团队既设计了卓越经理人培养项目对公司未来发展意义的易拉宝（或称海报架、展示架）与宣传画，也设计了卓越经理人培养项目给参与项目的经理人带来的收益的易拉宝与宣传画，还设计了相关的动员横幅。项目组事前邀请了董事长、副董事长、公司党委书记、总裁等公司核心决策层的领导，并为各位领导准备了颇具感染力的开工会演讲稿。基于这些精心设计，该公司顺利地召开了项目开工会，整个卓越经理人培养项目开工会得到了所有与会经理人的认可，参与该项目的经理人也积极、努力地参与项目学习。最终，该项目为该公司培养了大量优秀的后备高管人才。

下面，我们再来看看华为的一线/业务部门变革推行开工会的目的是什么。华为一线/业务部门变革推行开工会的目的是传达公司的变革指示与要求，统一一线/业务部门人员的变革思想与目标认识，说明变革解决方案对一线/业务部门的价值和意义，确定本次变革项目推行工作涉及的一线/业务部门推行核心团队成员，明确推行工作的主计划与各个关键里程碑，为推行工作的开展发起总动员。

要实现一个成功的一线/业务部门推行开工会，还必须做到以下几点。

1. 和变革项目对口的一线/业务部门的推行经理与一线/业务部门的主管领导进行关于变革推行期望、变革推行范围、变革推行节奏与变革推行目标等的沟通，并对变革推行目标达成共识。一线/业务部门的主管领导对变革推行期望、变革推行范围、变革节奏理解得越深刻，他们对变革目标的共识就越容易达成。很多一线/业务部门支撑力度不够的变革项目推行，其深层次的原因就是一线/业务部门的主管领导对变革期望、变革解决方案与变革目标的理解不到位。所以，变革项目推行经理的这项沟通工作必须做深、做实，与一线/业务部门的主管领导达成深度的变革推行共识，并基于变革推行共识达成变革目标共识。

2. 一线/业务部门推行开工会的前期策划。一个好的推行开工会离不开一个好的开工会策划。进行开工会策划时需要明确在推行开工会上希望达成的目标，并基于该目标来策划推行开工会。同时，尽可能地输出有针对性的推行开工会引导材料，便于在推行开工会上引导众人达成会议目标。

第六章

变革解决方案推行与实施

3. 一线/业务部门推行开工会的召开。在一线/业务部门推行开工会上，需要向全体与会成员宣布一线/业务部门推行的目标、范围及关键里程碑，让与会人员清楚地知道接下来应该怎么进行相关的推行工作。推行开工会的核心功能就是让变革具备仪式感，所以推行开工会上的动员一定要有效果、深入人心。

只有做好了这3点，一个合格的推行开工会才算基本完成。

华为历来非常重视变革项目开工会和启动会的仪式感。比如，在华为开展 IPD 变革项目的启动会上，任正非就发表了著名的"学习 IPD 内涵，保证变革成功"的讲话。其讲话内容的核心如下：首先，要坚决打击对变革解决方案一知半解的标新立异者，清除在变革过程中不思进取的惰怠者；其次，当时的华为从主观和客观上都需要一场变革，各部门要紧密地配合起来，改革相关的工作方法；最后，全员要努力向咨询公司学习才能保证 IPD 变革项目的顺利开展与成功。这种非常具有变革感染力的变革项目的启动会，帮助华为营造了良好的变革氛围，带来了很好的变革仪式感。

（三）资源到位及任命

在筹备一线/业务部门推行开工会的同时，我们还需要确保一线/业务部门相关推行资源的到位及完成相关人员的任命。这样做的目的是确定推行资源的投入度和投入时间计划，其中的推行资源具体包括一线/业务部门的推行资源、总部的推行资源、变革项目团队的推行资源等，其中必须明确各推行资源角色的职责与分工。

由于一线/业务部门的相关人员的日常工作都非常繁忙，因此这里的推行资源到位的意义就更加重要。变革项目团队千万不要觉得一线/业务部门人员太忙，所有推行工作就由变革项目团队来执行。一定要让一线/业务部门的领导作为变革解决方案推行的负责人，并将相关部门的业务骨干作为变革金种子，让一线/业务部门的人员充分地被"卷"入变革解决方案推行过程中。

具体来说，要实现一线/业务部门变革推行资源到位及任命，必须做到以下几点。

1. 确定一线/业务部门的推行组织机构。比如，在笔者负责华为某地区部运营商业务 MTL 变革项目的推行工作时，该地区部就基于 MTL 变革项目组拟定的地区部 MTL 变革推行组织机构模板适配并定制输出了地区部运营商业务 MTL 变革项目推行组织机构，具体包括领导组、核心组、推行管理组、支撑组、资源保障组等几个小组。

2. 要基于变革推行方案确定各个重点推行工作模块的推行负责人。比如，在上面提到的某地区部的 MTL 变革项目推行中，地区部就根据业务属性分别设置了 MI、MM、DG、SCE、MQA 模块的推行负责人，通过各个关键变革模块的推行负责人来实现各个关键模块的推行工作。

3. 正式签发变革推行团队任命文件，这一点也非常关键，只有获得了正式任命的变革推行团队，工作起来才会更加顺畅。通过观察当前各种企业的变革推行过程与效果，不难发现那些变革项目推行工作做得好的企业，与其对推行资源的投入及对推行负责人的任命的重视是强相关的；那些变革项目推行工作做得不那么成功的企业，往往都对推行资源的投入不够重视。无论多么适合企业的变革解决方案/咨询项目方案，如果没有变革推行团队提供推行保障，则其落地往往会"竹篮打水一场空"。

（四）推行计划制订

针对一线/业务部门的变革推行，在变革推行团队成员确定之后，接下来就需要开始启动推行计划的制订工作。进行推行计划制订工作的目的是确定一线/业务部门推行中的关键里程碑节点，确定各个工作模块的详细工作计划，确定推行项目的关键交付件及其验收标准。变革推行团队制订的推行计划必须获得变革项目团队和一线/业务部门领导的认可与批准。获得批准之后，必须输出相应的推行主计划、推行关键里程碑节点、推行交付件清单。这里的推行计划制订可以参考第四章"变革项目管理"中"变革项目计划管理"部分的内容，为避免重复，这里就不再详细展开叙述。

（五）推行现状调研

变革推行犹如打仗，一定要做到知己知彼。因此，在推行准备阶段就必须进行充分的推行现状调研，通过对各种渠道获得的信息资料进行分类、梳理、研究，识别一线/业务部门的推行现状，了解一线/业务部门的痛点。

要完成整个推行现状调研工作，需要完成以下内容。

1. 通过各种渠道收集资料并展开调研，以了解一线/业务部门真实的推行现状。这些工作主要由变革项目推行经理负责，可以邀请一线/业务部门的相关人员支撑、协助。

2. 基于调研或在资料识别出的推行现状进行一线/业务部门的痛点分析并输出调研报告。

前面制定的推行目标、推行计划应该重点关注这里识别出的痛点，让整个推行工作对一线/业务部门的价值更加显性化与直接化，从而使一线/业务部门更加愿意配合变革项目的推行工作。

很多企业开展的变革项目/咨询项目在推行过程中，经常被一线/业务部门消极抵抗或直接抵触的一个重要原因就是变革推行方案没有结合一线/业务部门的痛点，没有帮助一线/业务部门解决问题。在一线/业务部门看来，这种变革项目的推行就是给他们增添负担的行为，所以一线/业务部门会采取各种方式方法来抵触和消极对抗相关的推行工作。

因此，我们在开展变革项目推行的过程中，一定要进行详细的一线/业务部门业务调研，识别出一线/业务部门的痛点，把变革推行方案和一线/业务部门的痛点结合起来，让一线/业务部门看到变革推行对一线/业务部门的价值。

二、推行实施阶段

整个一线/业务部门的变革推行工作在完成推行筹备阶段工作内容之后，就进入了推行实施阶段。整个推行实施阶段主要包括 4 个模块的工作内容，分别是推行方案的适配与发布、一线/业务部门推行方案的培训与实施、推行方案的验证及业务切换、业务切换后的支撑。这 4 个模块在推行实施阶段缺一不可。接下来，我们对每一个模块进行简要介绍。

（一）推行方案的适配与发布

推行方案的适配与发布是推行实施阶段的核心工作之一，其目的是根据一线/业务部门的具体业务场景和业务痛点，进行变革解决方案的适配与优化，并输出适合一线/业务部门真实业务场景的推行方案。

这句话可能有点晦涩难懂，我们可以举个例子进行说明。比如，某公司是以大客户项目型销售业务为主的公司，公司营销系统由多个大客户系统部和多个销售区域构成。该公司希望建立一套符合该公司业务特点与业务现状的铁三角流程机制。在公司总部的变革项目团队/咨询团队完成了铁三角流程机制的基础版本的开发设计之后，整个项目进入一线/业务部门推行管理阶段。在一线/业务部门推行实施阶段，需要根据每个系统部或销售区域的业务特点、客户决策模式、客户决策习惯等多种因素，把总部设计的铁三角流程机制适配为适合各系统部或销售区域的铁三角流程机制。经过适配之后的铁三角流程机制就是各个系统部或销售区域自己的铁三角流程机制，这种机制更容易成功地运行下去，从而顺利完成推行、实施。

同时，由于变革工作的严肃性，与各个系统部或销售区域适配之后的铁三角流程机制必须正式地完成相关评审会签与发布。但是，完成适配的变革推行方案的会签与发布只是推行、实施的重要一环，并不代表发布之后推行工作就结束了。

（二）一线/业务部门推行方案的培训与实施

在发布推行方案的同时，还必须配合以另一项重要的推行工作，那就是对一线/业务部门相关人员进行系统化的培训。通常情况下，需要基于一线/业务部门中不同的角色设计不同的培训材料，让相关角色清晰地知道变革解决方案给他们带来的变化是什么，以及他们需要在推行方案实施过程中扮演什么角色和承担什么职责。

我们还是用上一模块中的例子来说明。比如，当我们真正进行该公司的某大客户系统部的铁三角流程机制推行工作时，我们需要针对其中的客户关系负责人、变革解决方案负责人、交付与服务负责人等岗位分别设计本地化的培训材料，并对其进行有针对性的培训，以确保各个关键岗位的角色能清楚地理解铁三角流程机制到底应该如何运作，以及他们应如何开展工作。

为了保障培训效果，在开始策划培训方案时，变革项目推行经理可以尽量邀请一线/业务部门的主管或变革金种子作为培训讲师，让一线/业务部门自己人培训自己的效果会比由变革项目团队派人培训的效果好很多。

（三）推行方案的验证及业务切换

如果变革推行方案中涉及 IT 系统，则需要先对推行方案的相关功能进行测试验证，然后才能进行 IT 系统中的业务切换。如果推行方案中不含 IT 系统，则不需要涉及 IT 系统验证。

IT 系统验证具体包括：制订用户测试计划并根据测试计划进行测试，制订数据从原有 IT 系统切换或迁移至新 IT 系统的计划。如果原来没有 IT 系统，则需要进行初始数据录入。

在完成系统测试验证与业务切换之后，还需要进行系统上线的运维保障，以支撑上线之后可能出现的突发系统问题的解决。

（四）业务切换后的支撑

业务切换后，支撑工作模块可以理解为"扶上马送一程"。简单来说就是在一线/业务部门完成业务系统上线之后、变革推行团队离场之前，需要帮助一线/业务部门建立起相应的运营管理机制与配套的运营管理团队来保障推行方案落地后的持续运营。

在这个模块完成之后，整个推行实施阶段就算基本完成了。

三、推行关闭阶段

当完成推行实施阶段之后，变革推行工作就进入了推行关闭阶段。推行关闭阶段主要有两大模块，一个是运营管理机制的发布，另一个是推行关闭。

（一）运营管理机制的发布

运营管理机制的发布是变革推行关闭的重点支撑工作，很多前面推行得很顺利，但运行一段时间就慢慢被废弃的变革项目就是因为在变革推行关闭阶段没有建立相应的运营管理机制与配套的运营管理团队。

这里也给大家举个例子。某硬件研发型公司前几年开展了一个 IPD 咨询项目，从咨询公司引入了 IPD 流程体系方案，在推行阶段完成 IPD 流程体系方案发布与IPD流程体系相关培训之后，大家都信心满满地表示以后会按照IPD流程体系开展工作，所以项目就宣布圆满结束了。推行结束后的前几个月，由于整个公司内还存在变革的余温，大家都还按照IPD流程体系开展工作，但是随着时间的流逝，大家又开始逐步回到了推行IPD咨询项目之前的运作模式。一年之后，这家公司发现这样不行，还需要做一个IPD流程体系深化实施的项目，于是请了更加专业的咨询团队来诊断，结果咨询团队诊断后发现，该公司主要的问题就是没有建立IPD流程体系运营管理机制及配套的运营管理团队。

所以，当一个变革项目的推行工作到了推行关闭阶段时，一定要建立相应的运营管理机制与配套的运营管理团队来保障变革解决方案的持续运营。当然，这里的运营管理团队不一定要新设立，如果可以在组织中找到能够承接相应职责的团队，则可以把这部分职责赋予该团队，以减少额外的管理成本的支出。

（二）推行关闭

当上一模块的工作完成之后，就可以正式启动推行关闭相关工作了，具体包括推行项目总结输出和推行方案移交等内容，同时还需要进行变革推行团队成员的释放。一般情况下，为了庆祝变革项目艰辛地走到推行关闭这一关键里程碑，变革推行团队在解散之前都会组织一些总结会和聚餐晚会等活动。

综上所述，一线/业务部门推行管理就是改变这些部门组织和人员的认知、思维方式、行为方式的过程，其难度是巨大的，所以做好一线/业务部门推行管理是非常不容易的。因此，要想做好具体的变革项目推行工作，以上3个阶段的工作都需要认真、踏实地开展。

有人说过世界上最远的距离就是知道和做到。知道如何开展变革管理、知道如何做好一线/业务部门推行管理并不代表能按照相应的原则、规范与框架做到。如果读者朋友希望能从知道转变为做到，那么还需要努力地在一线/业务部门推行管理过程中进行实践与实战，并把本章节中的内容和实践与实战结合起来。

实践是检验真理的唯一标准。

第七章

企业如何借鉴华为的变革经验

> "变革要扎扎实实，推进不能急躁。我们公司只要一天天在进步，今年比去年好一点，其实就行了。五千年都改进不完的，我们比对手好一点就活下来了。"
>
> ——任正非

第一节　建立支撑变革的开放的企业文化

一、建立开放的企业文化

曾经有人评价华为最大的财富就是华为的管理体系与企业文化，只要华为的管理体系和企业文化还在，无论华为的产品怎样更新、迭代，无论华为的人员如何来来往往，华为依然是那个有着极强的市场竞争力的市场"玩家"，都有很大的从一个成功走向另一个成功的可能性。这也是当前越来越多企业认识华为，并开始关注华为和学习华为的管理经验的重要因素。

企业如果要借鉴华为的变革经验，那么必须建立起支撑变革的开放的企业文化。正如本书第一章中所述，支撑变革的企业文化就是华为变革的基石，缺乏文化支撑的变革就像在沙土上面建的房子，根基不稳，很容易倒塌。

曾经有个做管理变革的朋友就和笔者分享过一个案例，某公司成立了十

活下去
华为变革之道

多年，在成立初期由于抓住了市场机会，迅速在全国各个省会城市和地级市建立了销售团队，靠着简单、粗暴的销售手段获取了大量的订单，赚取到了超高的利润。但是后来随着社会的发展和进步，该公司所在的行业逐渐没落，因此该公司后面几年开始不断地进行转型探索，但一直不是特别成功。直到近些年，该公司某个团队转型的业务又踩到了市场机会，业务量开始爆发，该公司的情况才有所好转。

由于这些年的"华为学习热"，这家公司的老板也希望请一位从华为出来的销售管理"大咖"帮助该公司更上一层楼。所以这家公司通过各种手段找了一位曾经在华为做得很不错的销售人员，并给予了其销售总监的职位。这家公司的老板基于过去成功的自信，从不承认公司有问题，也不允许下属提出公司的问题。这位销售总监入职后，经过诊断提出了当前公司的销售问题并给出了解决办法，希望获得老板的授权。老板听到这位新人居然敢指出公司的问题后很不开心，他虽然对这位新入职的销售总监的工作思路给予了口头支持，但是不肯授予这位销售总监任何实际的权限，只要求这位销售总监发挥华为的奋斗精神。由于得不到老板的任何实际授权，这位销售总监的工作根本开展不起来，他也试图去影响老板，但都徒劳而返，因此不到两个月他便从这家公司迅速离职了。

这家公司之后又招聘过好几位销售总监，但还是和之前一样既要求销售总监做出和华为一样的销售业绩，又不肯授权，也不愿意承认任何问题和做出改变。因此，每位入职的销售总监最多不到3个月就会离职。

造成这种状况的重要原因就是保守的企业文化。公司内不敢直视问题，不允许提出问题，一直沉迷于过去的成功光环，而其根源就是这家公司的"一把手"总被各种好消息包围着。具体就是由于过去开始创业的前几年比较成功，所以围绕在"一把手"身边的人都习惯于只对这位"一把手"说好话，只要把"一把手"哄开心了，既能得到提拔又能拿到不错的奖金。渐渐地，这位"一把手"就在这种氛围中逐渐变得自大起来，根本听不得任何人说公司有问题。由于"一把手"听不得任何人说公司有问题，其他管理人员也都和"一把手"一样只愿意听好话、不愿意听问题，因此形成了一片虚假繁荣的企业文化。在这种企业文化影响下的企业，如果希望有所改观，那么首先

第七章
企业如何借鉴华为的变革经验

就要从企业文化上进行改变,否则引入再多的人才都无济于事,因为其引入的人才要么与这种封闭、自大的企业文化不兼容而主动离开,要么被这种文化所同化。这就是企业文化的力量。

还有一家公司,也是过去发展得比较不错,最近几年各种内部管理问题、客户界面问题集中爆发,公司面临着严重的内外危机。在这个时候,该公司的老板从外部聘请了一位职业经理人担任总裁来挽救危机。这位总裁带领其下属团队对该公司的现状进行了诊断,得出了公司各类问题的源头是企业文化和当前企业发展阶段不匹配。在这位总裁和公司的老板进行了深入的沟通之后,老板也决心支持这位总裁关于管理变革的思路,先从企业文化做起。因此,这家公司首先启动了企业文化项目,通过企业文化项目的开展,为内部建立了一个比较支持变革的企业文化环境。之后,该公司开展的各项管理变革项目,虽然也有波折,但是基于企业文化的支撑,基本最终都能完成既定的项目目标。这也是企业文化的力量。

从以上两个案例中我们不难发现,要建立支撑变革的开放的企业文化,首先必须获得企业"一把手"的支持。"一把手"愿意听真话、愿意听实话、愿意以开放的心态去看待企业管理中出现的问题,才有可能为企业建立一种敢于认清现状、接纳现状、发现问题的开放的企业文化。

华为的很多变革得以顺利开展在很大程度上是由于华为拥有支撑变革的开放的企业文化,且华为在发展过程中还在持续加强这种企业文化。

当前的企业如果要参考华为开展变革的经验,首先需要了解华为的企业文化、了解自身的企业文化,以及了解两种企业文化的共同点和差异点。如果当前的企业文化与支撑变革的开放的企业文化差距较大,那么需要先开展相关的企业文化工作,在具备了一定的企业文化氛围之后再开展具体的变革工作。这也既符合"工夫在诗外",又符合"磨刀不误砍柴工"。

企业要建立支撑变革的开放的企业文化,首先,需要建立可以说真话的企业内部环境,鼓励企业内员工说真话,且保障说真话的员工在事后不会受到负面影响乃至打击报复;其次,需要建立相应的企业变革自信心,企业管理层要相信一家发展多年的企业不会因为谁说了几句真话就倒闭了;再次,需要企业"一把手"和企业高层带头建立开放的心态，只有持有开放的心态才能听得进意见，才能直面现实；最后，建立开放的企业文化是一个持续的过程，需要企业"一把手"和企业高层亲自参与、持续灌输与宣贯，不能只停留在口号上或挂在墙壁上，企业文化一定要落地。

二、建立统一的变革共识

支撑变革的开放的企业文化，还必须包括统一的变革共识。很多人都知道变革是一个永恒的话题，从组织发展的角度来看，只要有企业存在，只要有市场经济存在，只要企业面临当前的或未来的问题，那么企业就需要变革。但是，企业有变革的需求，并不代表企业内部能够达成变革共识、能提出变革需求。

企业要形成共识、共创、共享的支撑变革的文化氛围（见图7-1），通过共识激励相关人员进行共创，共创之后再通过共享进一步巩固共识。

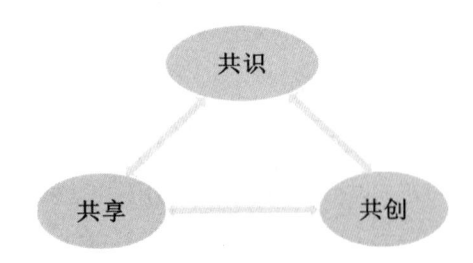

图7-1 共识、共创、共享模型示意图

华为的各项变革可以顺利开展的一个重要原因就是华为公司内部建立了相应的变革共识。很多变革能够顺利开展的企业，基本上企业内部都是拥有变革共识的。那些变革开展得不那么顺利或变革失败的企业，基本上企业内部从一开始就没有形成变革共识。

比如，某家公司发现近几年的经营越来越难，所以该公司"一把手"希望该公司通过开展相应的管理变革来解决困境，于是，该公司的"一把手"组织了公司核心业务的中高层进行相关的变革方向的研讨。首先发言的是财务部的干部，在他们看来，公司当前最大的问题就是销售部的问题，正是销售部的问题导致了当前市场份额下滑、回款周期加长，因此财务部建议先让

第七章
企业如何借鉴华为的变革经验

销售部开展市场营销变革以解决公司当前的困境。然后，销售部的干部站出来表示，对于现在的产品卖得差、客户流失率高、回款周期长等问题，其中产品卖得差主要是由研发部研发出来的产品竞争力弱造成的，而回款周期长是由交付服务部门的交付验收周期太长造成的，因此销售部干部建议先由研发部开始变革。接着轮到研发部的干部发言，研发部的干部提出只要销售部客户关系做得好，前面这些问题都不是问题，销售部是在为客户关系没做好找借口，因此建议公司先从销售部的客户关系变革做起。最后轮到交付服务部的干部发言，交付服务部的干部说他们的交付验收周期长，主要是由研发的产品不稳定造成的，所以要解决交付验收周期长的问题，必须加强研发产品的稳定性，因此建议先开展与研发产品稳定性相关的变革工作。

在整个研讨过程中，大家始终无法达成变革共识，都认为是其他部门的问题导致的自己部门的问题，需要其他部门开展变革来解决自己部门遇到的问题。由于始终无法达成变革共识，所以该公司的变革工作无法进一步开展。

从上面的案例中我们可以发现一个很常见的现象，在某些企业需要变革的时候，大家都说需要变革，但是都不愿意从自己部门开始变革，都希望其他部门变革之后更好地配合自己部门并解决自己部门的问题。

所以要形成变革共识必须借助各种手段，让相关人员真正地认识到变革的重要性与紧迫性。这里可以参考、借鉴华为的以客户为中心、以奋斗者为本的企业文化，通过客户导向的企业文化，外在的市场压力驱使企业内部更多地面向市场、面向客户、接受客户给予的压力、直面市场竞争的激烈，以便企业内部更加理解企业管理变革与管理提升的意义，从而由外而内地形成变革共识。

形成变革共识，还可以借鉴批评与自我批评的工作方法，让全员在批评与自我批评中获得更加全面、准确的信息，并基于批评与自我批评相关活动形成变革共识。

另外，企业还可以通过学习、借鉴华为熵减模型，通过生命体发展的规律上来理解企业变革的意义，从而形成变革共识。

形成变革共识还有很多其他的手段，需要每家企业根据自身的情况来匹配、运用，这里就不再展开叙述了。

三、建立变革指导原则与方针

关于企业文化，除了以上部分，变革指导原则与方针也非常重要。企业在变革过程中一定要明确合理的变革指导原则与方针，缺乏合理的变革指导原则的变革很容易在变革过程中变成为了变革而变革；如果缺乏变革方针，那么变革过程中也容易出现各种问题。

企业可以借鉴华为的变革指导原则与方针，基于企业自身的特点，输出适配企业自身的变革指导原则与方针。比如，某家企业就参考华为的变革指导原则与方针制定出本企业的变革指导原则，具体包括：所有变革工作必须遵循为客户创造价值这一原则，凡是不能为客户创造价值的流程都是无效流程，凡是不能直接或间接为客户创造价值的组织都是冗余组织，凡是不能直接或间接为客户创造价值的人员都是多余的人员，凡是不能直接或间接为客户创造价值的业务活动都是多余的业务活动。该企业在开展所有变革之前都会基于这几条原则对变革内容进行审视把关，并在后续变革开展过程中获得了一定的成效。

企业高层应当对企业变革指导原则与方针达成共识，使其成为全体高层共同认可的准则，同时要让全体员工理解这些变革指导原则与方针，因为"上下同欲者胜"。

第二节　建立变革领导团队与变革执行团队

通过前面的章节，细心的读者早已发现，华为的变革项目能顺利开展的重要因素就是华为建立了相应的变革管理团队，具体包括变革领导团队和变革执行团队。正是由于这些变革管理团队的有效运作，才从组织层面保障了华为变革项目中各项工作的顺利开展。

其他企业在开展变革的过程中，也可以借鉴华为的经验设立相应的变革领导团队与变革执行团队。由于很多企业的管理规模不如华为庞大，完全按照华为变革领导团队与变革执行团队来设立团队在很多企业都行不通。因此，其他企业在设立相应的变革管理团队时，需要结合企业自身的管理现状。比如，某公司在设计变革领导团队时就发现变革领导团队的成员和公司总裁办公会的成员几乎完全一致，因此该公司就在总裁办公会组织中增加了相应的变革职能，在每次的总裁办公会中加入变革相应的议题，只是要求前后两段会议分别召开，分别安排与会人，因此该公司的变革领导团队就迅速高效地运作起来。特别是以前很多在总裁办公会中得不到解决的问题，都可以通过后面时段的变革专题会议研讨解决并落实，从而大大地提高了该公司解决各种管理问题的速度。另外，该公司在设置变革执行团队时也没有新设组织，而是把变革执行管理相关职能安排到了总裁办公室，由总裁办公室履行变革管理办公室的职能，这样便能高效地和总裁办公会中的变革相关议题的落实衔接起来。这是变革领导团队与变革执行团队做得比较好的案例。

也有那种不重视变革领导团队建设、不重视变革执行团队建设的案例，在那种案例中，变革工作的开展要么半途而废，要么流于形式，基本上都难以达到变革的成效。

因此，企业在开展变革的过程中，一定要建立适合企业管理现状的变革领导团队和变革执行团队。有了这些团队，变革工作的开展才有基础的组织保障。

第三节　运用合适的变革工作方法

约翰·P.科特提出的变革八步法是一套非常了不起的变革工作指南。我们可以结合约翰·P.科特提出的变革八步法和华为变革管理实践，得出一套适合中国企业的变革九大招式。

一、增强变革紧迫感

任何人或企业，要做一项改变，都必须拥有紧迫感，当紧迫感不够时，基本上是没有动力的。比如，某个朋友前些年在每年体检时都被告知尿酸偏

活下去
华为变革之道

高,医生建议他注意控制饮食、多锻炼身体,他如果不改变生活习惯则很容易引发痛风,一旦痛风发作会非常难受。每次在拿到体检报告、听完医生建议之后的前几天,他都会遵守医生的要求控制饮食和进行锻炼,但是过了几天,他又会恢复以往胡吃海喝且不运动的习惯,总是抱有侥幸心理,觉得自己不会得痛风。结果在某一天早上,他准备起床时突然发现自己的脚趾关节肿胀且非常疼痛,疼得都没法下床。他只能找人送他去医院,到医院之后医生告诉他这就是痛风发作的症状。直到这个时候,他才开始后悔当时没有听医生的建议,才开始下定决心控制饮食与加强锻炼。对大多数个体来说,只有亲身体验到或目睹了"疼痛"才会真正拥有变革紧迫感。

对组织来说也是一样的,组织也是必须深刻体会到了问题、对问题有切肤之痛后,才可能有变革紧迫感。是否拥有变革紧迫感在很大程度上决定了一项变革工作能在组织内部获取多大程度的重视,以及能否开展起来。在很多时候,组织内不是人人都拥有变革紧迫感的。因此,要想一项变革工作顺利地开展,首先需要增强组织的变革紧迫感。华为的每一项变革工作在开展之前基本上都会通过各种活动来增强变革紧迫感。比如,任正非著名的文章《华为的冬天》就是一篇非常生动的能增强变革紧迫感的动员令,其中详细地阐述了华为当时面临的风险与机遇,发人深省。除此之外,任正非的多次讲话都有增强变革紧迫感的作用。

因为任正非明白,只有他一个人拥有变革紧迫感的变革是不可能成功的,必须形成全员的变革紧迫感,触动全员的心弦。

当前开展变革或咨询项目的企业很多,进行相关的增强变革紧迫感活动的企业却很少。这类企业往往把时间和资源都用到了各种"救火"工作与"填坑"工作上。对于"救火"和"填坑"类马上可以出业绩的工作,大多数人都有非常深刻的紧迫感,但是对于变革这类工作很难提升紧迫感。

为什么一些企业对增强变革紧迫感这项工作不够重视呢?原因之一是部分企业的高层管理人员以为只要自己拥有变革紧迫感,其他人也会拥有变革紧迫感,或者其他人必须按照自己的要求开展工作,只要服从即可。所以其对增强变革紧迫感的工作不够重视。但是一项变革工作是需要很多人一起完成的,且会影响很多人。如果没有形成广泛的、深刻的变革紧迫感,贸然

第七章
企业如何借鉴华为的变革经验

召开的变革工作，基本上都得不到太多的管理层与员工层的认可与支持。这些人虽然可能迫于高层的权威，表面上说要支持变革、配合变革，但是由于对变革紧迫感的认识不足，这些支持与配合大多是流于形式的。

在增强变革紧迫感的过程中，相关人员一定不要以为只要自己有了变革紧迫感，其他人也会拥有同样的变革紧迫感，必须采取各种措施来增强变革紧迫感，如揭露企业当前的差距、曝光企业当前的风险等。但是要揭露企业当前的差距和曝光企业当前的风险，必须有一种开放的企业文化作为支撑。一种封闭的、自满的企业文化，是很难容得下差距被揭露与曝光的风险的，所以增强变革紧迫感的工作必须和企业文化结合起来，互相支撑、互相促进，真正地做到增强变革紧迫感。

二、创建变革同盟军

有一句俗语叫作"独行快，众行远"，在企业内部开展变革工作更是如此，只有团结到足够多的支持者、参与者才能把一项变革工作开展下去。因为在企业中，任何一个变革项目都是一项非常艰巨的系统工程，无论企业内部的变革氛围多么好、变革机制多么完善，一个人都无法单独完成一个变革项目，更不用说在那种缺乏变革氛围、缺乏变革支撑机制的企业里，一个人变革成功的可能性几乎为零。无论是开展组织变革，还是开展流程变革，创建一个变革同盟军都是变革项目早期的必备工作。曾经有一家公司希望开展变革，为了把变革工作做好，这家公司专门设立了变革项目管理部，希望由变革项目管理部来负责公司内的变革事宜。变革项目管理部成立之后，这个部门把变革工作大包大揽，根本没有考虑到如何建立变革同盟军、"卷"入相关部门领导的力量，结果变革项目管理部成了"孤家寡人"，导致变革项目管理部设计的任何方案都会被业务部门直接反对或消极抵抗，最终变革项目管理部输出的方案没有一个在公司内落地。这种结果在很大程度上就是由变革项目管理部只依靠了自己部门内少数人的力量，而没有创建变革同盟军造成的。

如果这个部门通过一些方式创建了变革同盟军，那么很多项目可能会是另外一种结果。因此，企业的变革项目负责人一定要清晰地认识到，企业内的变革不是变革项目管理部或变革项目团队的变革，而是全企业的变革，必须通过各种手段去创建变革同盟军，这里的变革同盟军既包括企业内的中高层也包括基层。

有了多年的变革项目经验，华为深刻地认识到创建广泛的变革同盟军是变革项目顺利开展的重要基础工作之一。华为要求任何重大变革都要在一个集体领导团队的领导下开展，充分发挥高层团队团结的力量。因此，华为早年就成立了变革指导委员会这一变革顶层领导团队，华为各个变革项目团队的领导团队中也广泛地把变革项目涉及的主要部门的核心领导纳入其中，以获取这些部门对变革的支持。

当下，企业在开展变革的过程中，也一定要清晰地认识到变革项目发起人、变革项目负责人、变革项目团队或个人的能力和精力都是有限的，必须发挥团队的力量。就算是企业的"一把手"，如果在变革中没有创建变革同盟军，那么这项变革失败的概率也是很高的。

企业要创建变革同盟军，具体要做3部分工作。首先，要创建变革领导力。因为只有变革项目发起人、变革主导人或变革主导团队有了足够的变革领导力，才有可能有能力吸引变革同盟军、有胸怀容纳变革同盟军。因此，企业在选择变革领导人和变革领导团队时，一定要选择那些拥有足够变革领导力的人和团队，同时不断地对其进行变革领导力赋能，从而使他们主导的变革成为其他人愿意追随的事业。其次，要建立起变革核心领导团队与变革核心执行团队，将变革核心领导团队作为整个变革工作的发动机，驱动整个变革工作不断向前开展。最后，一定要建立广泛的变革统一战线，让了解变革、支持变革的人越来越多，让不了解变革、反对变革的人越来越少。当一项变革有一个坚强有力的领导团队、有广泛的群众基础时，这项变革顺利开展直至成功的可能性就大了很多。

三、确立变革愿景与目标

任何一个变革项目要想建立起广泛的同盟军与统一战线，必须有清晰的

第七章
企业如何借鉴华为的变革经验

且能让大多人认可的变革愿景与目标的支撑。如果缺乏变革愿景与目标的支撑，变革领导力就是无源之水、无本之木。华为在每一个重点变革项目开展的过程中，都会通过多种途径揭示变革之前的现状与问题，让更多的人认识到这些问题，激发全员的变革意愿。同时，为了让员工的变革意愿有清晰的方向和目标，华为还会设置对应的变革愿景与目标。比如，华为强调的"变革要多产粮食和增加土地肥力"这种目标就浅显易懂，且极具感召力。

同时，华为在制定变革目标时，也是基于发展的眼光与长期主义的，不会一次性制定一个短期内不能完成的目标。当前某些企业在变革过程中往往过于急功近利，希望在很短的时间内就能达成一个比较好的变革目标。事实上，这类短期内需要实现一个巨大目标的变革基本都是以失败而告终的。

比如，某企业希望通过3个月的人力资源变革来解决当年年度经营目标无法完成的问题，把变革项目当成了可以马上起死回生的灵丹妙药。事实上，变革工作的开展就和种一粒种子一样，种子需要先吸收养分，然后发芽、生根，经历数个春夏秋冬，才有可能成长为参天大树。要求一粒种子在种入土地之后，在短时间内成长为参天大树，就是缺乏对自然规律的基本尊重。

任何一个变革项目想要有比较好的业务结果输出，都必须经过一段漫长的时间。这既是管理的规律，也是组织发展的规律，不以人的意志为转移。

因此，企业在设置变革目标时可以阶段化地设置变革目标，避免设置短期内根本不可能实现的目标，从而失去了目标设置的意义。

四、消除变革阻力

在任何企业的变革中都必然有变革阻力的存在。就算是在华为这种变革氛围非常好的企业内，变革阻力依然存在。比如，笔者在参加华为某公司级变革推行工作期间，和部分变革被推行部门员工进行非正式场合的沟通、交流时，某些部门的人员就觉得公司进行变革是为了解决更多人的就业问题，但变革项目团队中的人员为了保住自己的工作不断地找事情做，给一线增添

活下去
华为变革之道

了各种工作负担。基于这部分人员的这种理解，笔者设计了相应的变革阻力消除策略并与其进行了大量的沟通，最终帮助这部分人员认识到认真参与这项变革既是支撑公司的变革目标的达成，也对未来业务发展有重要的作用，还对他们的职业发展有着重大的帮助。他们如果想要在体系内获得进一步的发展，则其必须依据变革项目输出的管理体系和流程语言在公司内部进行相应的工作和沟通。这部分刚开始不是很积极配合、支持变革推行工作的人员，最终都变成了变革推行中的积极分子。

既然在华为这样变革氛围非常好的企业内都存在这种潜在的变革阻力，那么在其他企业的变革中的变革阻力也就可想而知了。比如，某公司由于缺乏客户意识，公司"一把手"授权销售副总裁建立一套全员营销机制。在销售副总裁设计的全员营销机制中有一条要求公司所有高管都必须在每个季度拜访一次客户。这一条机制出台的背景是公司内各中后台部门严重缺乏客户意识，严重影响了客户与公司对接过程中各个环节的客户体验及客户满意度。

当销售副总裁设计的全员营销机制准备在公司内部进行管理层会签时，针对这一条拜访客户的要求，公司的 CFO 首先就站出来反对。他表示，客户是你们销售部门的客户，又不是我财务部门的客户，我财务部门概不对外，我见客户做什么？然后，公司总裁办主任也站出来反对，他表示，见客户是你们销售人员的工作，我又不懂客户也不认识客户，我怎么见客户。其他中后台部门的负责人也都纷纷站出来表示反对。虽然公司"一把手"非常认可这一条机制，但是由于缺乏了相应的变革共识与消除变革阻力的手段，且公司内"一个萝卜一个坑"，因此不能轻易开除这些高管。最终，由于公司多数高管的反对，高管必须拜访客户这一条机制便被从全员营销机制中剔除了。这种不能被高层认可的全员营销机制，事实上早已名存实亡。

当下的企业在变革工作开展过程中消除变革阻力时，可以借鉴华为变革项目利益关系人管理相关的方法与工具，首先分析出可能存在的变革阻力是什么、在哪里、为什么会存在，然后制定有针对性的消除变革阻力的策略并按照该策略实施直至变革阻力消除目标完成。

第七章
企业如何借鉴华为的变革经验

五、创造变革"速赢"

由于变革项目的目标达成需要一个长期的过程,而且很多时候都是一个痛苦的过程,所以变革是一项需要坚持长期主义的工作。变革核心团队可以坚持长期主义,但是变革核心团队不能期望其他人和变革核心团队一样可以坚持长期主义,因此在变革项目的开展过程中,必须设置并完成一些小目标,及时地让变革同盟军和变革统一战线的支持者看见这些小成功,以帮助变革同盟军和变革统一战线坚定变革信心。

华为在变革项目的开展过程中,为了建立这种短时间的信心,经常会设置一些变革"速赢"子项目。比如,选择变革方案中最成熟的某个模块在业务配合度最高的部门进行小范围的实施,通过小范围的实施成功为后续的变革工作树立相应的信心。

对于当下开展变革的企业来说,这一点也是非常值得借鉴的。当一个企业梳理出需要开展的多个变革项目时,可以优先选择变革难度最低、实施起来最容易、见效最快的变革项目。在这个变革项目成功之后再开展其他难度大一些、见效慢一些的变革项目。比如,笔者就了解到某家公司以前从未有过变革经验,突然就直接开展了一个全面的LTC变革项目,且变革目标定得非常高,短期之内基本无法实现。结果在LTC变革项目开展半年多的时候,公司内还没看见实质性的效果,然后就开始对LTC变革项目产生怀疑,最终由于变革目标一直无法实现,该公司高层不得不关闭该LTC变革项目。

因此,企业在开展变革的过程中,一定要设置一些"速赢"项目来为内部建立相应的变革信心,避免变革目标过高导致变革半途而废。让一个巨大的变革目标变成一个一个的变革小目标,通过一个一个的变革小目标的完成来巩固变革信心、坚定变革成功的信念,直至真正完成整个变革工作。

六、巩固变革成果

当变革项目经历了前面的几步,各项工作内容都运作得很顺利,圆满地

活下去
华为变革之道

完成了变革方案的落地实施，是不是就万事大吉了呢？华为通过自身的经验告诉大家，变革开展到这里还没有到万事大吉的地步。因为很多变革项目落地后，如果缺乏运营机制，是很容易产生倒退的。这种变革倒退对于个人和组织而言都是一样的。

比如，前面的案例中提到的得痛风的那个人，他在痛风发作之后开始控制饮食与加强锻炼，半年之后体检指标变正常，且痛风也不再发作。这时，他如果没有把控制饮食与加强锻炼变成终身习惯，就很容易因为解决了问题而放弃继续控制饮食和保持锻炼，接下来他的尿酸大概率还会继续升高，痛风也还有可能继续发作。

企业中也存在这种变革倒退的案例。比如，某公司在创业初期的销售模式都比较野蛮、粗狂，公司内缺乏销售管理体系。最近几年该公司抓到了市场机会，因此准备 IPO 上市。IPO 中介入场之后发现该公司的销售管理非常混乱，建议该公司进行销售管理体系建设。因此，这家公司聘请了某家咨询公司来开展销售管理体系咨询项目，由于这家咨询公司比较专业且能力较强，整个变革工作开展得都较为顺利。当整个咨询项目结束之后，咨询公司建议该公司设置专职的销售管理岗位来执行一些具体的销售管理工作，同时建议该公司建设一套销售管理的 IT 系统来实现销售管理相关的管控要求。但是该公司的管理层觉得单独安排一两个人来负责销售管理会提高销售部的人力成本，引入 IT 系统也是需要花钱的，这就是咨询公司在为了卖 IT 项目而使用的话术。所以该公司既没有按照咨询公司的建议设置销售管理岗位，也没有引入销售管理的 IT 系统。在咨询公司离开后的前一两个月，该公司的销售部人员基本还能按照咨询公司的设计方案开展工作，但是随着时间的流逝，销售部人员又开始逐渐回到以前那种"打乱仗"的状态。

这就是咨询项目结束后，没有建立相应的运营机制、没有把相应的流程数据固化到 IT 系统的结果。因此，企业在变革项目或咨询项目结束时，一定要建立起对应的运营机制，如果条件允许，还可以建设相应的 IT 系统，通过运营机制与 IT 系统来巩固变革成果，避免变革倒退或回潮。

华为是怎么巩固变革成果的呢？第一，在变革项目结束时，华为会建立对应的运营机制，对变革成果进行运营管理与绩效管理，确保变革成果可以持续发展下去，在华为很多业务部门或体系内，这部分工作具体由质量与运营部负责，通过有机制、有团队的运营监控，来确保变革不会倒退，用一句话来说就是让变革融入管理体系。第二，把变革项目中的部分骨干留在对应的业务单元中，从而为该业务单元留下了持续变革的"火种"，用一句话来说就是"打下一座县城留下一个县长"。第三，运用 IT 系统来固化变革成果，把能够 IT 化的决策点、评审点等关键流程节点全部 IT 化，通过 IT 系统训练相关人员，使其能持续地按照变革成功策略开展工作，且 IT 系统不会作假。

七、运用变革项目管理

华为变革项目的顺利开展，除了前面说的那些因素，还有一个重要的因素就是华为变革项目团队运用了合适的变革项目管理方法与工具。对大多数企业来说，虽然参考、借鉴华为变革管理体系来建立一套变革管理体系比较困难，但是参考华为变革项目管理机制流程来建立一套企业变革项目管理方法与工具则相对来说容易得多。

因此，企业在开展变革的过程中，可以适当地借鉴华为变革项目管理方法与工具。比如，变革项目范围管理、变革项目计划管理、变革项目成本管理与质量管理、变革项目利益关系人管理、变革项目顾问管理等变革项目管理的专业知识域，变革解决方案开发与试点流程，变革解决方案推行与实施流程。

这里需要强调的一点是，对于部分需要邀请外部咨询公司进行项目咨询的企业来说，变革项目顾问管理模块非常重要。由于当前咨询市场的蓬勃发展，导致了各种水平的咨询公司与咨询顾问的出现。一个企业的顾问管理水平的高低，在很大程度上决定了一个企业选择的咨询顾问团队的水平的高低，也决定了咨询顾问团队的专业性与投入度。企业的顾问管理越专业，顾问工作开展起来才会越专业。

同时，由于任何管理都是需要付出成本的，变革项目管理也不例外。变革项目管理工作做得越细致，付出的成本必然越多，企业在借鉴华为变革项目管理方法与工具时，可以结合企业自身的特点进行适当的裁剪与适配，以求得一个最佳的变革成本付出方案。但是，其中的思想还是应该尽量保留下来，因为其中每一个模块、每一个工作步骤都是经过实践验证的、在变革工作中行之有效的工具。

八、引入外部力量

通过阅读本书第一章中的熵减部分的内容，大部分读者已经了解到企业要想对抗熵增，就需要通过多种手段开放地引入外部力量，而这其中非常重要的一种方式就是引入外部咨询顾问的力量。因为在企业发展过程中，大家很容易形成路径依赖，很多外部咨询顾问一眼就能发现的问题，在企业内部却很容易被忽视，用一句俗话来说就是"灯下黑"。

大家都知道企业内的变革工作是一项复杂的系统工程，需要极高的变革项目操盘能力。通常情况下，部分企业自身缺乏变革项目管理能力与变革解决方案输出能力，在没有借助外部力量的情况下开展变革项目的成功可能性比较小。这时，企业能以开放的心态借助外部力量来开展变革工作就显得特别重要。通过前面的章节大家已经了解到华为在变革过程中选用了多家外部咨询机构作为变革的外部力量，这里就不再重复讲述了。

普通企业在变革过程中，也需要引入适当的外部力量为内部变革进行助力。但在引入外部咨询顾问的同时，企业需要坚持做好顾问管理，让顾问价值最大化地发挥出来。

九、建立激励变革的利益获取分享机制

大部分企业都是以经营获利为目标的，我们在开展变革的过程中不能完全依靠人的无私奉献，必须建立相应的利益获取分享机制，正确地进行价值创造评价，合理地进行利益分享，通过利益获取分享机制来驱动更多的人积极、主动地参与变革、进行价值创造，及时地进行相应的激励，也就是需要做到本章第一节中提到的共识、共创、共享的正向循环。

只有这样不断地通过价值创造与及时激励的相互促进,才能真正地形成支撑变革的开放的文化氛围。如果没有利益获取分享机制来支撑相关变革工作的开展,这种变革也许刚开始可以顺利地开展,但很难长久。无论是日常的企业管理还是某项临时的变革工作,都必须尊重人心与人性。

华为的多个变革项目之所以能顺利地开展,在很大程度上是由于其建立了以奋斗者为本的价值分配体系,解决了企业内部人员的动员力与战斗力问题,员工的利益和公司的利益进行了深度的绑定,在员工看来,变革之后给公司带来收益就是给自己带来收益。

笔者曾经和某公司一个基层管理者有过交流,这位基层管理者是这样评价该公司的变革的:该公司的变革核心就是老板希望自己的员工都像华为员工一样奋斗,但是老板却不像华为老板对待员工一样对待自己的员工。那么,这种变革能成功吗?可能性很小吧。

因此,企业在开展变革工作的过程中,一定要建立适合的利益获取分享机制,通过利益的牵引使员工形成内在的动力。如果员工没有参与变革的内在动力,有再多的变革管理工具与方法都是徒劳的。关于华为以奋斗者为本的利益获取分享机制,读者可以参考本书第一章中"以奋斗者为本"的相关内容。

第四节 变革项目/咨询项目中常用的部分方法与工具

在企业日常的变革项目或咨询项目中,运用一定的方法与工具可以使相关工作开展得更加顺利。下面给大家分享常用的部分方法与工具,各种方法与工具排名不分先后,仅供在不同场景下参考使用。

一、SWOT 分析法

SWOT 分析法(见图 7-2)主要是通过评价企业的优势、劣势,以及市场竞争中的机会和威胁,对企业进行深入、全面的分析及竞争优势的定位,将企业战略与企业内部资源、外部环境相互结合,从而为企业变革工作的进行提供支撑。企业内的变革项目团队在开展变革工作的过程中,可以运用

SWOT 分析法来挖掘出更多的现状问题与机会，从而助力内部变革紧迫感的形成。

图 7-2　SWOT 分析法示意图

二、PEST 分析法

PEST 分析法（见图 7-3）是针对企业外部环境分析的一种基本工具和方法。该方法通过对政治、经济、社会和技术 4 个方面的因素分析，从总体上了解宏观环境，并分析这些因素对企业战略目标和战略制定的影响。

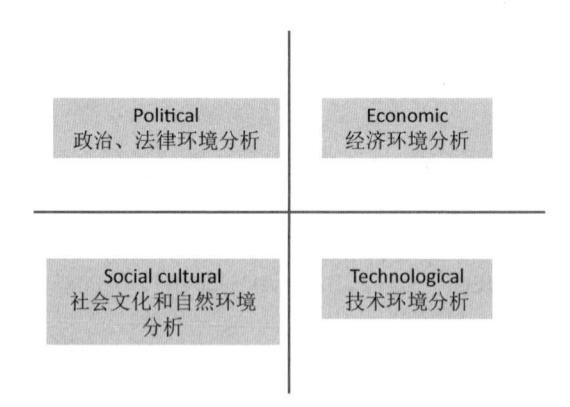

图 7-3　PEST 分析法示意图

三、麦肯锡 7S 分析法

该方法指出了企业在发展过程中必须全面地考虑各种问题，包括组织结构（Structure）、组织制度（System）、组织风格（Style）、组织内的员工（Staff）、组织内的技能（Skill）、组织的战略（Strategy）、组织的价值观（Shared Value）。

第七章
企业如何借鉴华为的变革经验

在很多变革工作或咨询项目中，都可以用麦肯锡 7S 分析法来进行相应的诊断。

四、平衡记分卡

平衡记分卡（Balanced Score Card，BSC）是由美国管理学大师卡普兰与诺顿提出的，有人称之为最好的企业管理工具之一。该方法主要是通过对企业运营的各个维度进行计分，对企业运营绩效进行考核。其主要优点是可以兼顾企业运营的各个方面，包括财务、外部咨询顾问、内部运营效率、组织学习与成长几个方面。其中的"平衡"具体包括 5 项平衡：1. 财务指标和非财务指标的平衡，很多企业的考核都只有财务指标，而缺乏非财务指标（客户角度、内部运营效率角度、学习与成长角度等），平衡记分卡的出现很好地解决了这个问题；2. 企业短期目标与长远战略目标的平衡；3. 结果性指标和过程性指标之间的平衡；4. 组织内部与组织外部的平衡；5. 领先指标与滞后指标之间的平衡。某企业参考平衡记分卡制定的绩效指标模板如表 7-1 所示。

表 7-1　某企业参考平衡记分卡制定的绩效指标模板

维度	关键绩效指标	权重	指标说明	指标定义及计算公式	目标值	评分标准	数据来源
财务							
客户							
内部运营							
学习成长							

五、企业价值链

企业价值链主要是将企业所有资源、价值活动与企业的战略目标结合起来，以价值增值为目的，形成一个简明而清晰的组织框架，帮助企业认识到企业生存的现状。在运用企业价值链工具时，一定要了解清楚企业的价值流和企业的具体价值创造场景，通过企业内部的价值增值流把各关键要素业务模块串联起来，形成企业价值链的全视图。

六、商业模式画布

商业模式画布（见图 7-4）通过 9 个模块来呈现一个商业体实现利润的逻辑过程。商业模式画布中的 9 个模块涵盖了一个商业体的四大主要部分：客户、产品或服务、业务基础设施及财务能力。商业模式就像一张战略蓝图，可以通过组织框架、组织流程及组织系统来实施。企业内的咨询项目或变革项目团队，不仅可以用商业模式画布对企业进行相关的分析，也可以对自身项目组进行相关的分析，从而更好地开展相关的咨询工作或变革工作。

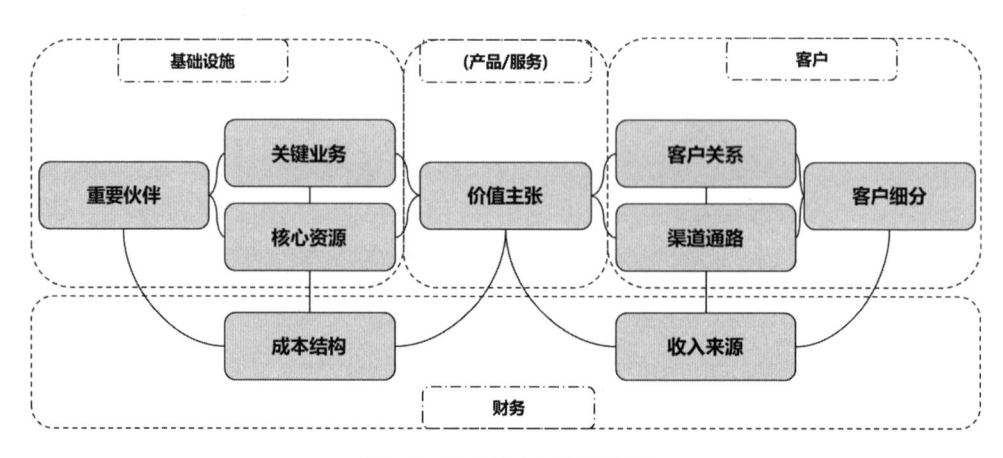

图 7-4　商业模式画布示意图

七、营销领域 4P-4C-4R

4P、4C 和 4R 是营销领域的三大营销策略组合理论。其中，4P 是营销的策略及手段，4C 和 4R 属于营销理念和标准的范畴，可以根据具体运用环境进行适配后使用。4P 具体是指产品（Product）、价格（Price）、促销（Promotion）、渠道（Place）；4C 具体是指客户需求（Consumer's Needs）、客户支付成本（Cost）、客户沟通（Communication）、客户购买便利性（Convenience）；4R 具体是指关系（Relationship）、节省（Retrenchment）、关联（Relevancy）、报酬（Rewards）。我们可以在不同的业务场景下，分别组合运用 4P、4C 和 4R。

八、体验式营销

体验式营销是指企业要站在消费者的角度，从感观、情感、思考、行动和关联等方面，重新定义并设计营销的思考方式。在某些情况下，客户的体验阶段可以分为购买前体验、购买体验、使用体验、使用后体验；这期间的用户行为可分为不了解、开始认知、开始了解、有一定的倾向性、开始使用、重复购买等。成功的体验式营销可以帮助企业极大地提升客户满意度与客户忠诚度。

九、AIDA 模型

该模型主要针对对消费者/目标对象的说服效果的影响而逐层划分为注意（Attention）、兴趣（Interest）、愿望（Desire）和行动（Action）。这一模型在变革项目管理中也非常具有参考和借鉴意义。

十、RACI 模型

该模型是一种用以明确组织变革过程中的各个角色及其相关责任的相对直观的工具模型。其具体定义和描述如下。1. R：谁负责（Responsible），这是负责执行任务的角色，具体负责操控项目任务、解决具体问题。2. A：谁批准（Accountable），这是对任务负管理责任的角色，只有经其同意或审批之后，工作任务才能得以顺利进行。3. C：咨询谁（Consulted），这是在任务实施前或实施过程中提供指导性意见的相关人员。4. I：告知谁（Informed），这是需要被及时通知任务结果的相关人员。在变革项目或咨询项目过程中，RACI 模型是一种行之有效的工具模型。

除了以上这些理论方法与工具，变革项目或咨询项目中常用的方法与工具还有客户期望值管理、客户满意度管理、客户画像分析、马斯洛需求理论、

活下去
华为变革之道

冰山素质模型、生命周期理论、波士顿矩阵、通用矩阵、波特五力模型、思维导图、5W2H工作法、鱼骨图、雷达图、逻辑树、世界咖啡屋等。具体使用什么方法与工具可根据各位读者在工作中的具体业务场景和自己的工具使用习惯而定，大家不必拘泥于本书中提到的这些方法与工具。

工欲善其事必先利其器，无论是咨询顾问还是企业内部的变革工作人员，在开展日常咨询项目或变革项目工作的过程中，熟练运用一些成熟的管理方法与工具，都有助于相关工作更加高效地开展。

在企业变革过程中，如果建立了支撑变革的企业文化及变革核心领导团队与核心执行团队，且变革核心团队有相关的变革工作方法提供支撑，那么企业变革失败的可能性就会小很多、成功的可能性就会大很多。

最后，希望各位读者无论从事什么工作，都能在生活和工作中保持自我变革的心态和内在动机，只有我们先改变了自己，才可能改变他人。我们应避免出现那种在变革中只希望其他人改变，而自己不去主动改变的情况。希望各位读者所在的组织都能运用有效的、合适的变革管理思想、方法与工具，在这个"不确定时代"越来越好地、高质量地活下去。

变革不易，且变且珍惜。

参考文献

[1] 黄卫伟. 以奋斗者为本：华为公司人力资源管理纲要[M]. 北京：中信出版社，2014.

[2] 黄卫伟. 以客户为中心：华为公司业务管理纲要[M]. 北京：中信出版社，2016.

[3] 丁伟，陈海燕. 熵减：华为活力之源[M]. 北京：中信出版社，2019.

[4] 美国项目管理协会. 项目管理知识体系指南：PMBOK 指南[M]. 许江林，等，译. 5 版. 北京：电子工业出版社，2013.

[5] 约翰·P. 科特，丹·S. 科恩. 变革之心[M]. 刘祥亚，译. 北京：机械工业出版社，2013.

[6] 丹·S. 科恩. 领导变革务实[M]. 山风，译. 北京：商务印书馆，2008.

缩略语表

ADCP：Availability Decision Check Point，可获得性决策评审点

AR：Account Responsible，客户负责人

BEM：Business strategy Execution Model，业务战略执行力模型

BG：Business Group，业务群

BMT：Business Management Team，业务管理团队

BSC：Balanced Score Card，平衡记分卡

CBB：Common Building Block，通用基础模块

CDCP：Concept Decision Check Point，概念决策评审点

CRM：Customer Relationship Management，客户关系管理

CP：Check Point，检查点

C-PMT：Corporate Portfolio Management Team，公司产品组合管理团队

DCP：Decision Check Point，决策评审点

DG：Demand Generation，商机激发

DRR：Deployment Readiness Review，推行准备度评估

ERP：Enterprise Resource Planning，企业资源计划

eTOM：enhanced Telecom Operations Map，增强电信运营图

E2E：End to End，端到端

FR：Fulfill Responsible，交付与履行负责人

GA：General Available，通用可获得性

IFS：Integrated Financial Service，集成财务转型

IPD：Integrated Product Development，集成产品开发

IPMT：Integrated Portfolio Management Team，集成组合管理团队

IRB：Investment Review Board，投资评审委员会

ISC：Integrated Supply Chain，集成供应链

ISD：Integrated Service Delivery，集成服务交付

ITMT：Integrated Technology Management Team，集成技术管理团队

ITR：Issue to Resolution，从问题到解决

IT S&P：Information Technology Strategy and Plan，信息技术战略和规划

JI：Joint Innovation，联合创新

LMT：Life-cycle Management Team，生命周期管理团队

LTC：Lead to Cash，从线索到回款

MCR：Manage Client Relationships，管理客户关系

MI：Market Insight，市场洞察

MM：Market Management，市场管理

MQA：Marketing Quality Assurance，营销质量管理

MRP：Material Requirement Planning，物资需求计划

OM：Offering Manager，产品包经理

OR：Offerings Requirement，需求管理

PACE：Product And Cycle-time Excellence，产品及周期优化法

PCR：Plan Change Requests，计划更改请求

PDT：Product Development Team，产品开发团队

PDCP：Plan Decision Check Point，计划决策评审点

PL-IPMT：Product Line Integrated Portfolio Management Team，产品线

集成组合管理团队

　　PMO：Program Management Office，项目管理办公室

　　PMOP：Program Management Operation Process，变革项目管理运作流程

　　PMT：Portfolio Management Team，组合管理团队

　　PRR：Pilot Readiness Review，试点准备度评估

　　SCE：Seller Competence Enablement，销售赋能

　　SCOR：Supply Chain Operations Reference，供应链运作参考模型

　　SOP：Sales and Operation Planning，销售和运作计划

　　SOW：Scope of Work，工作范围

　　SR：Solution Responsible，解决方案负责人

　　TOGAF：The Open Group Architecture Framework，开放群组架构框架

　　TP：Technical Review，技术评审点

　　TPM：Transformation Progress Metrics，变革进展评估

　　TUP：Time Unit Plan，时间单位计划

　　TR：Technical Review，技术评审点

　　VUCA：Volatility，Uncertainty，Complexity，Ambiguity，易变性，不确定性，复杂性，模糊性

　　WBS：Work Breakdown Structure，工作分解结构